Das große GU
LOW FAT
Buch

Know-how fürs erfolgreiche Schlankwerden

Hunderte von Interessierten haben bei den vielen Aktionen zum Thema »Schlank werden und schlank bleiben«, die vom Gräfe und Unzer Verlag im Buchhandel veranstaltet wurden, die Fragen gestellt, die ihnen besonders am Herzen lagen. Bei diesen Live-Aktionen werden Bücher zum Thema vorgestellt und die Buchhandelskunden haben die Möglichkeit, sich rund ums Thema Abnehmen zu informieren. Hier als Ergebnis dieser GU-Marktforschung die häufigsten Fragen, kompetent beantwortet von der Ernährungswissenschaftlerin Marlisa Szwillus.

Wie kann ich blitzschnell und möglichst für immer und ewig abnehmen?

Vom Traum des blitzschnellen Abnehmens sollten Sie sich verabschieden. Bei Crash-Diäten können Sie in den ersten Tagen zwar schon ein paar Pfund verlieren, doch das ist hauptsächlich Wasser. Die Fettzellen aber schmelzen nur langsam. Wer sein Gewicht dauerhaft und auf gesunde Weise reduzieren möchte, der sollte seinen Speiseplan umstellen: Mehr Gemüse, Obst, Vollkornprodukte, Fisch – aber weniger Fleisch, weniger Süßes und ganz wichtig: viel weniger Fett essen!

Kann ich abnehmen, ohne auf etwas verzichten zu müssen – vor allem nicht auf Schokolade und Torten?

Sie gehören zum Typ »Lustesser«, der am liebsten mit einer Schokoladen-Diät schlank werden möchte. Essen Sie von allem, aber von allem weniger. Besonders bei fetten und süßen Gerichten sollten Sie das beherzigen. Ebenso beim Alkohol. Auf diese Weise können Sie auch abnehmen, doch es dauert entsprechend lange, bis sich ein sehenswerter Erfolg einstellt.

Hilft mir Sport beim Abnehmen?

Ja, wenn Sie während einer Diät regelmäßig sporteln, purzeln die Pfunde schneller und die Muskeln werden gleichzeitig gestrafft. Ausdauersportarten wie Joggen, Schwimmen, Radfahren, Gymnastik und Walking sind dafür am besten geeignet. Wichtig: Bewegen Sie sich dabei so, daß Sie nicht außer Atem kommen. Denn nur bei langsamem Training wird Fett verbrannt, beim schnellen sind es die Kohlenhydrate. Täglich 10 Minuten oder dreimal die Woche eine halbe Stunde genügen. Es nützt allerdings nicht viel, wenn Sie nur einmal pro Woche Sport treiben. Mehrere kurze Bewegungsphasen sind wesentlich wirkungsvoller.

Ich habe oft Heißhunger auf Süßes. Was kann ich dagegen tun?

Erst mal tief durchatmen. Dazu am besten ans offene Fenster stellen, Augen schließen und 10mal durch die Nase ein- und geräuschvoll durch den Mund wieder ausatmen. Das entspannt sofort. Danach ein Glas Wasser trinken. Oder genüßlich ein Knäckebrot oder einen Apfel knabbern. Beides enthält Ballaststoffe, die im Magen quellen und gut satt machen. Falls das alles nicht hilft, gönnen Sie sich bewußt einen Riegel Schokolade. Denn wenn Sie ihn ohne schlechtes Gewissen genießen, kommen Sie weniger in Versuchung, die ganze Tafel aufzuessen.

Wie bekomme ich speziell meine Fettpolster an Hüften und Oberschenkeln los?

Dazu müssen Sie beim Essen vor allem Fett einsparen, denn das enthält die meisten Kalorien. Achten Sie besonders auf versteckte Fette, die reichlich in Käse, Wurst, Kuchen und Schokolade stecken. Greifen Sie bei Käse, Aufschnitt und Milchprodukten grundsätzlich zu den fettärmeren Varianten. Zusätzlich sollten Sie regelmäßig zwei- bis dreimal pro Woche Sport oder gezielte Gymnastik (Übungen finden Sie ab Seite 26) treiben.

Woran erkenne ich eine gesunde Diät?

Wer immer nur halbe Portionen ißt (FdH), hat ein permanentes Hungergefühl und bricht die Diät gefrustet ab. Bei einseitigen Diäten, Beispiel Ananas-Diät, besteht die Gefahr von Mangelerscheinungen. Sinnvoll und gesund sind dagegen Diäten, die möglichst wenig Fett beinhalten, viel Gemüse und Obst verwenden und vor allem ein anderes Eßverhalten trainieren.

Wieviel Kilo Gewichtsabnahme sind ein reelles Ziel?

Am Anfang können Sie sich auf etwa 1 Kilo pro Woche einstellen, weil noch Wasser mit ausgeschwemmt wird. Anschließend sind 1 bis 2 Kilo im Monat realistisch. Beim langfristigen Abnehmen geht es später dann etwas langsamer. Ein halbes Pfund pro Woche abzunehmen genügt.

Gibt es eine spezielle Diät gegen Cellulite?

Nein, nur mit Diät alleine kriegen Sie Cellulite (Orangenhaut) nicht in den Griff. Mindestens so wichtig sind begleitende Maßnahmen, die das Bindegewebe stärken wie Gymnastik, Massage, Wechselduschen usw. Beim Essen sollten Sie mit Salz sparsam umgehen, viel Gemüse und Obst essen, damit die Haut mit ausreichend Vitaminen, Mineralstoffen und Spurenelementen versorgt wird. Achten Sie auf genügend Silizium (Kieselsäure) im Essen, es festigt das Bindegewebe. Siliziumreich sind zum Beispiel Hirse, Hafer, Gerste und Kartoffeln.

Ich wiege mich täglich, dabei kommt es zu großen Schwankungen, warum?

Viele Frauen wiegen sich jeden Tag und reagieren fast panisch auf jedes Gramm zuviel. Tun Sie sich diesen Streß nicht an, es bringt einfach nichts. Erstens hängt Ihr Tagesgewicht zum Beispiel auch von Ihrem Hormonhaushalt ab oder davon, ob Sie am Abend zuvor salzig gegessen haben. Mit echter Fettzunahme haben diese Schwankungen nichts zu tun. Es genügt, wenn Sie einmal pro Woche auf die Waage steigen, am besten morgens nackt.

Mich nervt das ständige Kalorienzählen. Geht es nicht auch anders?

Kalorien sind beim Abnehmen nicht das Maß aller Dinge. Was bedeutend mehr zählt, ist die Nährstoffdichte eines Lebensmittels. Sie sagt uns, wieviel wertvolle Begleitstoffe wie Vitamine, Mineralstoffe und Ballaststoffe eine Kalorie mit sich bringt. Je mehr Begleitstoffe im Verhältnis zur Kalorienzahl in einem Lebensmittel vorhanden sind, desto gesünder ist es. Umgekehrt: Je fetter, je süßer, je verarbeiteter ein Lebensmittel ist, desto geringer ist seine Nährstoffdichte. Mit reichlich Vollkornprodukten, Gemüse, Salat und Obst schafft man eine Gewichtsreduktion ohne lästige Kalorienzählerei und kriegt dazu genügend Nähr- und Vitalstoffe ab.

Wie kann man den »Jo-Jo-Effekt« vermeiden?

Mit Jo-Jo-Effekt bezeichnen Ernährungsmediziner die Tatsache, daß das Gewicht nach einer Diät nach oben schnellt, sobald wieder normal gegessen wird. Die Folge: Man beginnt die nächste Diät. Ein Teufelskreis, der einen letztlich dicker macht als je zuvor. Der Effekt tritt besonders bei Kurzkuren auf, darum lassen Sie die Finger von allen Crash- und Blitzdiäten! Erstens sind sie völlig ungesund, weil sie oft viel Fett und wenig Nährstoffe liefern. Zweitens verliert der Körper nur Wasser und Muskelmasse, die Fettzellen bleiben jedoch unberührt von dieser Radikalkur. Das liegt daran, daß der Organismus auf »Notsituation Nahrungsmangel« umstellt und weniger Kalorien verbraucht. Wird wieder normal gegessen, holt er sich sofort zurück, was ihm vorenthalten wurde und man nimmt schlagartig zu.

Sind »Light«-Produkte gut fürs Abnehmen?

Jein. Eine Garantie, um für immer schlank zu sein, sind sie nicht. Sie können aber durchaus helfen, den Kalorienverbrauch im Zaum zu halten, wenn Sie sie gezielt in Ihren Speiseplan einplanen. Marmeladen, Wurst-, Käsesorten und Streichfette, etwa halb so zucker- oder fettreich wie die normalen Lebensmittel, sind sinnvoll. Wer bei Light-Produkten allerdings doppelt zuschlägt, hat natürlich null Schlankheitseffekt, kann genauso zunehmen wie bei normalem Essen. Wer erfolgreich und langfristig abnehmen will, sollte aber seine Eßgewohnheiten ändern. Spezielle Produkte müssen Sie nicht kaufen. Halten Sie sich auf Dauer am besten an die natürlichen Light-Produkte wie Kartoffeln, Gemüse, Obst, Salat und Getreide.

Kann ich auch ein paar Kilos verlieren, wenn ich mittags in der Kantine esse?

Wer abnehmen will, kann durchaus mit den Kollegen in die Kantine gehen, sollte aber nicht unkritisch alles essen, was angeboten wird. Auf ein paar Dinge sollten Sie achten: Nur klare Brühen nehmen, Cremesuppen weglassen. Reichlich Salat essen, am besten selbst mit Joghurt, Salz, Pfeffer und wenig Öl anmachen. Wenig und nur mageres Fleisch essen wie Huhn, Pute, Kalb. Eventuell sichtbares Fett und vorhandene Panade entfernen. Als Beilagen sind Salzkartoffeln, Kartoffelpüree, Reis und Nudeln okay. Pommes frites, Bratkartoffeln oder Kartoffelpuffer besser nur hin und wieder essen. Auf Sahne-Desserts, Kuchen und ähnliches verzichten. Besser: frisches Obst, Joghurt, Quarkspeisen.

Wenn ich wenig Fett esse, schmeckt das Essen dann noch und werde ich dabei überhaupt satt?

Keine Angst, auch kleine Mengen Fett transportieren noch genügend Geschmacks- und Aromastoffe. Zusätzlich können Sie mehr frische Kräuter und Gewürze verwenden. Das Sattwerden hat nichts mit dem Fett zu tun, es greift nicht in unsere Appetitregulierung ein. Dafür sind vor allem die Kohlenhydrate in Gemüse, Obst und Vollkornprodukten zuständig. Eine holländische

Studie hat bewiesen: Um im Laufe einer Stunde satt zu werden, muß man doppelt so viele Fett- wie Kohlenhydrat-Kalorien zu sich nehmen. Sie müssen also beim Fettsparen weder auf kulinarische Genüsse verzichten noch hungrig vom Tisch aufstehen.

Kann ich mich auch als Berufstätige mit wenig Zeit zum Kochen nach der »Low fat-Methode« ernähren?

Ja natürlich. Hier geht es ja darum, »normal« fetthaltige Lebensmittel gegen fettärmere auszutauschen und die Gerichte vitaminreich, aber fettarm zuzubereiten. Das gelingt ebensogut in der aufwendigeren wie in der schnellen Küche. In den einzelnen Kapiteln dieses Buches sind die Rezepte gekennzeichnet, die besonders schnell fertig sind. Wo möglich, sind dort auch Halbfertigprodukte eingebaut worden. Fertigprodukte dagegen enthalten erfahrungsgemäß zu viel Fett pro Portion.
Besser ist es, mit frischen Zutaten selbst zu kochen. Etliche Gerichte können Sie daheim zubereiten und verpackt mit an Ihren Arbeitsplatz nehmen. Sie müssen also auf keinen Fall länger als sonst in der Küche stehen und haben noch genügend Zeit für den Haushalt, die Freizeit oder um vielleicht mit Ihrem Hund in Ruhe die täglichen Joggingrunden zu drehen.

Leider nehme ich ziemlich schnell zu. Liegt das vielleicht an meinem abendlichen Wein?

Es kommt darauf an, was Sie insgesamt essen und trinken. Rein von den Kalorien her ist ein Glas Wein oder Bier nicht so tragisch. Ein Viertel trockener Weißwein hat etwa 160 Kalorien, ein Viertel Rotwein rund 180, 1 Pils (0,33 l) zirka 150, das Glas Sekt gar nur 75. Folgendes aber ist wichtig: Alkohol bremst den Stoffwechsel. Kalorien werden insgesamt langsamer verbrannt, man setzt leichter Fett an. Und bei vielen löst Alkohol sogar Heißhunger aus. Ißt und trinkt man gleichzeitig, wird der Alkohol zuerst verdaut, der Rest wird angespeckt. Regelmäßiger Alkoholgenuß führt meist irgendwann zu Figurproblemen. Ein guter Kompromiß: Stellen Sie auf Weinschorle um: halb Wein und halb Wasser.

Ich habe von den neuen Super-Schlankheitspillen gehört. Brauche ich jetzt keine Diät mehr zu machen?

Nun, ganz so einfach ist es nicht. Das Präparat »Xenical« mit dem Inhaltsstoff Orlistat gegen Adipositas (starkes Übergewicht) soll die Fettaufnahme durch die Darmschleimhaut hemmen. Wird dieses Medikament unmittelbar vor dem Essen eingenommen, durchläuft jedes dritte Fettmolekül ungenutzt den Körper. Laut Hersteller soll das zu einem Verlust von 10 Prozent des Körpergewichtes führen. Die Pille wirkt aber nur in Verbindung mit einer fettarmen Diät. Auch ist das Medikament nicht für den Dauergebrauch gedacht. Es soll vielmehr eine tiefgreifende Änderung des Eßverhaltens einleiten. Das zweite neue Präparat, das demnächst auf den Markt kommt, heißt »Reductil«. Der Wirkstoff Sibutramin setzt genau dort an, wo Hunger entsteht: im Gehirn. Dort regelt das Hormon Serotonin neben dem Schlaf-Wach-Rhythmus und dem Sexualverhalten auch unseren Appetit. Je mehr Serotonin vorhanden ist, desto weniger Hunger hat man. Das Medikament verhindert auf komplizierte Weise den Abbau von Serotonin im Gehirn und erhöht gleichzeitig den Energieumsatz des Körpers. Wie »Xenical« ist auch »Reductil« nicht die alleinige Lösung aller Figurprobleme und schon gar kein Mittel, mit dem man sich so ganz nebenbei ein paar lästiger Kilos entledigt. Beide Medikamente dürfen nur vom Arzt als Therapiehilfe eines langfristigen Diätprogramms verschrieben werden, das auch regelmäßigen Sport beinhaltet. Schlußendlich ist ein gewisses Restrisiko bei beiden Präparaten nicht auszuschließen.

Ich bin die einzige in der Familie, die abnehmen will. Muß ich für mich extra kochen?

Wenn Sie sich zu einem Low fat-Programm entschließen, können alle Familienmitglieder das gleiche essen, weil es ja keine Diät, sondern eine langfristige Ernährungsumstellung zu einer ausgewogenen Kost ist. Und somit nicht nur für Übergewichtige, sondern auch für alle Normalgewichtigen sehr gesund. Während der Abnahmephase reichen 20–25 Prozent Fett, das sind – je nach Kalorienbedarf etwa 50 Gramm (Männer rund 60 Gramm) Fett. Um das Gewicht zu halten, sollte man nicht mehr als 30 Prozent Fett des Tagesbedarfs zu sich nehmen, das sind etwa 60–70 Gramm (Männer etwa 80 Gramm) Fett. Der Rest Ihrer Familie könnte also von allem etwas mehr essen. Die Gerichte in diesem Buch sind übrigens für Abnehmwillige ebenso geeignet wie für eine »normale« Tischrunde. Sie können mit der großen Auswahl an fettarmen Rezepten natürlich auch köstliche Menüs für Familienfeste und Gästeessen zusammenstellen. Auch fürs Buffet, für eine größere Party oder das Picknick im Grünen finden Sie bei den Low fat-Gerichten jeweils Passendes und Köstliches. Das wird eine gelungene Überraschung für Ihre Familie und die Freunde.

Es gibt Übergewichtige, die behaupten, kaum Fett zu essen. Kann das stimmen?

Die meisten Übergewichtigen haben eine besondere Leidenschaft für Süßes. Und es gibt kaum fettfreie Süßigkeiten, außer vielleicht Gummibärchen und Fruchtbonbons. In Schokolade, Pralinen, Keksen und Torten ist es nicht der Zucker, sondern das Fett, das dick macht. Eine Gewichtszunahme liegt immer an einem Zuviel an Nahrungsfett.

Meiner Figur zuliebe achte ich beim Einkauf immer darauf, daß die Lebensmittel wenig Fett enthalten. Was genau heißt denn fettreduziert oder kalorienarm?

Die Angaben sind wahrlich verwirrend. Die Bezeichnung »fettreduziert« ist kein gesetzlich festgelegter Begriff. Er dient vor allem der Produktwerbung und sagt Ihnen nichts über den tatsächlichen Fettgehalt aus. Die Bezeichnung »fettarm« betrifft Lebensmittel, deren Fettgehalt im Vergleich zu herkömmlichen Produkten um mindestens 40 Prozent reduziert ist. Weniger Fett ist zwar drin, man weiß aber selten im Vergleich wozu. »Kalorienreduziert« sind dagegen Lebensmittel, deren Energiegehalt um mindestens 40 Prozent im Vergleich zu Durchschnittsprodukten reduziert ist. »Kalorienarm« ist der einzige Aufdruck, auf den Sie sich verlassen können. Er ist nur bei Lebensmitteln erlaubt, die nicht mehr als 50 kcal pro 100 g enthalten. Bei Getränken und Suppen gilt ein Grenzwert von 20 kcal pro 100 ml.
Der Begriff »light« ist nur für einige Milcherzeugnisse gesetzlich definiert. Leichter Käse darf höchstens 32,5 Prozent Fett haben, leichter Quark 12,5 Prozent und leichter Joghurt maximal 1,8 Prozent.
Im übrigen bezieht sich »light« nicht nur auf den Fettgehalt, sondern kann auch leicht verdaulich oder leicht bekömmlich heißen. Lesen Sie deshalb am besten die Zutatenliste der Produkte auf der Verpackung, sie gibt Aufschluß darüber, was wirklich drin ist.

Wie funktioniert das Abnehmen mit der »Blutgruppen«-Diät?

Dr. Peter D'Adamo aus USA will herausgefunden haben, daß der Schlüssel für das Idealgewicht die Blutgruppe ist. Wenn man sich dementsprechend ernährt, sollen Diäten überflüssig sein. Seiner Ansicht nach gibt es Substanzen, die je nach Blutgruppe bestimmte Lebensmittel abstoßen und dadurch den Stoffwechsel drosseln.
Ernährungsmediziner bezweifeln diese Aussage, halten sie für fragwürdig. Bis jetzt ist diese Theorie weder erforscht, noch sind nennenswerte Erfolge bekannt. Nehmen Sie besser mit einer gesundheitlich unbedenklichen Methode ab. Mit einem gleichzeitigen Wohlfühlprogramm in Form von Sport und Entspannung wie Gymnastik und genüßliche Wannenbäder, stellt sich der Erfolg garantiert ein.

Vorsicht vor dem dicken Ende:
Nicht jede Diät macht auf Dauer schlank

Diäten gibt es wie Sand am Meer, aber nicht jede Diät ist langfristig erfolgreich. In der Tabelle haben wir einige der bekanntesten zusammengestellt – damit Sie einen Überblick haben, wie die einzelnen wirken.

Diät	Prinzip	Beschreibung	Bewertung
Abnehmen – aber mit Vernunft (über VHS, Krankenkassen)	Ausgewogene, energiereduzierte und fettarme Mischkost	Verhaltensorientiertes Gruppenprogramm mit starker Betonung von psychologischen Aspekten. Für 20 Wochen konzipiert	Eine ausreichende Zufuhr mit Nährstoffen ist gesichert. Gute Erfolgsaussichten, wenn das neu erlernte Eßverhalten langfristig beibehalten wird
Atkins-Diät	Kohlenhydratreduzierte, fett- und eiweißreiche Kost. Keine Beschränkung der Energiezufuhr. Milch- und Milchprodukte (außer Käse) sind verboten	Der hohe Fettanteil wirkt sättigend. Aufnahme an Cholesterin und gesättigten Fettsäuren ist hoch, die Ballaststoffzufuhr niedrig	Aufgrund der extremen Nährstoffrelation besteht eine Gesundheitsgefährdung durch zuviel Fett
Brigitte-Diät	Ausgewogene, energiereduzierte Mischkost. Die Rezepte sind vielseitig und beliebig kombinierbar, sie liegen zwischen 1000 und 1500 kcal/Tag	Die individuelle Gestaltung des Speiseplans ist möglich. Saisonbezogene, leicht nachkochbare Rezepte mit Einkaufslisten	Eine ausreichende Nährstoffzufuhr ist gesichert. Wird diese Ernährungsweise beibehalten, bestehen dauerhafte Aussichten auf Erfolg
Eskimo- oder Fischdiät	Viel jodreicher Seefisch mit leicht verdaulichem Eiweiß hält die Blutgefäße gesund	Wer nicht gerne Fisch ißt, hat hier schlechte Karten	Eine gesunde Ernährungsweise, bei der sich dauerhaft auch eine Gewichtsreduktion einstellt
FdH (»Friß die Hälfte«)	Die Portionsmengen werden halbiert oder eine Mahlzeit ersatzlos gestrichen	Einfach, aber planlos	Nährstoffmangel möglich. Durch geringe Sättigung kommt Frust auf, kein Lerneffekt
Fettarme Diäten (z. B. Low fat)	Kein lästiges Kalorienzählen. Die Fettaufnahme wird zum Abnehmen erheblich eingeschränkt	Abwechslungsreiche Kost mit hohem Kohlenhydratanteil. Kenntnisse über den Fettgehalt der Lebensmittel sind vorteilhaft	Liegt im Trend der modernen Ernährungswissenschaft. Eine Methode mit Erfolg und großem Lerneffekt
Formula-Diäten	Instantpulver zur Herstellung einer trinkfertigen Mahlzeit	Einfache Durchführung. Sehr eintönige Kost mit meist flüssig-breiiger Konsistenz	Erforderliche Nährstoffzufuhr ist bei den lebensnotwendigen Fettsäuren nicht immer gesichert. Eine Diät völlig ohne Lerneffekt
F-Plan-Diät	Ballaststoffe werden als Allheilmittel gegen Zivilisationskrankheiten eingesetzt	Abwechslungsreiche Kost mit guter Sättigung. Reichliche Flüssigkeitszufuhr ist notwendig	Ballaststoffreiche Speisen sparen Fettkalorien. Aber es besteht die Gefahr der Einseitigkeit
Gruppen-Programme (z. B. Weight Watchers)	Unterstützung bei der Ernährungsumstellung: Übergewichtige treffen sich regelmäßig mit Experten zum Erfahrungsaustausch	Eine regelmäßige Teilnahme an den Treffen und viel Geduld sind erforderlich	Erlernen eines auf Dauer richtigen und zufriedenstellenden Ernährungsverhaltens
Heilfasten	Verzicht auf jegliche feste Nahrung. Erlaubt: Mineralwasser, Tee, Gemüsebrühe, evtl. Obst- und Gemüsesäfte	Einfaches Prinzip. Zeitlich begrenzt	Als Methode zur Gewichtsreduktion umstritten. Nur unter ärztlicher Aufsicht
Hollywood-Star-Diät	Trennkost-Prinzip. Sehr energiearme Kost. Viel rohes Obst, hauptsächlich Exoten, deren Enzyme schlank machen sollen	Komplizierte Vorschriften, was den Verzehr der Früchte betrifft. Bestimmte Lebensmittelmengen müssen gegessen werden	Die Nährstoffzufuhr ist nicht gesichert. Die Aussagen sind aus wissenschaftlicher Sicht teilweise unhaltbar
Immun-Diät	Energiereduzierte und eiweißbetonte Mischkost	Abwechslungsreiche Ernährung ohne besonderen Kochaufwand	Nicht das Reduzieren des Gewichtes, sondern die Stärkung der Abwehrkräfte steht im Vordergrund. Guter Lerneffekt

Diät	Prinzip	Beschreibung	Bewertung
Japan-Diät	Umdenk- und Lernprozeß (z. B. Kochen im Wok) ist nötig. Die Lebensmittel müssen von bester Qualität sein	Die japanische Küche zählt zu den fettärmsten Ernährungsweisen der Welt	Sehr gut für eine mittelfristige Diät geeignet; allerdings mit europäischem Frühstück
Markert-Diät	Saft- und Flüssigkeitsfastenkur, gekoppelt mit Eiweißdrinks	Deckt nicht den Energiebedarf, enthält nicht genügend Vitamine, Mineralstoffe und Ballaststoffe	Insgesamt schlecht durchzuhalten. Keine langfristigen Erfolgsaussichten, kein Lerneffekt
Mittelmeer-Diät	Abwechlungsreiche Küche mit viel Obst, gegrilltem Fisch, Salat mit Olivenöl	Gut zu Hause umzusetzen. Im Urlaub: in allen Restaurants am Mittelmeer	Kohlenhydratbetonte Ernährung mit gutem Lerneffekt; langsame Gewichtsabnahme
Mono-Diäten (z. B. Obst-, Gemüse-, Reis-, Eierdiäten)	Hauptsächlicher Verzehr eines einzelnen Lebensmittels. Meist mit einer Begrenzung auf 1000 kcal/Tag	Überwiegend einfach durchzuführen. Häufig starre Rezeptvorgaben, dadurch eintönig	Gefahr von Mangelerscheinungen. Kein Lerneffekt. Im Einzelfall für einen »Schalttag« geeignet
Nutripoint-Diät	Gezählt werden nicht Kalorien, sondern Punkte für die Nährstoffdichte	Kompliziertes System; aufwendiges Einlesen in Lebensmittel-Listen ist erforderlich	Gesunde Mischkost mit hoher Qualität = hoher Nährstoffdichte
Priktin-Diät	Vorläufer aller kohlenhydratreichen, extrem fettarmen Diäten. Verboten sind Butter, Fleisch, Fisch, Käse, Zucker und Salz. Fettarme tierische Produkte in Maßen erlaubt	Hohe Motivation und viel Disziplin sind notwendig. Diät ist durch die extremen Nährstoffrelationen in der Praxis kaum durchführbar	Eine ausreichende Nährstoffzufuhr ist nicht gewährleistet; mit Mangelerscheinungen muß gerechnet werden
Pudel-Plan	Kohlenhydratreiche und fettarme Diät nach Ernährungspsychologe Prof. Dr. Volker Pudel	Gegessen werden darf im Prinzip alles – nur fettarm muß es sein	Dauerhaftes Ernährungskonzept für alle, die es mit dem Abnehmen ernst meinen
Schalttage (z. B. mit Reis, Obst, Molke, Kartoffeln)	Werden an 1–2 Tagen zwischen »normalen« Ernährungstagen eingelegt	Einfach und praktisch durchführbar	Keine Diät, sondern als Ausgleich zu »Ernährungssünden«. Gute Stoffwechselentlastung, Entwässerung
»Schlankmacher« (z. B. Entwässerungsmittel, Appetitzügler, Ballststoffkapseln, Abführmittel etc.)	Tabletten und Pillen statt gesundem Ernährungskonzept	Tabletten- oder Medikamenteneinnahme ist leichter als eine Ernährungsumstellung	Nur der Geldbeutel wird schlank. Die Produkte bergen ein erhebliches Risiko bezüglich der Nebenwirkungen. Kein Lerneffekt
Trennkost	Eiweiß- und kohlenhydratreiche Lebensmittel dürfen nicht zusammen gegessen werden	Am Anfang aufwendig für den Alltag: Lebensmittel müssen nach Gruppenzugehörigkeit verwendet werden	Gesunde Kost, wenn ausreichend Milchprodukte eingebaut werden
Vier-Jahreszeiten-Kur (computergestützes Programm)	Ausgewogene, vollwertige, energie- und fettreduzierte Mischkost. Individuelle Ernährungsbedürfnisse werden stark berücksichtigt	Über 12 Monate angelegtes Programm mit Führung von Ernährungstagebüchern, die durch Computer beurteilt werden	Eine ausreichende Nährstoffzufuhr ist gesichert. Als Ernährungstraining für Individualisten gut geeignet. Gute Erfolgsaussichten, bei geändertem Eßverhalten

Don't follow Claudia Schiffer: Traumbody contra Wohlfühlgewicht

Es ist mal wieder so weit: totaler Frust, weil das T-Shirt spannt und der Rockbund kneift – dabei hätte man doch zu gerne so eine knackige Traumfigur wie die Frauen in den Werbespots. Trösten Sie sich, so schmale Taillen und flache Bäuche wie die TV-Schönen oder Top-Models haben Frauen von Natur aus nicht. Die meisten der hohlwangigen Models wie Claudia Schiffer, Naomi Campbell & Co. werden von Medizinern schlichtweg als untergewichtig eingestuft. Und sind damit alles andere als gesund und beneidenswert. Und: wer genießen kann, hat auch mehr Spaß im Leben, verbringt öfter mal einen geselligen Abend, ohne immer nur an die Figur zu denken. Das andere Extrem: Jeder dritte in Deutschland wiegt zuviel, und jeder vierte ist sogar extrem dick. 75 Prozent aller Frauen und immer mehr Männer machen regelmäßig Diät, weil sie mit ihrer Figur unzufrieden sind – und viele nehmen danach genauso regelmäßig wieder zu. Abnehmen – Zunehmen – Abnehmen: Wie kommt es zu diesem Jo-Jo-Effekt? Neue Studien aus Amerika und Deutschland weisen ganz eindeutig nach, daß weder eisernes Kalorienzählen noch übertriebene Diäten helfen. Entscheidend ist der Fettanteil in der Nahrung. Ernährungswissenschaftler sind sich einig: Nur wer weniger Fett ißt, wird wirklich schlank – und bleibt es auch.

Zu dick – selbst schuld?

Wie ungerecht: Die einen können futtern, was sie wollen und sind rank und schlank, andere nehmen schon zu, wenn sie das Essen nur anschauen. Und obwohl man ganz genau darauf achtet, was und wieviel man ißt, hat man ständig mit Gewichtsproblemen zu kämpfen. Zu welcher Figur man neigt, hat hauptsächlich mit Veranlagung zu tun, ob man zu den guten oder den schlechten Futterverwertern gehört. Für die Wissenschaft gibt es klare Beweise, daß »Fettgene« tatsächlich existieren. Denn in Zeiten, als es noch Mißernten oder Dürren gab, konnten nur die Menschen überleben, die genügend Energiereserven für solche Fälle hatten. Die Natur entwickelte daher ein Speicherprogramm, um für schlechte Zeiten vorbereitet zu sein: Unsere Gene lernten, jede Kalorie, die für den momentanen Bedarf nicht gebraucht wurde, in Form von Fettzellen zu deponieren. In unserer heutigen Zeit allerdings mit gut sortierten Supermärkten und stets gefüllten Kühlschränken wird diese biologische Ausstattung oft genug zum Bumerang.

Den Genen ausgeliefert?

Wer die »Fettgene« in die Wiege gelegt bekommen hat, muß aber deshalb noch lange nicht übergewichtig werden. Denn unsere Steinzeit-Vorfahren haben uns ja nicht das Übergewicht an sich, sondern nur die Veranlagung dazu vererbt. Gut dran sind die schlechten Futterverwerter, denn sie haben einen geradezu verschwenderischen Stoffwechsel und verbrauchen daher die meiste Nahrungsenergie sofort. Die guten Futterverwerter dagegen sind mit einem sparsamen Stoffwechsel ausgestattet. Ihr Körper versucht stets, möglichst immer wieder Notrationen zu bilden. Aber auch wenn das fürs Abnehmen keine optimalen Voraussetzungen sind, eines steht fest: Wenn kein Überschuß an Fett da ist, können auch keine Reserven angelegt werden. Wer also zu dick ist, gleichgültig mit welchen genetischen Anlagen, ißt in der Regel mehr Fett als er benötigt.

Vorteile und Nachteile

Natürlich braucht der Mensch etwas Fett in seiner Ernährung. So zum Beispiel für den Stoffwechsel, die Bildung bestimmter Hormone und die Verwertung von fettlöslichen Vitaminen. Aber mit den durchschnittlich 130–140 Gramm täglich gönnt sich der Deutsche fast das Doppelte der wissenschaftlich empfohlenen Menge. Fett macht nicht nur dick, es kann auch krank machen. Nachweislich ist Fett die Hauptursache für Zivilisationskrankheiten wie Diabetes, Gicht, Bluthochdruck, Gefäßerkrankungen, Herz-Kreislauf-Erkrankungen und Herzinfarkt. Seit kurzem weiß man, daß fettreiche Ernährung sogar Krebs auslösen kann.

Schlank sein um jeden Preis?

Groß angelegte Untersuchungen kamen zu dem Ergebnis, daß sich viele Frauen, die aus medizinischer Sicht normalgewichtig waren, als »zu dick« und übergewichtig einschätzten. Sie orientierten sich meist noch an der starren und längst veralteten Broca-Formel, nach der man sein Normalgewicht (Körpergröße in Zentimetern minus 100) berechnen kann. Die Weiterentwicklung dieser Formel war die Festlegung des Idealgewichtes. Dieses erreichen zu wollen, so stellte sich inzwischen heraus, ist jedoch völlig unsinnig und vor allem nicht ungefährlich. Gerade bei jungen Frauen können sich dadurch manifeste Eßstörungen wie Anorexia nervosa (Magersucht) und Bulimie (Eß-Brech-Sucht) entwickeln. Mediziner und Ernährungswissenschaftler arbeiten heute mit einer aktuelleren Formel: dem Body-Mass-Index.

Der Body-Mass-Index

Um das Normalgewicht sowie Über- und Untergewicht zu bestimmen, rechnet man heute mit dem Body-Mass-Index (kurz BMI). Dieser setzt das Körpergewicht ins Verhältnis zur Körpergröße. Der BMI wird folgendermaßen berechnet:

$$\text{BMI} = \frac{\text{Körpergwicht (kg)}}{\text{Körperlänge (m}^2\text{)}}$$

DAS ERFOLGS PRINZIP
nur 30 % der Gesamtkalorien aus Fett

Beispiel: eine Frau wiegt 65 kg und ist 1,65 m groß. Ihr BMI berechnet sich so:

$$\text{BMI} = \frac{65}{1{,}65 \times 1{,}65} = 23{,}9$$

Um Ihnen diese Rechnerei zu ersparen, gibt es auf Seite 16 eine BMI-Grafik, die Ihnen zeigt, ob Sie zu dick, zu dünn oder normalgewichtig sind.

Mit wenig Fett zur tollen Figur

Schlanker werden ohne Diät und ohne Kalorienzählen? Das klingt ja fast zu schön, um wahr zu sein. Ist es auch, wenn Sie die Fettbremse ziehen. Maximal 25–30 Prozent der täglichen Energiezufuhr sollte aus Fett stammen. Das sind – je nach Kalorienverbrauch 60–70 Gramm Fett. Ein Unterschreiten dieser Menge auf 20–25 Prozent, also etwa maximal 50 Gramm Fett pro Tag ist zum Abnehmen noch günstiger. Mit der GU Low fat-Genußkultur können Sie gesund und effektiv abnehmen. Sie müssen, um Ihr Wohlfühlgewicht zu erreichen, nicht hungern und brauchen auch auf Genuß nicht zu verzichten.

Das Wohlfühlgewicht

Der BMI ist ein sehr guter Anhaltspunkt. Was aber nicht zu kurz kommen sollte ist das subjektive Empfinden für das Gewicht, bei dem Sie sich »wohl fühlen«. Wenn Sie sich mit Ihren Kilos nicht anfreunden können, nutzt der beste BMI-Wert nicht viel. Fühlen Sie sich zu dick, nehmen Sie ruhig ein paar Pfunde ab. Geht es Ihnen rundherum gut, der BMI zeigt aber leichtes Übergewicht an, stressen Sie sich nicht mit Abnehmen – vorausgesetzt Sie sind ansonsten gesund. Nur bei deutlichen Abweichungen vom BMI sollten Sie Ihr Wohlfühlgewicht in Frage stellen und mit Ab- oder Zunehmen Ihren Gesundheitsstatus verbessern. Besprechen Sie das am besten mit Ihrem Hausarzt.

Don't follow Claudia Schiffer:
Traumbody contra Wohlfühlgewicht

Die Werte dieser Grafik gelten für Erwachsene (Werte für Kinder, Jugendliche und Senioren nennt Ihnen Ihr Arzt).
An der Grafik können Sie ablesen, ob Sie zu viel oder zu wenig wiegen oder gerade das richtige Gewicht haben. Tragen Sie Ihre Körpergröße (in Zentimetern) auf der Längsachse ein und Ihr Gewicht (in Kilogramm) auf der Querachse.
Liegt der Punkt, wo sich beide Werte kreuzen, im hell-gelben Bereich: Achtung, Untergewicht. Nicht weiter abnehmen, bei einem BMI unter 18 zunehmen.
Liegt er im dunkel-gelben Bereich: Wunderbar, Sie haben Normalgewicht. So soll es sein.
Befindet sich der Schnittpunkt im hell-orangen Feld: Achtung Übergewicht! Nicht weiter zunehmen, das Gewicht langsam reduzieren.
Sollte Ihr BMI im dunkel-orangen Bereich liegen: Unbedingt einen Arzt konsultieren und abnehmen.

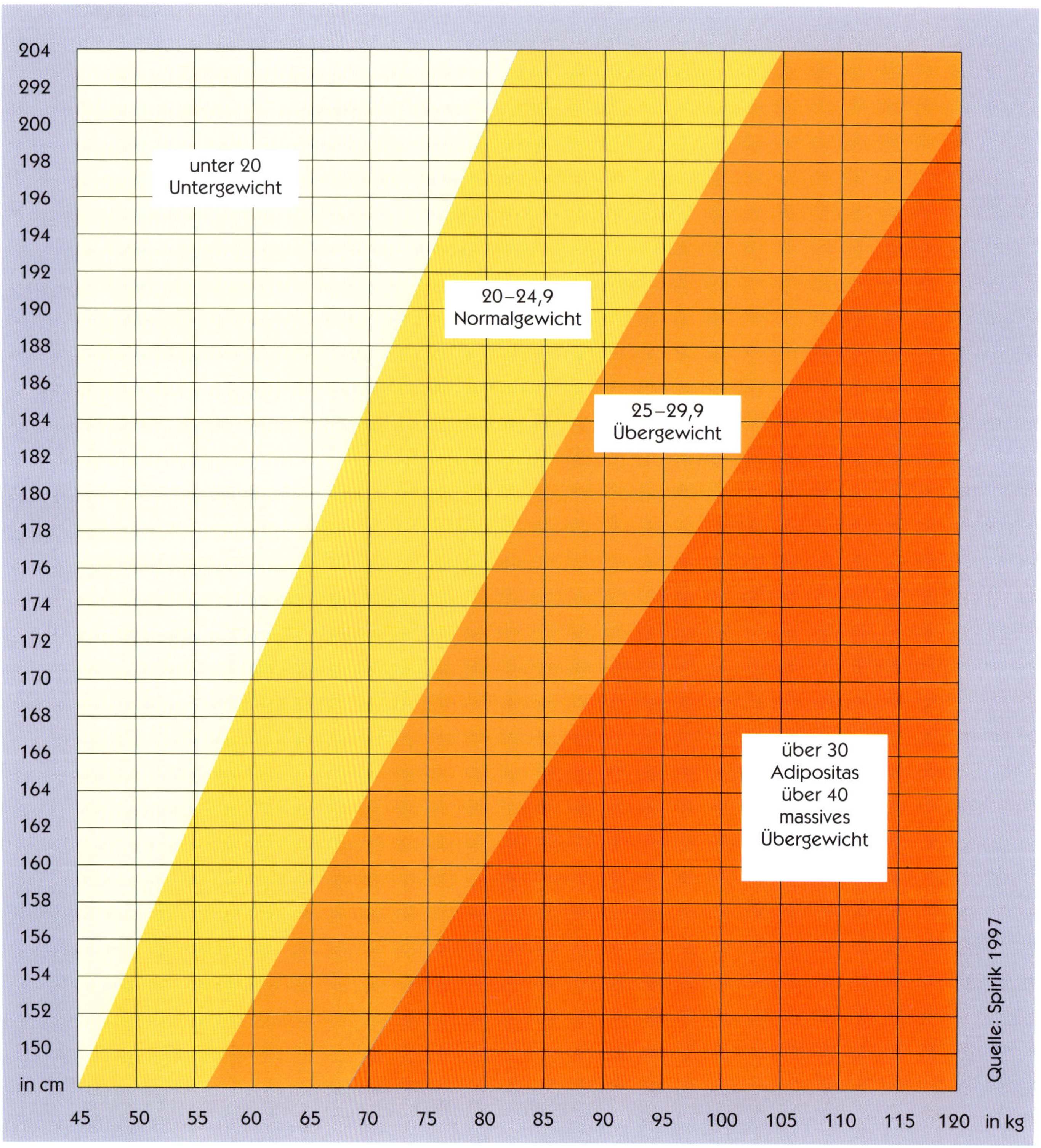

Nie zuvor war es so einfach, sich optimal zu ernähren, sein Wohlfühlgewicht zu erreichen und auf Dauer schlank zu bleiben. Diesen Erfolg erreichen Sie mit einer Änderung Ihres Ernährungsverhaltens – und mit Hilfe der GU Low fat-Genußkultur. Das heißt nicht Verzicht, sondern sinnvoller Umgang mit den Lebensmitteln. Heißt auch, bewußter essen und genießen. Alles essen können, was einem schmeckt, satt werden, ohne das ewig schlechte Gewissen. Denn wer gerne ißt, lebt auch gern, und darauf kommt es an.

Das Erfolgskonzept

Blitzschnelle und superleichte Lösungen zum Wunschgewicht auf Dauer gibt es leider immer noch nicht. Aber die neuen Erkenntnisse der Ernährungswissenschaft machen Mut. Endlich sind nicht mehr die Kalorien das Maß aller Dinge, die einfache Lösung heißt: weniger Fett, dafür mehr Kohlenhydrate essen! Ihr Körper bekommt alles, was er braucht, aber kein Gramm Fett zuviel. Nach einer Lern- und Übergangsphase wird Ihnen dieses neue erfolgreiche Ernährungsprogramm in Fleisch und Blut übergehen.

Anders essen – aber wie?

Wenn Sie Ihr Eßverhalten ändern wollen, brauchen Sie zunächst einen festen Willen und leckere Rezepte. Sonst geben Sie schon nach kurzer Zeit frustriert auf. Den Willen müssen Sie schon selbst aufbringen, die vielfältigen Rezepte finden Sie in diesem Buch.
Ernährungs-Psychologen haben entdeckt, daß es am leichtesten ist, alte Gewohnheiten abzulegen, wenn sich im Leben sowieso gerade etwas ändert. Zum Beispiel ein Umzug, ein neuer Job, ein Urlaub oder eine neue Liebe. Wenn sich so etwas in Ihrem Leben ereignet, nutzen Sie Ihre Chance. Falls keine Änderung in Aussicht ist, geht es auch ohne. Sie müssen es nur selber ernsthaft wollen. Druck von außen ist meist wirkungslos.

Überfordern Sie sich nicht

Stecken Sie sich überschaubare und realistische Ziele beim Abnehmen. Am besten über einen längeren Zeitraum, den Sie sich in kleinere Etappen einteilen. Denn realistische Erwartungen sind schon mal die halbe Miete und Sie sparen sich so garantiert viel Frust. 1–2 kg Gewichtsverlust pro Monat sind gut! Stellen Sie Ihre Ernährung schrittweise um, auch wenn der sichtbare Erfolg etwas länger auf sich warten lassen sollte. Dafür bleibt er Ihnen langfristig erhalten.

Essen Sie sich satt

Wer sich nach der GU Low fat-Genußkultur ernähren will, muß vor allem sichtbares Fett weglassen. Das bedeutet, wenig Fleisch und Wurstwaren, dafür viel Gemüse, Kartoffeln, Obst, Brot, Nudeln oder Reis zu essen. Das hat neben dem hohen Gesundheitswert noch eine erfreuliche Wirkung: Sie werden davon nicht nur schneller satt, sondern bleiben es auch länger.

Kleine Ausrutscher sind harmlos

Seien Sie nicht gefrustet, wenn Sie mal alle guten Vorsätze vergessen und so

richtig zugeschlagen haben. Von gelegentlichen Ausrutschern – zum Beispiel dem mal wieder allzu köstlichen Cocktail – wird niemand dick. Es geht vielmehr um die Fehler, die man täglich macht. Auf die stellt sich unser Stoffwechsel ein – einmalige Schwankungen übergeht er meist großzügig. Diese können Sie zudem mit ein paar besonders fettarmen Tagen ganz schnell wieder wettmachen.

Verbote sind verboten

Seien Sie flexibel beim Abnehmen. Es ist nicht nötig, sich selbst strikte Verbote aufzuerlegen. Überlegen Sie, in welchen Situationen Sie diese Lebensmittel besonders gerne essen. Machen Sie sich eine Liste Ihrer speziellen »Dickmacher«. Dazu notieren Sie fettärmere Alternativen, die sie auch gerne mögen. Und dann überlegen Sie sich jedesmal sehr genau, was Sie von beiden essen. Nach einiger Zeit werden Sie feststellen, daß Sie immer öfter zu den Alternativen greifen. Das beweist, wie erfolgreich Sie mit Ihrer Ernährungsumstellung sind.

Wellness für Body & Brain

Gehen Sie regelmäßig in die Sauna, lassen Sie sich genüßlich massieren, machen Sie lange Spaziergänge im Grünen oder entspannen Sie sich bei Ihrer Lieblings-CD. Diese Streicheleinheiten sind ideal für Körper und Seele, machen Sie ausgeglichener und stärken, zusammen mit der schlanker werdenden Figur Ihr Selbstbewußtsein.

Belohnen Sie sich

Gönnen Sie sich selbst ein Geschenk, wenn Sie jeweils eine Abnehm-Etappe erfolgreich abgeschlossen haben. Nehmen Sie für jeden Abschnitt einen Zettel und schreiben Sie darauf, was Sie sich schon lange mal leisten wollten. Das können materielle Dinge sein oder Unternehmungen, die schon lange auf Ihrer Wunschliste stehen. Die Zettel bewahren Sie in einem Kästchen auf. Nach jeder Etappe loben Sie sich selbst, ziehen einen Zettel – und los geht's!

Fett sparen beim Garen:
Die besten Methoden

Vergessen Sie das herkömmliche Kochen und Braten. Steigen Sie um auf fettsparende und gleichzeitig vitaminschonende Garmethoden. Das sind die gesündesten:

Garmethode	Geeignet für
Dämpfen Garen im Dampf um 100° ist die schonendste Zubereitungsart, weil die Lebensmittel weder direkt mit Garflüssigkeit noch mit Fett in Berührung kommen. Gaumen und Augen werden verwöhnt, denn das Garen auf die sanfte Tour verstärkt das typische Eigenaroma und erhält die frischen Farben der Zutaten.	Broccoli, Blumenkohl, Erbsen, Fenchel, Kartoffeln, Lauch, Möhren, rote Bete, Spargel, Fischfilets, Forellen, Makrelen, Geflügelbrust, Hähnchenkeulen 
Dünsten Das heißt Garen im eigenen Saft oder mit wenig Flüssigkeit um 100°. Entweder ganz ohne oder mit sehr wenig Fett. Vitamine und Mineralstoffe bleiben weitgehend geschont.	Bohnen, Möhren, Paprika, Pilze, Tomaten, Zucchini, Obst, Fischfilets, ganze Fische, Geflügelteile 
Braten Diese schnelle Garmethode funktioniert ganz ohne oder mit wenig Fett. Bei den hohen Temperaturen von 140°– 200° verschließen sich die Poren der Lebensmittel rasch, bleiben saftig.	Schnitzel, Steaks, Medaillons, Koteletts, Fischfilets, Portionsfische, Gemüse, Kartoffeln, Eier 
Schmoren Ist eine Kombination aus Braten mit gleichzeitiger Bräunung bei 160°– 200° und langsamem Dünsten in wenig Flüssigkeit bei Temperaturen um 100°. Eignet sich besonders für aromatische Ragouts aus Fleisch und/oder Gemüse.	Ragout oder Gulasch von Schwein, Rind und Lamm. Braten und Rouladen. Schmorgemüse wie Kohl, gefüllte Paprika, Auberginen 
Braten im Wok Pfannenrühren nennt man das schnelle Garen im Wok, weil die kleingeschnittenen Zutaten darin ständig bewegt werden. Man braucht dazu nur ein Minimum Fett. Es ist eine der gesündesten und aromareichsten Garmethoden.	alle Gemüse, Obst, Fisch, Meeresfrüchte, Geflügel, mageres Fleisch 
Grillen Ist ein Garen mit gleichzeitiger Bräunung bei Temperaturen um 250°. Dabei bilden sich Röst- und Aromastoffe. Grillen ist eine sehr fettsparende und aromareiche Zubereitungsart.	ungepökeltes, mageres Fleisch, Würstchen, Fisch, Gemüse, Kartoffeln, Obst 

Fett sparen beim Garen: Die besten Methoden

So funktioniert's	Geräte / Geschirr
• Den Boden eines Topfes 3–5 cm hoch mit Flüssigkeit (Wasser, Brühe, Wein) bedecken. • Gargut in einen Dämpfeinsatz legen, in den Topf stellen. • Mit einem Deckel gut verschließen, die Flüssigkeit aufkochen lassen. • Sobald Dampf sichtbar wird, beginnt die Garzeit. Die Hitze etwas verringern.	Es funktioniert mit dem asiatischen Dampfkörbchen ebenso wie mit einem flexiblen Metall-Siebeinsatz, der sich allen Topf-, Wok- und Pfannengrößen anpaßt. Gelingt auch gut im Bräter oder Fischtopf. 
• Gargut tropfnaß in Topf oder Folie geben oder in sehr wenig heißem Fett im Topf andünsten. • Mit wenig Flüssigkeit (Wasser, Brühe, Fischfond) aufgießen bzw. ablöschen. • Beim Garen im Topf die Hitze verringern, die Lebensmittel zugedeckt um den Siedepunkt fertiggaren. Bei Verwendung von Folie, die Lebensmittel im Backofen garen.	Gelingt besonders gut in Töpfen mit gut wärmeleitenden Böden und perfekt schließenden Deckeln. Ebensogut im Tontopf, im Bratschlauch oder in der Bratfolie oder in Alufolien-Päckchen. 
• Bratgeschirr erhitzen, evtl. wenig Fett hinzufügen. • Trockenes Lebensmittel einlegen, von allen Seiten bräunen. • Je nach Gargut die Hitze verringern und fertiggaren. • Bratgut herausnehmen, den Bratensatz evtl. mit etwas Flüssigkeit loskochen, als Sauce zubereiten.	Bratpfanne mit oder ohne Deckel. Zum Beispiel eine antihaftbeschichtete und kratzfeste Pfanne aus nickelfreiem Mehrschichtmaterial, das die Hitze rasch und gleichmäßig verteilt. 
• Schmorgut in wenig erhitztem Fett anbraten. • Weitere Zutaten wie z. B. Gewürze hinzufügen. • Mit wenig Flüssigkeit (Brühe, Wein, Wasser) ablöschen. • Im geschlossenen Topf um den Siedepunkt fertiggaren.	Am besten im flachen Schmortopf mit fest schließendem Deckel oder Bräter oder Pfanne mit Deckel. Günstig ist ein Kochgeschirr, in dem wasserarmes und fettfreies Garen möglich ist. 
• Alle Zutaten in kleine Scheiben, Streifen oder Würfel schneiden. • Nur wenig Öl im Wok erhitzen. Zuerst von der Struktur her gröbere Zutaten, dann die feineren unter ständigem Rühren braten. • Gewürze und evtl. wenig Flüssigkeit dazugeben, fertiggaren.	Für Gasherde der klassische Wok mit gewölbtem Boden. Für Elektroherde muß der Wok einen plangeschliffenen Boden haben. Gibt es aus Gußeisen, Gußeisen mit kratzfester Emaillierung, Edelstahl oder Kupfer. 
• Gerät aufheizen. • Vorbereitete Lebensmittel auf den Rost oder direkt auf die Heizfläche legen oder auf den Spieß stecken. • Nur so lange bräunen lassen, bis das Grillgut gerade gar ist.	Hier haben Sie die Qual der Wahl: Holzkohlen-, Gas-, Elektrogrill oder Backofen mit Grilleinrichtung. Alternativen sind der Tischgrill, der heiße Stein oder der Elektro-Grillspieß.

Super-Fett-Spartricks: So geht' s ganz leicht

Schlemmen ohne Reue – das gelingt Ihnen ganz einfach mit diesen Tricks und Tips für eine leichte und vitaminreiche Zubereitung.

Rezepte abspecken

Um Ihre eigenen Rezepte leichter zu machen, sollten Sie, wenn nötig, fettreiche Zutaten durch fettärmere ersetzen. Einen genauen Überblick über die Fettgehalte der einzelnen Lebensmittel finden Sie in einer ausführlichen Nährwerttabelle.

Keine Fertigprodukte verwenden

Fertigprodukte, die mittlerweile schon über die Hälfte unserer Ernährung ausmachen, enthalten meist zuviel Fett. Genauso Salatdressings. Die können Sie besser in größeren Mengen selbst zubereiten und den Rest im Schraubverschlußglas im Kühlschrank aufbewahren.

Würzbutter mal anders

Auch gewürzte Butter läßt sich gut »entfetten«, wenn Sie als Grundlage Halbfettbutter und Buttermilch-Frischkäse verrühren. Mit Paprika, Tomatenmark, frischen Kräutern, Knoblauch oder Curry würzen. In einen Spritzbeutel füllen, Rosetten spritzen und vorfrieren. Dann portionsweise in Gefrierbeuteln einfrieren.

Cremige Suppen

Suppen aus püriertem Gemüse und Sahne, Crème fraîche oder Eigelb sind zwar schön sämig, aber auch schön fett! Binden Sie die Suppen demnächst besser mit einer gekochten Kartoffel, die Sie mit frischen Kräutern pürieren und unterrühren. Wer kein Gerät zum Pürieren hat, kann die Kartoffel mit einer Gabel zerdrücken und die Kräuter fein hacken. Oder unter die Suppe einige Kartoffelflocken oder Reisflocken mischen.

Milch statt Sahne

Etwas eingekochte Magermilch oder auch leichte Kaffeesahne binden Saucen (und feine Suppen) ebensogut wie Sahne oder Crème fraîche. Probieren Sie's mal! Für Abwechslung und einen kräftigen Geschmack sorgen Gewürze, frische Kräuter und mitgegarte Gemüsestückchen.

Auberginen fettfrei garen

Meist werden sie in Fett angebraten, wobei sie reichlich davon aufsaugen. Es geht auch anders: Da Auberginen eine feste Haut haben, lassen sie sich fast ohne Vitaminverlust in Wasser vor- oder fertiggaren. Danach können sie abgetropft püriert, gefüllt oder mit wenig Fett gedünstet oder gebraten werden.

Knusprige Bratkartoffeln

So geht's: Rohe oder gekochte Kartoffeln in dünne Scheiben schneiden. In einer beschichteten, schnitt- und kratzfesten Pfanne ohne Fett langsam braten. Nur einmal wenden, wenn die Ränder goldbraun werden. Zum Schluß Gewürze und Kräuter hinzufügen und ein wenig Öl darüber träufeln.

Leicht statt schwer

Wer Gewürze, Kräuter, Nüsse oder Joghurt richtig einsetzt, braucht keine dicke Käseschicht auf dem Auflauf, damit es schmeckt. Und wenn's doch Käse sein soll, dann nur eine fettarme Sorte hauchdünn darüber hobeln. Bei Cremes und Aufstrichen können Sie Butter oder Margarine durch Halbfettprodukte ersetzen.

Fleisch mit Aroma

Fettränder bei Rumpsteaks, Koteletts oder Braten nicht vor dem Garen abschneiden, sondern erst nachher. Das Fleisch bleibt so wesentlich saftiger und aromatischer. Vor dem Servieren von der Sauce das Fett mit einem Löffel abschöpfen.

Geflügel mit krosser Haut

Darauf müssen Sie nicht verzichten: Gewürze oder Kräuter mit den Fingern zwischen Haut und Fleisch schieben. Geflügel in eine kalte Pfanne legen und mit Küchenpapier abdecken (als Spritzschutz). Dann bei mittlerer Temperatur langsam braten, bis die Haut schön knusprig ist, dabei öfter wenden. Das ausgebratene Fett abgießen. Eine leckere Sauce gibt es trotzdem, beispielsweise aus Brühe, frisch gehackten Kräutern und Zitronensaft.

Schlanke Saucen!

Haben Sie einen Fettabschöpfer (gibt es in Haushaltswarengeschäften) im Haus (er sieht aus wie eine Mini-Gießkanne), müssen Sie auf Festtagsbraten nicht verzichten. Füllt man die Sauce hinein, setzt sich das Fett oben ab und bleibt beim vorsichtigen Abgießen in der Kanne zurück. Funktioniert auch zum Entfetten für Fleischbrühen.

Viel Obst zum Dessert

Frische Früchte der jeweiligen Saison können Sie auf vielfältigste Weise zubereiten: als Salat, Sorbet, Gelee oder kombiniert mit fettarmen Milchprodukten. Das sind Nachspeisen zum Genießen, ohne daß Sie dabei Ihr Fettkonto überziehen.

Eischnee statt Sahne

Bei Desserts können Sie leicht Fett sparen, wenn Sie statt geschlagener Sahne Eischnee unterziehen. Oder Sie strecken Schlagsahne mit steifgeschlagenem Eiweiß, das locker untergehoben wird. So bekommen Sie mehr Menge und eine erheblich fettärmere Sahne.

Lust auf Kuchen? Kein Problem!

Auf Butter oder Margarine im Teig sollten Sie allerdings möglichst verzichten. Optimal dafür geeignet ist der Biskuitteig.
Und statt vieler Eigelbe dafür überwiegend Eiweiß verwenden. Den Kuchen können Sie mit einer leichten, erfrischenden Quark-Früchte-Mischung füllen.

Diese Auswahl informiert Sie über den durchschnittlichen Fettgehalt von Nahrungsmitteln (pro 100 g) und zeigt, welche Lebensmittel Sie gegeneinander austauschen sollten.

Lebensmittelgruppen	seltener essen	bevorzugt essen
Milch und Milcherzeugnisse 	Milch, 3,5 % Fett Joghurt, 3,5 % Fett Fruchtjoghurt, 3,5 % Fett Kefir, 3,5 % Fett Dickmilch, 3,5 % Fett Kondensmilch, 10 % Fett Quark, 20 % Fett i.Tr. Quark, 40 % Fett i.Tr. Schmand, 24 % Fett Schlagsahne, 30 % Fett Crème fraîche, 40 % Fett Crème double, 42 % Fett	Milch, 1,5 % Fett Joghurt, 1,5 % Fett Fruchtjoghurt, 1,5 % Fett Kefir, 1,5 % Fett Dickmilch, 1,5 % Fett Kondensmilch, 4 % Fett Quark, Magerstufe oder Quarkzubereitung, 0,2 % Fett Quark, 20 % Fett i.Tr. oder Quarkzubereitung, 0,2 % Fett saure Sahne, 10 % Fett saure Sahne, 10 % Fett saure Sahne, 10 % Fett saure Sahne, 10 % Fett
Käse 	Doppelrahmfrischkäse, 28 % Fett Schmelzkäse, 45 % Fett i.Tr. Schnittkäse (z.B. Gouda), 45 % Fett i.Tr. Mascarpone, 48 % Fett Schichtkäse, 50 % Fett i.Tr. Frischkäsezubereitung, 60 % Fett Weichkäse (z.B. Camembert), 60 % Fett i.Tr.	Frischkäse aus/mit Buttermilch, 6–8 % Fett Schmelzkäse, 20 % Fett i.Tr. Schnittkäse (z.B. Gouda), 30 % Fett i.Tr. Quark, 20 % Fett i.Tr. oder Quarkzubereitung, 0,2 % Fett Schichtkäse, 10 % Fett i.Tr. Frischkäsezubereitung, 20 % Fett Weichkäse (zB. Camembert), 30 % Fett i.Tr.
Fette, Dressings 	Remoulade, 80–60 % Fett Margarine, 80 % Fett Mayonnaise, 80 % Fett Butter, 83 % Fett Butterschmalz, 99 % Fett	Remoulade »extra leicht« Halbfettmargarine, 40 % Fett Salatcreme, 20–40 % Fett Halbfettbutter, 40 % Fett Halbfettbutter, 40 % Fett
Fleisch und Geflügel 	Schweinekotelett, 8 % Fett Schweinenacken, 10 % Fett Schweinehack, 20 % Fett Schweinebauch, 21 % Fett Schweinemett, 28 % Fett Gans, 31 % Fett	Kalbskotelett, 3 % Fett Kalbsschnitzel, 2 % Fett Tatar, 3 % Fett Kalbsbrust, 6 % Fett Rinderhack, 14 % Fett Ente, 17 % Fett
Wurst und Aufschnitt 	Bierschinken, 12 % Fett Jagdwurst, 18 % Fett Schinkenwurst, 20 % Fett Fleischkäse, 23 % Fett Salami, 27 % Fett Grobe Leberwurst, 29 % Fett Kalbsleberwurst, 31 % Fett Cervelat, 32 % Fett Frühstücksspeck, 77 % Fett	Puten-Bierschinken, 9 % Fett Puten-Jagdwurst, 9 % Fett Puten-Schinkenwurst, 15 % Fett Puten-Fleischkäse, 20 % Fett Puten-Salami, 20 % Fett grobe Puten-Leberwurst, 25 % Fett feine Puten-Leberwurst, 25 % Fett Puten-Cervelat, 20 % Fett Rindersaftschinken, 4 % Fett
Süßes und Knabbereien 	Nougat, 24 % Fett Marzipan, 25 % Fett Schokolade, 30 % Fett Nuß-Schokolade, 37 % Fett Brotaufstrich auf Nußbasis, 31 % Fett Frankfurter Kranz, 24 % Fett Käsekuchen, 14 % Fett Eiscreme, 10 % Fett Kartoffel-Chips, 35 % Fett Tortilla-Chips, 22 % Fett	Gummibärchen, kein Fett Fruchtbonbons, kein Fett Lakritz-Konfekt, 3 % Fett Lakritz-Schnecken, kein Fett Konfitüre, kein Fett Obstkuchen aus Hefeteig, 3 % Fett Obsttorte mit Beeren, 5 % Fett Fruchteis, kein Fett Salzbrezeln, 6 % Fett Kroepoek (Krabbenchips), 1 % Fett

Two magic weeks:
Zwei magische Wochen lassen das Fett dahinschmelzen

Sie möchten rasch ein paar Pfund abnehmen – auf gesunde Weise und ohne zu hungern? Mit einer Wunderwoche lernen Sie die effektive Wirkung der GU Low fat Genußkultur von ihrer besten Seite kennen, denn das Abnehmen geht mühelos und selbst auf Gaumenfreuden müssen Sie dabei nicht verzichten. Die Rezepte für Wunderwochen sind jeweils für 2 Personen.

Umschalttage
Noch mehr Erfolg bringt die Wunderwoche, wenn Sie am Wochenende vorher zwei »Umschalttage« einlegen. So kann sich Ihr Stoffwechsel auf die geänderte Ernährung besser einstellen. Ideal sind diese Entlastungstage auch, wenn Sie einige Tage hintereinander fettreich geschlemmt haben. Und so geht's:

• Gemüsesuppe ohne Fett
Bereiten Sie pro Tag aus 750 g Weißkohl, 500 g Möhren, 300 g Kartoffeln, 300 g Knollensellerie, 300 g Lauch, 2 Zwiebeln, 2 l Wasser, 1 Lorbeerblatt, 1 TL Kümmel, 1 TL Pfefferkörnern und etwas frischem oder getrockneten Thyman eine Suppe zu.
Das Gemüse dafür waschen, putzen und grob zerkleinern. Mit dem Wasser 30 Minuten köcheln lassen. Die Gemüsesuppe nur sehr sparsam salzen, dafür mit reichlich frischen Kräutern würzen. Suppe nach einem leichten Frühstück über den Tag verteilt essen.

• Reistag
Kochen Sie pro Tag 1 1/2 Tassen Naturreis oder parboiled Reis ohne Salz. Diese Menge teilen Sie anschließend auf 4–6 Portionen auf. Jede Portion können Sie mit etwas frischem Obst, rohem oder gedämpftem Gemüse mit frischen Kräutern variieren. Dazu 2 l leichten Kräutertee oder Mineralwasser trinken.

Die Wunderwoche mit besonders wenig Fett

	Frühstück	Mittagessen	Abendessen	Für zwischendurch
Montag	Birnen-Apfel-Quark 35	Karibischer Ananas-Fleisch-Salat 75 Kartoffelwaffeln mit Zucchini-Tzatziki (doppeltes Rezept) 116	Hühnereintopf 109	1 Stück Obst, Himbeer-Kefir-Shake 44
Dienstag	Frischkornmüsli mit Heidelbeeren 38	Carpacciobrote 79 Gefüllte Gurken mit Garnelen-Reis (halbes Rezept) 139	Geriebener Rettich mit Forellenkaviar 56 Roastbeef-Papaya-Toast 49	1 Reiswaffel, Buttermilch-Shake 44
Mittwoch	Bananen-Sesam-Crostini 37	Apfel-Sellerie-Cremesuppe 94 Bündner Spargel-Nudeln 151	Gemüseplatte mit Steinpilz-Creme (halbes Rezept) 137	1 Stück Obst, Pfirsich-Vanille-Milch 45
Donnerstag	Brotaufstrich mit Curry-Apfel 40	Melonen-Gurken-Salat 67 Baked Potatoes mit Roastbeef-füllung (halbes Rezept) 141	Cremesuppe von roten Linsen 99 Pikanter Salat mit Früchten 67	3 Vollkornkekse, Exotischer Frucht-drink 46
Freitag	Kräuter-Frisch-kornmüsli mit Gemüse 39	Fischgulasch mit Gemüse 170	Gurken-Kräuter-Suppe mit Kartoffel-Croûtons 94 Gemüsesticks mit Zitronen-Senf-Dip 78	1 Stück Obst, Kiwi-Gurken-Mix mit Estragon 47
Samstag	Frischkäse-Obatzter 41	Tomaten-Sülzchen 88 Putenstreifen mit Wirsing-gemüse 198	Aprikosen-Tomaten-Suppe 93 Tatar auf Champignons 58	1 Stück Obst, Sanddorn-Buttermilch-Drink 45
Sonntag	Eierquark auf Bauernbrot 42	Fischsuppe mit Reis 100 Kalbssteaks mit Zitronen-Tomaten-Sauce 191	Indisches Joghurt-Gemüse 121	1 Reiswaffel, Tomaten-Buttermilch mit Basilikum 47

Getränke:
Zum Frühstück 1–2 Tassen Kaffee oder Tee mit Milch oder etwas Sahne. Oder einen Drink aus dem Rezeptteil (Seite 44 bis 47). Während des Tages mindestens 1 1/2 – 2 l Flüssigkeit wie Wasser, Kräutertee, verdünnter Frucht- oder Gemüsesaft.

Die Wunderwoche für Berufstätige mit wenig Zeit

	Frühstück	Mittagessen	Abendessen	Für zwischendurch
Montag	Knusperfrühstück 35	Pilzsalat mit Thunfisch 74 Broccoli-Tortilla 115	Spargelsalat mit Krabben 74 Toast mit Pute und Pfirsich 53	1 Stück Obst, Sanddorn-Buttermilch-Drink 45
Dienstag	Gourmet-Müsli 38	Tatar-Ecken mit Kürbis 58 Thailändisches Gemüse 118, mit Reis	Geschmorte Thymiankartoffeln mit Knoblauchquark 122	3 Vollkornkekse, Kiwi-Gurken-Mix mit Estragon 47
Mittwoch	Möhren-Käse-Aufstrich 42	Eisbergsalat mit Kefirdressing 65 Spaghetti mit Steinpilzsauce und Filet (halbes Rezept) 160	Arabischer Linseneintopf 105	1 Stück Obst, Tomaten-Buttermilch mit Basilikum 47
Donnerstag	Gemüse-Spiegelei 40	Scharfe Tomatensuppe mit Lavendel 93 Hähnchenbrust im Wirsingmantel (halbes Rezept) 204	Knusper-Chips 54 Gemüsesalat mit Frühlingskräutern 70	1 Reiswaffel, Pfirsich-Vanille-Milch 45
Freitag	Vollkornbrot mit Ricotta-Kräuter-Creme 41	Rettich-Apfel-Rohkost 69 Kabeljau-Gemüse-Wok 167	Roastbeefstreifen in Kerbelgelee 89 Orangengratin 214	1 Stück Obst, Buttermilch-Shake 44
Samstag	Exotisches Schlemmeromelett 37	Curry-Spinat-Pfanne mit Linsen 119	Fondue Chinoise (halbes Rezept) 207 Apfelsorbet mit Calvados 63	3 Vollkornkekse, Himbeer-Kefir-Shake 44
Sonntag	Frischkäse-Pancakes mit Sanddornsirup 36	Fischsuppe mit Reis 100 Lammschnitzel mit Paprikaquark 194	Carpacciobrote 79 Safrangemüse (doppeltes Rezept) 114	1 Stück Obst, Exotischer Fruchtdrink 46

Getränke:
Zum Frühstück 1–2 Tassen Kaffee oder Tee mit Milch oder etwas Sahne. Oder einen Drink aus dem Rezeptteil (Seite 44 bis 47). Während des Tages mindestens 1 1/2–2 l Flüssigkeit wie Wasser, Kräutertee, verdünnter Frucht- oder Gemüsesaft.

Mit Gymnastik schlank und knackig

Sport-Experten wissen: Das Gewicht reduzieren und straffe Muskeln bekommen – das gelingt am besten mit dem Low fat-Programm und regelmäßiger Fitneß.
Eine erfolgreiche Methode aus USA ist Body Burn, eine raffinierte Mischung aus zwei Übungstypen, die abwechselnd gemacht werden: 1. Fatburner – die speziellen Ausdauerübungen. 2. Muskeltoner – gezielte Straffungsübungen für Ihre Problemzonen.
Dieser Figur-Hit bringt den Stoffwechsel auf Trab und läßt Kalorien schneller verbrennen. Die Muskeln an Bauch, Beinen und Po werden merklich straffer, die Figur bekommt eine schönere Kontur.
Wichtig: Turnen Sie jeweils die neun Übungen in der angegebenen Reihenfolge hintereinander und machen Sie nach jeder 1 Minute Pause, atmen Sie dabei gut durch.
Ideal: die Übungen im 2-Tages-Rhythmus wiederholen.

1
Fatburner
Stellen Sie sich gerade hin und winkeln Sie die Arme locker an. Nun die Fersen abwechselnd kräftig heben und senken. Langsam anfangen, dann immer schneller werden. Insgesamt machen Sie die Übung etwa 2 Minuten.

2
Muskeltoner Bauch
Legen Sie sich auf die Seite. Der Kopf liegt auf einem Arm, den anderen Arm können Sie vorne abstützen. Das obere Bein 30 Sekunden hochstrekken, dann langsam senken. Fünfmal pro Bein.

3
Muskeltoner Bauch
Auf den Rücken legen. Die Beine wie auf dem Foto im rechten Winkel anheben. Knie mit beiden Händen umfassen, Kopf und Schultern leicht hochheben. Knie fest gegen die Hände drücken, mit den Händen dagegenhalten. 30 Sekunden, dann langsam zurück. Das Ganze fünfmal.

4
Fatburner
Flott auf der Stelle gehen, dabei die Knie so hoch wie möglich heben. Die Arme dabei anwinkeln und immer locker mitschwingen lassen. Gehen Sie so etwa 2 Minuten lang.

5
Muskeltoner Po
Knien Sie sich auf den Boden und stützen Sie sich mit gestreckten Armen nach vorne ab. Ein Bein gerade nach hinten strecken. Die Spannung 30 Sekunden halten, dann das Bein langsam senken.
Die Übung fünfmal pro Bein machen.

6
Muskeltoner Po
Auf den Rücken legen, die Hände auf die Schultern legen, die Beine anwinkeln. Den Po so hoch wie möglich heben und die Spannung 30 Sekunden halten. Langsam zurückgehen. Diese Übung möglichst fünfmal wiederholen.

7
Fatburner
Locker hinstellen und langsam auf der Stelle laufen. Die Knie dabei abwechselnd heben und senken. Die Arme anwinkeln und immer locker mitschwingen lassen.
Halten Sie diese Übung etwa 2 Minuten lang durch.

9
Muskeltoner Beine
Stellen Sie sich im Ausfallschritt hin, dabei das hintere Bein beugen. Die Pobacken 30 Sekunden zusammenkneifen, dann wieder entspannen. Das andere Bein beugen. Fünfmal pro Bein.

8
Muskeltoner Beine
Auf den Rücken legen. Ein Bein hochstrecken und mit den Händen so weit wie möglich zur Brust ziehen. 30 Sekunden halten. Dann kommt das andere Bein dran. Fünfmal pro Bein.

Inline-Skating

➡ Das Rollschuh-Training auf acht schmalen Rädern rückt dem Fett an Bauch, Hüften, Po und Oberschenkeln zu Leibe und bringt das Herz-Kreislauf-System in Schwung.
Extra-Tips: • Helm, Knie- und Ellenbogenschoner müssen unbedingt sein. • Langsam loslaufen, dann schneller werden, wenn Sie sich sicher fühlen. Den Oberkörper leicht nach vorn beugen, die Arme schwingen mit. • Nur auf befestigten Gehwegen laufen.

Jogging/Walking

➡ Es werden die meisten Muskeln aktiviert, die Fettverbrennung ist hoch.
Technik: • Beim Joggen ruhig und gleichmäßig laufen, Sie sollten sich sogar noch mit einem »Mitjogger« unterhalten können. • Beim dynamischen Walking langsam anfangen, dann schneller werden, aber im Gehtempo bleiben. • Große Schritte machen, die Fersen abrollen, Arme anwinkeln. • Der Puls sollte 130 Schläge pro Minuten nicht überschreiten.

Radfahren/Biking

➡ Kraftvolles Radfahren strafft Po und Beine. Dafür brauchen Sie nicht unbedingt ein Mountainbike oder Rennrad. Ein normales Rad mit Gangschaltung genügt.
Extra-Tips: • Langsam losradeln, schneller werden und in niedrigen Gängen kräftig treten. Das baut eine schlanke, langfaserige Muskultaur an Po und Beinen auf. • Den Oberkörper nicht verkrampfen. Zum Entspannen die Schultern fest hochziehen und fallen lassen.

Ski alpin/Langlaufen

➡ Diese beiden Sportarten wirken besonders auf die Beinmuskulatur, der Stockeinsatz stärkt Arm- und Brustmuskeln. Beim Skilanglauf ist der Kalorien- bzw. Fettverbrauch höher als beim alpinen Skilauf.
Extra-Tips: • Mit der Skigymnastik schon im Frühherbst beginnen. • Am Skitag: Cool auf die Piste ist uncool. Das Warm up nicht vergessen, denn wer direkt aus der Gondel in die Bindung springt, riskiert Zerrungen und Verletzungen. • Kohlenhydratreiches Essen ist die beste Energiequelle.

Tennis

➡ Verstärkt die allgemeine körperliche Fitneß, strafft Beine und Po, verbraucht bei konzentriertem Training und Spiel viel Fett-Kalorien.
Extra-Tips: Zum Saisonanfang dem Körper nicht zu viel zumuten, langsam beginnen. • Mit einem Warm up anfangen, dann weiter mit halbstündigem Einschlagen, d.h. langsame Bälle, sicher gespielt.• Spielen Sie die Punkte aus, aber machen Sie noch kein Match. Falscher Ehrgeiz führt nur zu verkrampftem Spiel und unkontrollierten Bewegungen.
• Nach dem Spiel: auslaufen.

Klettern

➡ Alle Muskelpartien sind hier gefordert, da sollte der Body schon ganz schön fit sein. Ein Höchstmaß an Körperbeherrschung ist ebenso nötig wie volle Konzentration. Die eigene Leistung wird besonders intensiv erlebt. Extra-Tips: • Ausdauer- und Krafttraining sind wichtig. • Nie ohne vorherige Dehnübungen an den Felsen.
• Ob Sie lieber in der Natur am echten Felsen oder in der Hallenanlage mit Plastikwänden klettern, ist auch eine Frage von Witterung und Freizeit. In der Halle kommen Sie öfter dazu.

Die Lust am vollen Teller

Rezepte zum Sattessen

Rosinenbrötchen

Zutaten für 4 Stück:
125–140 g Mehl
10 g frische Hefe
25 g Zucker
40 ml lauwarme Milch
1 Ei
¼ TL abgeriebene unbehandelte Zitronenschale
1 Prise Zimt
1 Prise Salz
10 g weiche Butter
30 g Rosinen
Mehl für die Arbeitsfläche
Backpapier für das Blech
1 kleines Eigelb zum Bestreichen
2 TL Hagelzucker zum Bestreuen

Zubereitungszeit: 35 Min.
(+ 1 ½ Std. Ruhen
+ 12–15 Min. Backen)
Pro Stück: 975 kJ/235 kcal
7 g E · 6 g F · 38 g K

Gut vorzubereiten

➡ Das Mehl in eine Schüssel geben, in die Mitte eine Mulde drücken. Die Hefe hineinbröckeln, mit dem Zucker und etwas Milch verrühren. Leicht mit Mehl bestäuben und zugedeckt an einem warmen Ort 10 Min. gehen lassen.
➡ Die restliche Milch, das Ei, die Zitronenschale, den Zimt und das Salz dazugeben und alles mit den Knethaken des Handrührgeräts zu einem glatten, geschmeidigen Teig verkneten. Die Butter und die Rosinen gründlich einarbeiten. Falls der Teig zu feucht ist, noch 1–2 EL Mehl einarbeiten.
➡ Den Teig auf der bemehlten Arbeitsfläche mit den Händen leicht durchkneten. Zu einem Laib formen, in eine Schüssel legen und zugedeckt an einem warmen Ort 1 Std. gehen lassen.
➡ Den Teig noch einmal durchkneten und in 4 gleich große Portionen teilen. Jede Portion zu einem runden Brötchen formen und auf ein mit Backpapier belegtes Blech setzen. Jedes Brötchen mit einem scharfen Messer kreuzweise einschneiden. Zugedeckt nochmals 20 Min. gehen lassen.
➡ Den Backofen auf 225° vorheizen. Das Eigelb mit 1 EL Wasser verquirlen, die Brötchen damit bestreichen und mit dem Hagelzucker bestreuen. Im Ofen (Mitte) in 12–15 Min. goldbraun backen. Die Rosinenbrötchen auf einem Kuchengitter auskühlen lassen.

Variante: Sesambrötchen
In den Hefeteig nur 1 Prise Zucker, aber 1 TL Salz einarbeiten. Die Butter durch 1 EL Sesampaste (Tahin) aus dem türkischen Laden und die Rosinen durch 20 g ungeschälte Sesamsamen ersetzen. Diese in einer beschichteten Pfanne ohne Fett bei mittlerer Hitze unter Rühren goldbraun rösten, dann unter den Teig kneten. Vor dem Backen die Brötchen mit Eigelb und Wasser bestreichen und mit 1 TL Sesam bestreuen.

Kalt gerührte Himbeerkonfitüre

Zutaten für 400 g:
250 g Himbeeren
125 g Gelierzucker 2:1
1/2 Limette
4 Blättchen Zitronenmelisse

Zubereitungszeit: 30 Min.
Pro Portion (10 g): 50 kJ/12 kcal
0 g E · 1 g F · 3 g K

Gelingt leicht

➡ Die Himbeeren waschen, verlesen und sehr gut abtropfen lassen. Abwiegen und in eine Schüssel geben. Die gleiche Menge Gelierzucker dazugeben.
➡ Die Limette heiß abwaschen. Die Schale in feinen Spänen abziehen, 1 EL Saft auspressen. Die Zitronenmelisse waschen, abtrocknen und die Blättchen in feine Streifen schneiden.
➡ Die Himbeeren und den Gelierzucker zusammen mit den Quirlen der Küchenmaschine oder des elektrischen Handrührers mindestens 20 Min. lang durchrühren.
➡ Die Limettenschale, den Limettensaft und die Zitronenmelisse dazugeben, noch kurz verrühren, dann in kleine, gut gesäuberte Gläser abfüllen und mit Twist-off-Deckeln verschließen.

Tips!
Kalt gerührte Konfitüren beeindrucken durch ihr wunderbar volles Fruchtaroma. Einziger Nachteil: sie sind nicht so lange haltbar. Deshalb: kühl aufbewahren und rasch verbrauchen.
Wer sie sofort serviert, garniert mit Melisseblättchen.

Sharonfrucht-Konfitüre mit Minze

Zutaten für etwa 750 g:
600 g reife Sharonfrüchte (etwa 4 Früchte)
1 Limette
250 g Gelierzucker 2:1
8 große frische Minzeblätter

Zubereitungszeit: 20 Min.
Pro Portion (10 g): 65 kJ/15 kcal
0 g E · 0 g F · 4 g K

Gelingt leicht · Schnell

➡ Die Sharonfrüchte vorsichtig waschen und abtupfen, dann die Schale abziehen. Das Fruchtfleisch (etwa 500 g) kleinschneiden und fein pürieren.
➡ Das Fruchtmus in einen Topf geben. Die Limettenschale dünn abreiben und den Saft auspressen. Die Limettenschale und den -saft mit dem Zucker unter das Fruchtmus mischen.
➡ Die Minze abbrausen, die Blätter abzupfen und in feine Streifen schneiden.
➡ Die Fruchtmasse zum Kochen bringen und bei starker Hitze genau 2 Min. unter ständigem Rühren sprudelnd kochen lassen.
➡ Die Minze unterrühren und die Konfitüre noch heiß in saubere Gläser füllen, sofort mit Twist-off-Deckeln verschließen.

Tip!
Auf die gleiche Art können Sie andere exotische Früchte wie Mango, Papaya oder Kiwi verarbeiten. Messen Sie jeweils 500 g Fruchtmenge ab und verrühren Sie diese mit 250 g Gelierzucker 2:1.

Birnen-Apfel-Quark

Zutaten für 2 Personen:
1 Birne
1 Apfel
2 EL Zitronensaft
150 g Magerquark
etwas Mineralwasser
1 Päckchen Vanillezucker
1 Msp. gemahlene Nelken
1 Msp. Zimt
2 EL Rosinen

Zubereitungszeit: 15 Min.
Pro Portion: 730 kJ/175 kcal
11 g E · 1 g F · 33 g K

Schnell · Preiswert

➡ Die Birne und den Apfel waschen, beide trockenreiben, vierteln und vom Kerngehäuse befreien. Von jeder Frucht 2 dünne Spalten zum Verzieren abschneiden, den Rest mitsamt der Schale auf einer Gemüsereibe grob raspeln.
➡ Obstspalten und -raspel sofort mit dem Zitronensaft vermengen, damit sie sich nicht braun verfärben.
➡ Den Quark mit Mineralwasser glattrühren, mit Vanillezucker, Nelken und Zimt würzen.
➡ Quark und Obstraspel gut miteinander vermischen und in zwei Schälchen oder tiefe Teller verteilen. Mit Birnen- und Apfelspalten belegen und mit den Rosinen bestreuen.

Tip!
Leicht exotisch schmeckt der Quark, wenn Sie ihn statt mit Zimt mit 1 walnußgroßen Stück frischen Ingwer würzen. Den Ingwer schälen und fein reiben oder möglichst klein würfeln.

Knusperfrühstück

Zutaten für 2 Personen:
50 g kernige Haferflocken
1 TL Vollrohrzucker
1 Banane · 1 TL Zitronensaft
250 g Erdbeeren
250 g Magerquark
150 g Magermilchjoghurt (0,3 % Fett)
1 EL Honig
3 EL Apfel- oder Orangensaft

Zubereitungszeit: 15 Min.
Pro Portion: 1360 kJ/325 kcal
24 g E · 3 g F · 51 g K

Schnell

➡ Die Haferflocken in einer trockenen Pfanne unter Wenden bei mittlerer Hitze rösten. Den Zucker darüber streuen und leicht karamelisieren lassen, die Pfanne dann vom Herd nehmen.
➡ Die Banane schälen, längs halbieren, in dicke Scheiben schneiden und mit dem Zitronensaft beträufeln. Die Erdbeeren waschen, trockentupfen, 2 schöne Exemplare zum Garnieren zurückbehalten, die anderen entkelchen und in Stücke schneiden.
➡ Quark mit Joghurt, Honig und Saft verquirlen. Die Früchte unterheben. Den Fruchtquark in zwei Schälchen verteilen, mit gerösteten Haferflocken bestreuen und mit den Erdbeeren garnieren.

Tip!
Die Früchtemischung können Sie je nach Saison variieren, z. B. Aprikosen und Heidelbeeren oder Pfirsiche und Kiwi oder Stachel- und Johannisbeeren nehmen.

Frischkäse-Pancakes mit Sanddornsirup

Zutaten für 2 Personen:
100 ml fettarme Milch
75 g körniger Frischkäse (20 % Fett)
1 Ei
2 EL Zucker
etwas abgeriebene unbehandelte Zitronenschale
100 g Mehl
1 gestr. TL Backpulver
2 TL Öl zum Backen
4 EL Sanddornsirup mit Honig (Reformhaus)
Melisseblättchen zum Garnieren

Zubereitungszeit: 30 Min.
(+ 30 Min. Quellen)
Pro Portion: 1690 kJ/402 kcal
17 g E · 13 g F · 55 g K

Spezialität aus Kanada und Nordamerika

➨ Die Milch und den Frischkäse mit dem Ei, dem Zucker und der Zitronenschale in einer Schüssel verrühren.
➨ Das Mehl und das Backpulver vermischen. Mit dem Schneebesen unter die Frischkäse-Milch schlagen. Den Teig 30 Min. quellen lassen.
➨ Jeweils 1/2 TL Öl in einer beschichteten Pfanne erhitzen. Nacheinander 4 x 2 kleine Pfannkuchen backen. Dafür je 2 EL Teig in die Pfanne geben und bei mittlerer Hitze in 3 Min. goldbraun braten. Wenden und von der anderen Seite noch 1 Min. backen.
➨ Auf zwei Frühstückstellern jeweils 4 Pancakes anrichten und den Sanddornsirup darüber träufeln. Mit Melisseblättchen garnieren.

Tip!
Die Pancakes vor dem Servieren mit frischen Früchten, z. B. Kiwi- oder Orangenspalten, garnieren.

Bananen-Sesam-Crostini

Zutaten für 2 Personen:
100 g Magerquark
15 g Sesamsamen
1 Banane (etwa 130 g)
2 TL Zitronensaft
1 EL Akazienhonig
6–8 Baguettescheiben (etwa 100 g; je 2 cm dick)

Zubereitungszeit: 20 Min.
Pro Portion: 1145 kJ/275 kcal
12 g E · 4 g F · 20 g K

Gelingt leicht · Schnell

➡ Den Quark in einem Tuch auspressen.
➡ Den Sesam in einer trokkenen Pfanne bei schwacher Hitze goldbraun rösten, abkühlen lassen.
➡ Die Banane schälen und würfeln. Sofort mit dem Zitronensaft beträufeln. Die Hälfte der Bananenwürfel abnehmen, den Rest mit dem Quark und dem Honig glatt pürieren. Die Bananenwürfel und die Hälfte des Sesams untermengen.
➡ Die Baguettescheiben auf ein Blech legen und unter dem eingeschalteten Grill (Mitte) in 2–3 Min. goldbraun rösten.
➡ Die Brotscheiben mit der Bananenpaste bestreichen, mit dem übrigen Sesam bestreuen und auf einer Platte anrichten.

Tips!
Die gerösteten Brotscheiben zuerst dünn mit Butter, dann mit der Bananenpaste bestreichen.
Den Sesam durch feingehackte Pistazien oder geriebene Mandeln ersetzen.

Exotisches Schlemmeromelett

Zutaten für 2 Personen:
Für den Teig:
2 geh. EL Mehl
1 Ei · 1 Prise Salz
100 ml fettarme Milch (1,5 % Fett)
100 ml Mineralwasser
1 TL Butter
Für die Füllung:
1 kleine vollreife Mango
2 Scheiben frische Ananas
1 kleine Banane
1 kleiner rotschaliger Apfel
150 g körniger Frischkäse (Halbfettstufe, 4,6 % Fett)
1 TL Ahornsirup

Zubereitungszeit: 20 Min.
Pro Portion: 1360 kJ/325 kcal
23 g E · 8 g F · 44 g K

Raffiniert

➡ Mehl mit Ei, Salz, Milch und Mineralwasser verrühren und zugedeckt quellen lassen.
➡ Die Mango schälen, das Fruchtfleisch in Spalten vom Stein schneiden, dann würfeln. Die Ananasscheiben schälen und in Stückchen, die geschälte Banane in Scheiben schneiden. Die Früchte locker mischen.
➡ Den Apfel waschen, abtrocknen und mit der Rohkostreibe in den Frischkäse reiben, mit dem Ahornsirup süßen.
➡ Eine beschichtete Pfanne mit Butter auspinseln und heiß werden lassen. Nacheinander darin 2 Omelettes von beiden Seiten bei mittlerer Hitze in je 2 Min. goldgelb backen.
➡ Die Omelettes mit Frischkäse und Früchten füllen.

Frischkornmüsli mit Heidelbeeren

Zutaten für 2 Personen:
50 g frisch geschroteter Weizen
80 g Buttermilch
2 EL Birnendicksaft
175 g Heidelbeeren

Zubereitungszeit: 10 Min.
(+12 Std. Quellen)
Pro Portion: 605 kJ/145 kcal
4 g E · 1 g F · 29 g K

Preiswert

➡ Den Weizenschrot in eine Schüssel geben und mit etwa 100 ml Wasser verrühren. Zugedeckt über Nacht in den Kühlschrank stellen.
➡ Am nächsten Morgen die Buttermilch und den Birnendicksaft gründlich unter den Schrot mischen.
➡ Die Heidelbeeren waschen, verlesen und gut abtropfen lassen, auf dem Müsli anrichten und servieren.

Tips!
Natürlich schmeckt das Frischkornmüsli auch mit anderen Früchten wie geraspelten Äpfeln, geviertelten Erdbeeren oder Weintrauben. Und statt Buttermilch können Sie auch Joghurt, Quark, Dickmilch, Kefir oder gewöhnliche Trinkmilch nehmen.
Und besonders hübsch sieht es aus, wenn man es mit Melisse- oder Minzeblättchen garniert.

Gourmet-Müsli

Zutaten für 2 Personen:
75 g kernige Haferflocken
1 TL Vollrohrzucker
250 g fettarme Dickmilch
(1,5 % Fett)
4 EL Magerquark
100 ml kalter starker Kaffee
1 TL Vanillezucker
250 g Erdbeeren

Zubereitungszeit: 10 Min.
Pro Portion: 1040 kJ/250 kcal
10 g E · 4 g F · 43 g K

Raffiniert · Schnell

➡ Die Haferflocken in einer trockenen Pfanne bei mittlerer Hitze unter Wenden rösten, den Zucker darüber streuen und karamelisieren lassen. Die Knusperflocken vom Herd nehmen und abkühlen lassen.
➡ Die Dickmilch mit Quark, Kaffee und Vanillezucker verquirlen.
➡ Erdbeeren waschen, mit Küchenpapier abtrocknen, die Kelche abzupfen. Die Erdbeeren halbieren. Erdbeeren und Kaffeecreme in Schälchen oder Bechern anrichten. Die Knusperflocken darüber streuen.

Tip!
Statt Erdbeeren können Sie gemischte zerkleinerte Früchte der Saison wie vollreife Aprikosen und Brombeeren, Himbeeren und Pfirsichwürfel nehmen und, wenn's noch schneller gehen soll, die karamelisierten Haferflocken durch eine ungezuckerte Müslimischung aus der Packung ersetzen.

Kräuter-Frischkorn-müsli mit Gemüse

Zutaten für 2 Personen:
75 g frisch geschroteter Weizen und Hafer
150 g fettarmer Kefir (1,5 % Fett)
½ rote Paprikaschote
100 g Salatgurke
½ Bund Dill
½ Bund Schnittlauch
1–2 TL Zitronensaft
Salz · schwarzer Pfeffer
Paprika, rosenscharf
2 EL fettarmer Joghurt (1,5 % Fett)

Zubereitungszeit: 15 Min. (+ 12 Std. Quellen)
Pro Portion: 790 kJ/190 kcal
9 g E · 4 g F · 30 g K

Gelingt leicht

➨ Das Getreide mit dem Kefir verrühren und zugedeckt im Kühlschrank über Nacht quellen lassen.
➨ Am nächsten Tag die Paprika waschen, putzen und klein würfeln. Die Gurke gut waschen oder schälen, ebenfalls in kleine Würfel schneiden. Dill abbrausen, Blättchen abzupfen und fein hacken. Den Schnittlauch waschen und in feine Röllchen schneiden. Von den Kräutern 1 EL zum Garnieren beiseite legen.
➨ Die übrigen Kräuter mit Paprika und Gurke unter die Getreidemischung rühren. Mit Zitronensaft, Salz, Pfeffer und Paprika würzen.
➨ Das Müsli auf zwei Schälchen verteilen. Den Joghurt verrühren und daraufgeben. Mit den restlichen Kräutern bestreuen.

Eier im Glas

Zutaten für 2 Personen:
50 g Salatgurke
4–5 Schnittlauchhalme (ersatzweise Dillzweige)
4 kleine Eier · Salz
2 EL saure Sahne (10 % Fett)
2 TL Tomatenketchup
weißer Pfeffer
1 Spritzer Worcestersauce
2 große Scheiben Vollkornbrot (etwa 200g)

Zubereitungszeit: 10 Min.
Pro Portion: 1730 kJ/410 kcal
23 g E · 13 g F · 48 g K

Gelingt leicht · Schnell

➨ Die Salatgurke kurz waschen, trockentupfen, längs halbieren und entkernen. Die Gurke sehr klein würfeln. Schnittlauch waschen, trockenschütteln und in feine Röllchen schneiden.
➨ Die Eier in 4 Min. wachsweich kochen, anschließend abschrecken und pellen. Je 2 Eier in ein Becherglas oder in flache Schälchen geben und von oben her so einschneiden, daß das Eigelb sichtbar wird. Die Eier leicht salzen.
➨ Saure Sahne, Tomatenketchup und Gurkenwürfelchen verrühren, mit etwas frisch gemahlenem Pfeffer und Worcestersauce würzen. Die Sauce über die Eier gießen und mit Schnittlauchröllchen bestreuen. Mit dem Brot servieren.

Tip!
Die Salatgurke können Sie gegen Cornichons oder Mixed Pickles austauschen oder 50 g Zucchini sehr fein würfeln.

Brotaufstrich mit Curry-Apfel

Zutaten für 2 Personen:
2 Msp. Curry
100 g Frischkäse aus Buttermilch (8 % Fett)
½ Stange Sellerie
1 kleiner Apfel

Zubereitungszeit: 10 Min.
Pro Portion: 325 kJ/80 kcal
5 g E · 2 g F · 11 g K

Preiswert · Raffiniert

➨ Den Curry in 2 EL warmem Wasser verrühren, dann gründlich unter den Frischkäse mischen, dabei den Käse cremig rühren.
➨ Den Sellerie waschen, putzen und in kleine Würfel schneiden. Eventuell vorhandenes Selleriegrün fein hacken. Den Apfel waschen, trockenreiben, vierteln und vom Kerngehäuse befreien. Apfelviertel ebenfalls klein würfeln. Alles, bis auf 1 EL Selleriewürfel zum Garnieren, unter den Frischkäse rühren.
➨ Den Brotaufstrich in ein Schälchen füllen und mit den übrigen Selleriewürfeln bestreuen. Dazu Knäckebrot oder Vollkornbrot servieren.

Tips!
Falls Sie keinen Stangensellerie bekommen, nehmen Sie etwa 50 g Knollensellerie. Diesen waschen, schälen und auf der Gemüsereibe fein raspeln.
Den Apfel können Sie nach Belieben durch 1 kleine Birne oder auch 1 kleine Banane ersetzen.

Gemüse-Spiegelei

Zutaten für 2 Personen:
150 g zarte Zucchini
100 g frische Sojasprossen
100 g tiefgekühlte Erbsen
1 TL Butter
Salz · schwarzer Pfeffer
etwas abgeriebene unbehandelte Zitronenschale
2 TL Sojasauce
2 Eier
6–8 Basilikumblätter
100 g Vollkorntoast

Zubereitungszeit: 20 Min.
Pro Portion: 1110 kJ/270 kcal
16 g E · 8 g F · 29 g K

Schnell · Gelingt leicht

➨ Zucchini waschen, putzen und in kleine Würfel schneiden. Sprossen in einem Sieb abbrausen. Erbsen aus der Packung nehmen.
➨ Die Butter in einer großen Pfanne erhitzen. Zucchini und Erbsen hineingeben und 5 Min. bei mittlerer Hitze unter gelegentlichem Rühren andünsten. Sprossen hinzufügen und 1 Min. mitbraten. Mit Salz, Pfeffer, Zitronenschale und Sojasauce würzen.
➨ Die Eier darauf schlagen und in 5 Min. stocken lassen, leicht salzen und pfeffern. Mit den Basilikumblättern garnieren.
➨ Mit Vollkorntoast servieren.

Variante: Gemüse-Eierkuchen
Die Eier, 1 EL Crème fraîche, Salz und Pfeffer mit einer Gabel kurz verrühren. Über das gedünstete Gemüse gießen und bei schwacher Hitze stocken lassen.

Vollkornbrot mit Ricotta-Kräuter-Creme

Zutaten für 2 Personen:
2 Zweige Basilikum
2 Zweige Petersilie
10 Blättchen Estragon
½ Bund Schnittlauch
100 g Ricotta
evtl. etwas fettarme Milch (1,5 % Fett)
Salz
weißer Pfeffer
2 Scheiben Vollkornbrot
2 kleine Tomaten

Zubereitungszeit: 10 Min.
Pro Portion: 720 kJ/175 kcal
10 g E · 4 g F · 22 g K

Schnell · Raffiniert

➡ Die Kräuter waschen, abtrocknen und hacken beziehungsweise in Röllchen schneiden.

➡ 1 TL Schnittlauch beiseite legen, die restlichen Kräuter mit dem Ricotta verrühren, eventuell mit etwas Magermilch geschmeidig rühren. Mit Salz und Pfeffer herzhaft abschmecken.

➡ Die Brotscheiben mit der Käsecreme bestreichen. Die Tomaten in Scheiben schneiden und auf die Brote legen. Den übrigen Schnittlauch aufstreuen.

Tip!
Ricotta ist ein quarkähnlicher, italienischer Frischkäse, der aus der Molke von Schaf- oder Kuhmilch gewonnen wird. Er hat einen Fettgehalt von etwa 25 % in der Trockenmasse, was einem absoluten Fettgehalt von nur etwa 15 Gramm pro 100 Gramm Käse entspricht.

Frischkäse-Obatzter

Zutaten für 2 Personen:
1 reifer weicher Camembert (30 % Fett i.Tr., etwa 80 g)
1 TL Obstessig · 1 TL Öl
100 g fettarmer Frischkäse (16 % Fett)
2 kleine Schalotten
Salz · schwarzer Pfeffer
½ TL Paprika, edelsüß
2 Prisen Paprika, rosenscharf
3 Schnittlauchhalme
2 Scheiben Graubrot

Zubereitungszeit: 20 Min.
Pro Portion: 1000 kJ/235 kcal
16 g E · 7 g F · 23 g K

Schnell · Gelingt leicht

➡ Den Camembert kleinschneiden und in eine Schüssel geben. Essig und Öl dazugeben und alles mit einer Gabel fein zerdrücken.

➡ Den Frischkäse hinzufügen, mit dem Camembert gründlich vermischen.

➡ Beide Schalotten schälen. Eine sehr fein würfeln und unter die Camembert-Frischkäse-Mischung rühren, die andere in ganz feine Ringe schneiden.

➡ Die Käsecreme mit Salz, Pfeffer und beiden Paprikasorten würzen. Bis zum Servieren kalt stellen.

➡ Dann mit einem angefeuchteten Eisportionierer Kugeln abstechen und auf zwei Frühstückstellern mit den Schalottenringen anrichten. Den Schnittlauch abbrausen und in feine Röllchen schneiden, darüber streuen.

➡ Das Brot halbieren, im Toaster goldbraun rösten und dazu legen.

Eierquark auf Bauernbrot

Zutaten für 2 Personen:
2 kleine Eier
4 Salatblätter
½ Bund Radieschen
½ Bund Petersilie
200 g Quarkzubereitung (0,2 % Fett)
Salz · weißer Pfeffer
2 Scheiben dunkles Bauernbrot

Zubereitungszeit: 15 Min.
Pro Portion: 1175 kJ/280 kcal
24 g E · 7 g F · 28 g K

Gut vorzubereiten · Preiswert

➡ Die Eier in 10 Min. hart kochen.
➡ Inzwischen die Salatblätter waschen und gut trockentupfen. Die Radieschen waschen und putzen. 1 Radieschen in dünne Scheiben schneiden und beiseite legen, übrige Radieschen in möglichst kleine Würfel schneiden. Die Petersilie waschen, die Blättchen fein hacken.
➡ Radieschenwürfel und gehackte Petersilie mit dem Quark verrühren.
➡ Die Eier kalt abschrecken, pellen. Von 1 Ei 2 Scheiben abschneiden, den Rest hacken und unter den Quark ziehen. Mit Salz und Pfeffer abschmecken.
➡ Je 2 Salatblätter auf 1 Brotscheibe legen. Den Eierquark gleichmäßig darauf verteilen, mit Radieschen- und Eischeiben garnieren.

Tip!
Statt der Quarkzubereitung können Sie für den Aufstrich Magerquark oder körnigen Frischkäse verwenden.

Möhren-Käse-Aufstrich

Zutaten für 2 Personen:
1 kleine Möhre
1 EL Zitronensaft
100 g körniger Frischkäse (Halbfettstufe, 4,6 % Fett)
weißer Pfeffer
½ Bund Schnittlauch
2 Scheiben Vollkornbrot

Zubereitungszeit: 10 Min.
Pro Portion: 985 kJ/235 kcal
14 g E · 3 g F · 40 g K

Schnell · Preiswert

➡ Die Möhre putzen, gründlich unter Wasser abbürsten oder schälen, auf der Gemüsereibe fein raspeln. Sofort mit dem Zitronensaft vermischen.
➡ Den körnigen Frischkäse mit den Möhrenraspeln verrühren und mit frisch gemahlenem Pfeffer würzen.
➡ Schnittlauch waschen, trockenschütteln, ein paar Halme zum Garnieren beiseite legen, den Rest in feine Röllchen schneiden und unter die Frischkäsemasse mischen.
➡ Den Aufstrich gleichmäßig auf die Brotscheiben verteilen, Brote halbieren und mit Schnittlauchhalmen garnieren.

Tip!
Für diesen Brotaufstrich können Sie alle Gemüse verwenden, die sich raspeln oder in kleine Würfel schneiden lassen. Zum Beispiel Paprikaschoten, Staudensellerie, Zucchini, Kohlrabi oder Radieschen.

Brötchen mit Schinkencreme

Zutaten für 2 Personen:
60 g gekochter Schinken
100 g Magerquark
weißer Pfeffer
1 Prise Paprika, edelsüß
2 Vollkornbrötchen
2 Tomaten
4 Zweige Basilikum

Zubereitungszeit: 15 Min.
Pro Portion: 1195 kJ/285 kcal
18 g E · 6 g F · 41 g K

Gut vorzubereiten · Preiswert

➡ Vom gekochten Schinken eventuell den Fettrand entfernen. Den Schinken grob würfeln.
➡ Den Quark mit dem Schinken im Mixer oder mit einem Pürierstab pürieren. Mit Pfeffer und Paprika abschmecken.
➡ Die Brötchen halbieren, mit der Schinkencreme bestreichen.
➡ Die Tomaten waschen und in Scheiben schneiden, dabei von den Stielansätzen befreien. Die Scheiben auf die Brötchen legen. Das Basilikum waschen, abtrocknen und die Blättchen abzupfen. Auf die Brötchen legen.

Tip!
Die feine Schinkencreme schmeckt auch auf Brot sehr gut, am besten auf lockerem Vollkornbrot oder -baguette. Wenn Sie die Creme mit etwas Milch geschmeidig rühren, können Sie sie als Dip zu Gemüse servieren – ein toller Snack oder auch eine Vorspeise.

Himbeer-Kefir-Shake

Zutaten für 2 Personen:
150 g Himbeeren
2 EL Apfeldicksaft
1 Prise Zimt
1 Prise gemahlene Vanille (siehe Tip)
250 g Kefir (3,5 % Fett)

Zubereitungszeit: 10 Min.
Pro Portion: 230 kJ/55 kcal
1 g E · 1 g F · 11 g K

Schnell

➨ Die Himbeeren waschen und verlesen, im Mixer pürieren. Das Püree durch ein feines Sieb streichen, um die Kernchen zu entfernen.
➨ Den Apfeldicksaft, den Zimt und die Vanille unter das Himbeerpüree mischen. Anschließend den Kefir mit einem Schneebesen unterschlagen. Sofort servieren.

Tips!
Echte gemahlene Vanille bekommen Sie im Reformhaus. Sie schmeckt viel feiner und aromatischer als der bekanntere Vanillezucker oder gar Vanillinzucker mit künstlichem Aroma. Zwar ist gemahlene Vanille auch etwas teurer, dafür aber ungemein ergiebig, da man nur kleine Mengen zum Würzen braucht.
Wer die Himbeeren im Garten hat, kann die Drinks mit Himbeerblättern garnieren.

Buttermilch-Shake

Zutaten für 2 Personen:
2 Scheiben Pumpernickel
1 TL Butter
1 EL Vollrohrzucker
500 g Buttermilch
1/2 TL abgeriebene unbehandelte Zitronenschale

Zubereitungszeit: 10 Min.
Pro Portion: 525 kJ/125 kcal
6 g E · 2 g F · 22 g K

Schnell · Raffiniert

➨ Die Pumpernickelscheiben zerbröseln und in der Butter bei schwacher Hitze unter Wenden rösten. Den Zucker darüber streuen und karamelisieren lassen. Die Pumpernickelbrösel abkühlen lassen.
➨ Die Buttermilch mit der abgeriebenen Zitronenschale mit den Schneebesen des Handrührgerätes schaumig schlagen oder in ein Schraubverschlußglas füllen und schütteln, bis die Buttermilch schön schaumig ist. Die Buttermilch in weite Gläser füllen und die Pumpernickelbrösel einstreuen.

Tip!
Sie können den Drink auch als Kaltschale in tiefen Tellern servieren. Am besten Gläser oder Teller ins Tiefkühlfach des Kühlschranks stellen, bis der Drink oder die Kaltschale angerichtet wird.

Variante: Himbeer-Shake
Dafür 250 g Himbeeren mit der Buttermilch im Mixer zerkleinern und die Pumpernickelbrösel darüber streuen.

Pfirsich-Vanille-Milch

Zutaten für 2 Personen:
2 kleine Pfirsiche (ersatzweise 2 Pfirsichhälften aus der Dose)
½ Vanilleschote
300 ml fettarme Milch (1,5 % Fett)
1 Päckchen Vanillezucker
4 EL zarte Haferflocken
1 Zweig Minze

Zubereitungszeit: 10 Min.
Pro Portion: 550 kJ/130 kcal
4 g E · 2 g F · 24 g K

Erfrischend · Schmeckt Kindern

➨ Frische Pfirsiche kurz in kochendes Wasser tauchen, kalt abschrecken und häuten. Die Früchte halbieren, entsteinen und grob würfeln. Pfirsichhälften aus der Dose abtropfen lassen, würfeln.

➨ Die Vanilleschote längs halbieren und das Mark mit einer Messerspitze herausschaben.

➨ Milch, Pfirsichstücke, Vanillemark, Vanillezucker und Haferflocken im Mixer kräftig durchmixen oder mit dem Pürierstab fein pürieren.

➨ Die Pfirsich-Vanille-Milch in hohe Gläser verteilen und mit den abgezupften Minzeblättchen garnieren.

Tip!
Diesen Drink können Sie auch mit Aprikosen oder Nektarinen zubereiten.

Sanddorn-Buttermilch-Drink

Zutaten für 2 Personen:
250 g gut gekühlte Buttermilch
4 EL Sanddornbeerensaft (siehe Tip)
2 EL Himbeerkonfitüre
etwas Vanillezucker
1 Prise gemahlener Ingwer

Zubereitungszeit: 10 Min.
Pro Portion: 220 kJ/55 kcal
2 g E · 1 g F · 8 g K

Gelingt leicht

➨ Die Buttermilch mit dem Sanddornbeerensaft und der Konfitüre im Mixer gut vermengen.

➨ Den Drink mit etwas Vanillezucker und dem Ingwer abschmecken und in Gläser füllen. Gut gekühlt servieren.

Tip!
Sanddornbeerensaft bekommen Sie in jedem Reformhaus. Es gibt gesüßte und ungesüßte Varianten, für diesen Drink benötigen Sie den gesüßten Saft. Die Flasche nach dem Öffnen im Kühlschrank aufbewahren, damit der Saft sich noch einige Wochen hält.

Exotischer Fruchtdrink

Zutaten für 2 Personen:
½ Mango
½ Papaya
2 Zweige Zitronenmelisse
3 EL Limetten- oder Zitronensaft
2 TL Ahornsirup
Mineralwasser zum Aufgießen

Zubereitungszeit: 10 Min.
Pro Portion: 180 kJ/45 kcal
0 g E · 1 g F · 10 g K

Etwas teurer · Raffiniert

➡ Die Mangohälfte schälen, das Fruchtfleisch in großen Streifen vom flachen Stein schneiden und grob würfeln. Papayahälfte schälen, die Kerne mit einem Löffel entfernen. Das Fruchtfleisch ebenfalls würfeln. Die Zitronenmelisse waschen, trockentupfen und 6 Blättchen hacken.
➡ Mango- und Papayawürfel, gehackte Zitronenmelisse, Limetten- oder Zitronensaft und den Ahornsirup im Mixer oder mit dem Pürierstab fein pürieren.
➡ Das Fruchtpüree in zwei hohe Gläser verteilen, mit Mineralwasser aufgießen, kurz umrühren und mit übriger Zitronenmelisse garnieren. Nach Belieben mit einem Trinkhalm servieren.

Variante: Melonendrink
Versuchen Sie auch mal die Kombination Wassermelone und Mango. Dazu brauchen sie etwa 400 g Wassermelone, die vor dem Pürieren geschält, von den Kernen befreit und gewürfelt werden muß.

Tomaten-Buttermilch mit Basilikum

Zutaten für 2 Personen:
2 vollreife Tomaten (etwa 160 g)
8 große Basilikumblätter
1–2 EL Aceto Balsamico
1 EL Tomatenmark
300 g Buttermilch
Kräutersalz
schwarzer Pfeffer
2 Spritzer Worchestersauce
4 kleine Kirschtomaten
2 Cocktailspieße

Zubereitungszeit: 15 Min.
Pro Portion: 295 kJ/70 kcal
6 g E · 1 g F · 9 g K

Gelingt leicht · Schnell

➡ Die Stielansätze der Tomaten entfernen. Die Tomaten kurz überbrühen, häuten und entkernen. Das Fruchtfleisch hacken. 6 Basilikumblätter abreiben und in Streifen schneiden.
➡ Tomaten und Basilikum in den Mixer geben. Aceto Balsamico, Tomatenmark und die Hälfte der Buttermilch hinzufügen, alles kurz und kräftig durchmixen.
➡ Die übrige Buttermilch dazugießen und alles mit Salz, Pfeffer und Worchestersauce würzen, kurz durchmixen.
➡ Den Drink in zwei hohe Gläser gießen und mit Pfeffer übermahlen. Tomaten abbrausen und jeweils 2 mit dem übrigen Basilikum auf 1 Cocktailspieß stecken, auf die Gläser legen.

Tip!
Zusätzlich 1 zerdrückte Knoblauchzehe oder 1 kleingewürfelte rote Chilischote und 1 Basilikumblatt mit den Tomaten pürieren.

Kiwi-Gurken-Mix mit Estragon

Zutaten für 2 Personen:
200 g Salatgurke
1 große Kiwi (etwa 120 g)
2–3 Zweige Estragon
3 Orangen · 1 EL Zitronensaft
1 TL Honig · 1 Prise Salz
2 Trinkhalme

Zubereitungszeit: 15 Min.
Pro Portion: 270 kJ/65 kcal
1 g E · 1 g F · 14 g K

Gelingt leicht · Frisch am besten

➡ Die Gurke schälen, längs halbieren und die Kerne mit einem Teelöffel herausschaben. Die Gurke in Stücke schneiden. Die Kiwi halbieren, 2 Scheiben abschneiden und zum Garnieren beiseite legen. Die übrige Kiwi schälen, klein würfeln und mit den Gurkenstücken in den Mixer geben.
➡ Den Estragon waschen, 1 Zweig zum Garnieren beiseite legen, die restlichen Blätter abstreifen und hakken. Die Orangen halbieren und den Saft auspressen. Die Menge ergibt etwa 1/4 l.
➡ Estragon, Zitronensaft und die Hälfte des Orangensafts in den Mixer geben. Alles kurz durchmixen.
➡ Den restlichen Orangensaft angießen. Die Mischung mit Honig und Salz würzen und alles noch ganz kurz aufschlagen.
➡ Den Drink in zwei hohe Gläser gießen. Die Kiwischeiben bis zur Mitte einschneiden, an den Rand stecken und mit je 1 Estragonzweiglein garnieren. Mit je 1 Trinkhalm servieren.

Extras ohne Ende

Gratinierte Gemüsebrote

Zutaten für 2 Personen:
4 Frühlingszwiebeln (ersatzweise 1 dünne Stange Lauch)
Salz · 2 mittelgroße Tomaten
2 Zweige Basilikum
1 Knoblauchzehe
2 Scheiben kräftiges Bauernbrot (80 g)
½ Kugel Mozzarella (60 g)
schwarzer Pfeffer

Zubereitungszeit: 20 Min.
Pro Portion: 845 kJ/200 kcal
10 g E · 6g F · 22 g K

Schmeckt nur ganz frisch

➨ Den Backofen auf 200° (Umluft 180°) oder die Grillschlangen vorheizen. Inzwischen die Frühlingszwiebeln putzen, in 6–7 cm lange Stücke schneiden und in kochendem Salzwasser 1 Min. blanchieren. Kalt abschrecken und trockentupfen.
➨ Tomaten waschen, abtrocknen und in Scheiben schneiden. Basilikum abspülen und trockentupfen, die Blättchen abzupfen.
➨ Den Knoblauch schälen, längs halbieren und die Brotscheiben damit abreiben. Die Brote mit Tomaten und Frühlingszwiebeln belegen, leicht salzen. Den Mozzarella würfeln und darauf verteilen.
➨ Die Brote im Backofen (oder unter dem Grill) 4–5 Min. überbacken, bis der Käse zu schmelzen beginnt. Mit grob gemahlenem Pfeffer und mit den Basilikumblättchen garnieren.

Roastbeef-Papaya-Toast

Zutaten für 2 Personen:
4 EL Magerquark (80 g)
4–5 EL Mineralwasser
etwas Curry · Salz
½ Kästchen Kresse
2 große Salatblätter
1 Stück Salatgurke (etwa 50 g)
¼ Papaya
4 Scheiben Mehrkorn-Toastbrot
4 Scheiben Roastbeef-Aufschnitt (etwa 50 g)
4 Sticker zum Feststecken

Zubereitungszeit: 15 Min.
Pro Portion: 660 kJ/155 kcal
11 g E · 3 g F · 22 g K

Raffiniert · Exotisch

➨ Den Quark mit dem Mineralwasser glattrühren und mit Curry und etwas Salz würzen. Kresse abspülen, die Blättchen abschneiden, unter den Quark mischen.
➨ Die Salatblätter waschen und gut trockentupfen. Die Gurke waschen und in Scheiben schneiden. Das Papayaviertel schälen, entkernen und in Streifen schneiden.
➨ Die Brote toasten, mit dem Quark bestreichen. Auf 2 Brote je 1 Salatblatt legen. Darauf die Gurkenscheiben, die Roastbeefscheiben und die Papayastreifen verteilen. Die übrigen Brote darauf legen, leicht andrücken, diagonal halbieren und mit einem Sticker feststecken.

Roggen-Knäckebrot mit Zucchinimus

Zutaten für 2 Personen:
150 g zarte Zucchini
1 kleine weiße Zwiebel
1 Knoblauchzehe
1 TL Olivenöl
100 ml Gemüsefond (aus dem Glas)
Salz · schwarzer Pfeffer
1 EL Zitronensaft
1/2 TL Thymianblättchen
1/2 EL Crème fraîche
3 Zweige Petersilie
2 Kirschtomaten
4 Roggen-Knäckebrote

Zubereitungszeit: 35 Min. (+ 1 Std. Kühlen)
Pro Portion: 530 kJ/130 kcal
3 g E · 4 g F · 20 g K

Gut vorzubereiten · Gelingt leicht

➨ Die Zucchini waschen, putzen und klein würfeln.
➨ Zwiebel und Knoblauchzehe schälen, sehr fein hakken und im heißen Öl glasig dünsten. Zucchiniwürfel hinzufügen und 3 Min. bei mittlerer Hitze andünsten. Fond dazugießen, mit Salz, Pfeffer, Zitronensaft und Thymian würzen. Offen bei mittlerer Hitze in 10 Min. einkochen lassen.
➨ Gemüse pürieren und Crème fraîche unterrühren. Alles noch 5 Min. bei schwacher Hitze einkochen, dann 1 Std. abkühlen lassen.
➨ Vor dem Servieren Petersilie abbrausen, Blättchen abzupfen und fein hacken. Tomaten waschen und in Scheibchen schneiden. Das Zucchinimus auf die Brote streichen. Mit Tomaten und Petersilie garnieren.

Toast mit Matjes

Zutaten für 2 Personen:
2–3 Salatblätter
1 Matjesfilet (etwa 60 g)
1 kleine Zwiebel
1 säuerlicher Apfel
1 TL Zitronensaft
2 Scheiben Vollkorn-Toastbrot
100 g eingelegte rote Bete (aus dem Glas)
Salz · schwarzer Pfeffer
2 Zweige Dill

Zubereitungszeit: 15 Min.
Pro Portion: 850 kJ/205 kcal
8 g E · 7 g F · 26 g K

Gelingt leicht

➨ Die Salatblätter waschen, trockenschleudern und in grobe Stücke zerpflücken. Das Matjesfilet in Stücke schneiden. Zwiebel schälen und in hauchfeine Ringe schneiden.
➨ Den Apfel waschen, abtrocknen, vierteln, vom Kerngehäuse befreien, in Spalten schneiden und mit dem Zitronensaft beträufeln.
➨ Die Toastbrote goldbraun rösten. Salatstücke, rote-Bete-Scheiben, Matjes, Zwiebelringe und Apfelspalten darauf anrichten, salzen und pfeffern. Dillspitzen abzupfen und darüber streuen.

Tip!
Wer mag, fügt noch 1 Gewürzgurke in Scheiben dazu und/oder streut 1 TL kleine Kapern über die Toasts. Lassen Sie eventuell das Olivenöl weg. Dafür 1 TL verrührte saure Sahne auf die Brotscheiben setzen.

Gefüllte Kornspitz-Stangen

Zutaten für 2 Personen:
2 Kornspitz-Stangen (je 60 g)
1 zarte Stange Lauch (etwa 130 g)
1 Tomate (etwa 100 g)
50 g mittelalter Gouda
1 TL Öl
½ TL frisch gehackter Rosmarin
Salz · schwarzer Pfeffer
3 Schnittlauchhalme
etwas Rosmarin zum Garnieren

Zubereitungszeit: 35 Min.
Pro Portion: 1355kJ/325 kcal
14 g E · 8g F · 48 g K

Gelingt leicht · Gut vorzubereiten

➡ Die Brotstangen längs aufschneiden, die Krume bis auf ½ cm breiten Rand mit den Fingern herauslösen, 20 g davon fein hacken.

➡ Den Lauch waschen, putzen und in sehr feine Ringe schneiden. Die Tomate waschen, halbieren und entkernen. Die Hälften in kleine Würfel schneiden. Den Käse raspeln.

➡ Den Backofen auf 200° (Umluft 175°) vorheizen.

➡ Das Öl in einer Pfanne erhitzen, Lauch darin bei mittlerer Hitze 3 Min. andünsten. Die Brotkrume dazugeben und 2 Min. mitbraten. Mit Rosmarin, Salz und Pfeffer kräftig würzen. Die Mischung vom Herd nehmen, Tomatenwürfel und die Hälfte vom Käse untermischen. Gleichmäßig in die ausgehöhlten Kornspitzstangen füllen.

➡ Die Stangen nebeneinander auf ein Backblech setzen. Mit dem restlichen Gouda bestreuen.

➡ Im Ofen (Mitte) in 10 Min. goldbraun überbacken.

➡ Den Schnittlauch abbrausen und in feine Röllchen schneiden. Vor dem Servieren darüber streuen. Die Teller außerdem mit Rosmarin garnieren.

Variante: Gefüllte Baguettebrötchen

100 g gekochte und geschälte Garnelen mit Salz, Pfeffer und 1 EL Zitronensaft würzen, 20 Min. marinieren. 2 Baguettebrötchen (je etwa 60 g) längs halbieren, die Krume bis auf ½ cm Rand herauslösen und 30 g davon fein hacken. In 1 EL Öl mit 1 zerdrückten Knoblauchzehe anbraten, Garnelen und 50 g gehackten Blattspinat hinzufügen. 1 EL Crème fraîche und 1 Ei untermischen. Die Masse gleichmäßig in die Baguettehälften füllen. Im Ofen bei 200° (Umluft 175°) 10 Min. backen. Mit Dill bestreut servieren.

Tip!

Statt der Kornspitzstangen können Sie auch ausgehöhlte Laugenstangen, Roggen- oder Käsebrötchen als »Behälter« nehmen.

Warme Kartoffelbrötchen mit Tomaten

Zutaten für 8 Stück:
150 g mehligkochende Kartoffeln
Salz · 1/2 Würfel Hefe (21 g)
1 Prise Zucker
250 g Mehl
6 getrocknete, in Öl eingelegte Tomaten
Mehl für die Arbeitsfläche
Backpapier für das Blech
1 Eigelb zum Bestreichen
2 EL Sesamsamen
1 EL grobes Salz

Zubereitungszeit: 45 Min.
(+ 1 Std. Ruhen
+ 25 Min. Backen)
Pro Stück: 1000 kJ/240 kcal
10 g E · 3 g F · 47 g K

Preiswert

➨ Die Kartoffeln waschen und ungeschält in etwas Salzwasser in 20–25 Min. gar kochen. Anschließend abgießen, schälen, noch heiß durch die Kartoffelpresse drücken.
➨ Die Hefe mit dem Zucker, 150 ml lauwarmem Wasser und 1 TL Mehl glattrühren, 5 Min. ruhen lassen.
➨ Das übrige Mehl in eine Schüssel geben, darin mit den Kartoffeln, dem Hefewasser und 1 TL Salz zu einem glatten Teig verkneten. Zugedeckt an einem warmen Ort 45 Min. ruhen und aufgehen lassen.
➨ Die Tomaten 5 Min. in Wasser kochen, gut abtrocknen und kleinschneiden.
➨ Den Teig noch einmal durchkneten, dabei die Tomaten unterkneten. In 8 Portionen teilen und zu Brötchen formen. Auf ein mit Backpapier belegtes Blech setzen und zugedeckt 15 Min. ruhen lassen.
➨ Den Backofen auf 175° vorheizen. Die Brötchen mit verquirltem Eigelb bestreichen und mit Sesam und Salz bestreuen, im Ofen (Mitte, Umluft 160°) 25 Min. backen, bis sie schön gebräunt sind.

Zucchini-Toast mit Ziegenkäse

Zutaten für 2 Personen:
250 g Zucchini
1 Schalotte
1 TL Olivenöl
1 kleine Knoblauchzehe
Salz · schwarzer Pfeffer
2 Scheiben Vollkorn-Toastbrot
1 kleiner runder Ziegenkäse (60 g; 45 % Fett i.Tr.)

Zubereitungszeit: 20 Min.
Pro Portion: 935 kJ/225kcal
11 g E · 7g F · 23 g K

Schnell

➡ Den Grill des Backofens aufheizen oder den Backofen auf 250° (Umluft 230°) vorheizen.
➡ Die Zucchini waschen, putzen und grob raspeln. Die Schalotte schälen und möglichst klein würfeln.
➡ Das Olivenöl in einer kleinen beschichteten Pfanne mit einem Backpinsel verteilen, dann erhitzen. Die Schalottenwürfel darin glasig werden lassen. Den Knoblauch schälen und dazupressen, Zucchini untermischen, alles bei schwacher Hitze 5 Min. garen. Mit Salz und Pfeffer kräftig würzen.
➡ Die Toastscheiben rösten. Die Zucchinimischung darauf verteilen. Den Ziegenkäse in Scheiben oder Würfel schneiden und auf die Toasts geben, im Ofen einige Minuten überbacken, bis der Käse schmilzt.

Toast mit Pute und Pfirsich

Zutaten für 2 Personen:
½ rote Paprikaschote
40 g Feldsalat
1 gelber Pfirsich
2 EL Magerquark
1 TL frisch geriebener Meerrettich
Salz · weißer Pfeffer
2 Scheiben Vollkorn-Toastbrot
1 TL flüssiger Honig
2 Scheiben geräucherte Putenbrust (60 g)

Zubereitungszeit: 15 Min.
Pro Portion: 600 kJ/145 kcal
12 g E · 2 g F · 17 g K

Raffiniert

➡ Die Paprikahälfte waschen, putzen und klein würfeln. Den Feldsalat waschen, trockenschleudern und putzen. Den Pfirsich mit dem Sparschäler schälen, halbieren, vom Stein lösen, in Spalten schneiden.
➡ Den Quark mit dem Meerrettich und je 1 Prise Salz und Pfeffer verrühren.
➡ Die Brotscheiben toasten und mit Honig bestreichen. Jeweils 1 zusammengerollte Putenbrustscheibe und einige Pfirsichspalten darauf legen, daneben je 1 Klecks Meerrettichquark geben, mit Paprikawürfeln bestreuen. Den Feldsalat darauf setzen.

Tip!
Blitzschnell können Sie den Snack auf den Tisch zaubern, wenn Sie 2 abgetropfte Pfirsichhälften aus der Dose nehmen und Meerrettich aus der Tube ohne Quark danebensetzen.

Gemüse mit Thunfischdip

Zutaten für 2 Personen:
1 kleine Dose Thunfisch im eigenen Saft (65 g Abtropfgewicht)
2 EL Kapern
2 EL Magermilch-Joghurt (0,3 % Fett)
½ unbehandelte Zitrone
Salz · schwarzer Pfeffer
1 EL frisch gehackte Petersilie
1 dicke Möhre
1 dicker Zucchino
1 Chicoréestaude
3 Stangen Sellerie

Zubereitungszeit: 25 Min.
Pro Portion: 540 kJ/130 kcal
11 g E · 4 g F · 8 g K

Preiswert

➨ Den Thunfisch in einem Sieb abtropfen lassen, anschließend mit 1 EL Kapern und dem Joghurt pürieren.
➨ Die Zitrone heiß abwaschen und abtrocknen, etwas Schale fein abreiben und 1 EL Saft auspressen. Beides unter die Thunfischcreme rühren und diese mit Salz und Pfeffer abschmekken. Die Petersilie und die ganzen Kapern ebenfalls unterrühren.
➨ Das Gemüse waschen und putzen, in lange Streifen schneiden. Zusammen mit dem Thunfischdip servieren.

Knusper-Chips

Zutaten für 2 Personen:
10–14 runde Tortilla-Chips (Nachips, etwa 25 g)
50 g Gouda am Stück
1 EL frisch gehackte Petersilie
Paprika zum Bestäuben
Backpapier für das Blech

Zubereitungszeit: 10 Min.
Pro Portion: 620 kJ/150 kcal
7 g E · 10 g F · 8 g K

Schmeckt nur ganz frisch

➨ Den Backofen auf 250° (Umluft 230°) vorheizen. Ein Backblech mit Backpapier auslegen und die Chips nebeneinander darauf ausbreiten.
➨ Den Gouda reiben, mit der Petersilie vermischen und auf die Chips streuen.
➨ Die Chips im heißen Ofen (oben) oder unter dem Grill 3–5 Min. überbacken, bis der Käse schmilzt. Knusper-Chips mit einem Hauch Paprikapulver bestäuben und heiß servieren.

Tip!
Die Knusper-Chips können Sie solo knabbern oder zu einem Glas Wein oder Bier anbieten. Wenn Sie eine größere Menge Chips zubereiten, mischen Sie mal zwei Käsesorten, zum Beispiel Gouda und Mozzarella oder Emmentaler und Parmesan.

Knabbergebäck aus Hefeteig

Zutaten für 6 Personen:
1 Paket tiefgekühlter Hefeteig (450 g; 3 Platten)
Backpapier für das Blech
Mehl für die Arbeitsfläche
1 Eigelb · 1 EL Milch
2 EL Mohnsamen
2 EL Sesamsamen

Zubereitungszeit: 30 Min. (+2mal 15 Min. Backen, ohne Auftauzeit)
Pro Portion: 990 kJ/235 kcal
7 g E · 7 g F · 36 g K

Preiswert

➡ Die Hefeteigplatten nebeneinander auf ein Brett legen und zugedeckt auftauen lassen.
➡ Den Backofen auf 200° (Umluft 180°) vorheizen. Zwei Backbleche mit Backpapier auslegen.
➡ Die Arbeitsfläche leicht mit Mehl bestäuben, die Hefeteigplatten nebeneinander darauf legen.
➡ Aus einer Hefeteigplatte mit einem kleinen Ausstechförmchen etwa 30 Kreise (3 cm Ø) ausstechen. Auf die Bleche legen.
➡ Die zweite Teigplatte längs in 10 schmale Streifen schneiden. Jeden Streifen mit den Händen etwas in die Länge ziehen, doppelt nehmen und gegeneinander verdrehen. Auf die Bleche legen.
➡ Die dritte Teigplatte mit einem scharfen Messer in 18 kleine Quadrate schneiden, diese ebenfalls auf die Bleche legen.
➡ Das Eigelb mit der Milch verquirlen, die Teigstücke damit einpinseln. Die Kreise mit Mohn, die Stangen mit Sesam bestreuen. Jedes Quadrat zur Hälfte mit Sesam und zur Hälfte mit Mohn bestreuen. Oder ganz einfach die Hälfte der Quadrate komplett mit Sesam und die andere nur mit Mohn bestreuen.
➡ Nacheinander die Teigstücke im Ofen (Mitte) in 15 Min. goldbraun backen. Auf einem Kuchengitter auskühlen lassen.

Tip!
Möchten Sie lieber einen selbstgemachten Hefeteig nehmen? Dafür 300 g Mehl in eine Schüssel geben, in die Mitte eine Mulde drükken. 15 g frische Hefe hineinbröckeln, mit 1 Prise Zucker und etwas lauwarmem Wasser glattrühren. 15 Min. zugedeckt ruhen lassen. Dann 2 EL Olivenöl, 1 TL Salz und gut 150 ml lauwarmes Wasser dazugeben, alles gründlich verkneten und zugedeckt in 45–60 Min. gut aufgehen lassen. Anschließend noch einmal durchkneten, auf wenig Mehl nicht zu dünn ausrollen und wie beschrieben verarbeiten.

Sushi-Reiswürfel

Zutaten für etwa 30 Würfel:
Für die Würfel:
250 g Sushi-Reis
2 TL Sesamsamen
50 g Salatgurke ohne Kerne
50 g Avocado
75 g kleine gegarte Garnelen
3–4 EL Reisessig
1 TL Zucker · 1 TL Salz
Für die Sauce:
6 EL helle Sojasauce
½ TL grüner Meerrettich (Wasabi-Paste aus dem Asienladen)

Zubereitungszeit: 50 Min.
(+ 1 Std. Ruhen)
Pro Würfel: 165 kJ/40 kcal
1 g E · 1 g F · 7 g K

Braucht etwas Zeit

➨ Den Reis waschen und mit 400 ml Wasser 10 Min. köcheln lassen, dabei zwischen Topf und Deckel ein gefaltetes Küchentuch klemmen. Den Reis 10 Min. zugedeckt stehenlassen.
➨ Sesam unter Wenden rösten. Gurke und Avocado sehr fein würfeln. 50 g Garnelen hacken.
➨ Essig mit Zucker, Salz und 1 EL heißem Wasser verrühren.
➨ Alle vorbereiteten Zutaten unter den Reis mischen. Ein Brett kalt abspülen. Den Reis 2 cm hoch darauf glattstreichen und mit einem in Wasser getauchten Messer zusammendrücken. Die Reisplatte 1 Std. ruhen lassen.
➨ Sojasauce mit 2 EL Wasser und Meerrettich gut verrühren.
➨ Die Reisplatte in etwa 30 Würfel schneiden, mit den übrigen Garnelen garnieren. Dip dazu reichen.

Geriebener Rettich mit Forellenkaviar

Zutaten für 2 Personen:
1 kleiner weißer Rettich
50 g Forellenkaviar
1 Zitrone
Sojasauce nach Geschmack
50 g Vollkorntoast

Zubereitungszeit: 10 Min.
Pro Portion: 490 kJ/115 kcal
8 g E · 3 g F · 13 g K

Für Gäste · Schnell

➨ Den Rettich schälen und auf der Rohkostreibe fein reiben. Die Rettichraspel mit den Händen leicht ausdrücken und wieder etwas lockern.
➨ Die Rettichraspel auf vier Schälchen verteilen und jeweils in die Mitte 1 Klecks Kaviar setzen.
➨ Die Zitrone waschen, trockentupfen, achteln und jeweils 2 Spalten dazulegen. Sojasauce in Schälchen und Brot dazu reichen.

Tip!
Besonders schön sieht es aus, wenn Sie den geriebenen Rettich mit dem roten Kaviar und den Zitronenachteln in schwarzen Schälchen anrichten. Die japanische Küche zeichnet sich durch Harmonie bei den Zutaten, eine perfekte Zubereitung der Speisen und eine edle Präsentation aus. Frisches Gemüse und fettarme, schonende Garmethoden haben Tradition. Es gibt keine strenge Menüfolge, wie sie in Europa üblich ist, oft werden alle Gerichte zusammen auf den Tisch gebracht.

Gefüllte Paprikaschoten

Zutaten für 2 Personen:
2 rote Paprikaschoten
1 kleine Zwiebel
1 Knoblauchzehe
40 g Edelpilzkäse (40 % Fett i.Tr.) · 1 hartgekochtes Ei
2 Zweige Dill
2 Zweige Petersilie
½ Bund Schnittlauch
200 g körniger Frischkäse (Halbfettstufe, 4,6 % Fett)
2 EL Weißweinessig
4 EL lauwarme Gemüsebrühe
Salz · schwarzer Pfeffer
1 Prise Zucker
4 Scheiben Vollkornbrot (180 g)

Zubereitungszeit: 20 Min.
Pro Portion: 2065 kJ/495 kcal
29 g E · 16 g F · 46 g K

Gelingt leicht

➡ Die Paprikaschoten waschen, längs halbieren, dabei den Stielansatz möglichst unbeschädigt lassen und nur die Kerne und weißen Rippen im Inneren entfernen.
➡ Die Zwiebel und den Knoblauch schälen und sehr fein hacken. Den Edelpilzkäse fein zerpflücken, das Ei schälen und hacken. Die Kräuter waschen, trockentupfen und fein schneiden. Alle zerkleinerten Zutaten mit dem Frischkäse in eine Schüssel geben.
➡ Den Essig mit Brühe, Salz, Pfeffer und Zucker verrühren. Die Sauce zum Frischkäse geben und alles locker mischen.
➡ Die Frischkäsemischung in die Schotenhälften füllen. Mit dem Brot servieren.

Gefüllte Tomaten mit Kräuter-Quark

Zutaten für 2 Personen:
4 mittelgroße Tomaten (etwa 400 g)
1 TL Pinienkerne
100 g Magerquark
50 g körniger Frischkäse (Halbfettstufe 4,6 % Fett)
Salz · schwarzer Pfeffer
1–2 TL Zitronensaft
etwas abgeriebene unbehandelte Zitronenschale
½ Bund Petersilie
1 kleiner Zweig Estragon
8 Basilikumblätter

Zubereitungszeit: 25 Min.
Pro Portion: 480 kJ/120 kcal
12 g E · 3 g F · 8 g K

Schnell · Gut vorzubereiten

➡ Die Tomaten waschen und einen flachen Deckel abschneiden. Tomaten mit einem kleinen Löffel oder Kugelausstecher aushöhlen. Mit der Öffnung nach unten auf Küchenpapier legen.
➡ Die Pinienkerne in einer beschichteten Pfanne bei mittlerer Hitze goldbraun rösten, dann grob hacken.
➡ Den Quark mit dem Frischkäse verrühren. Mit Salz, Pfeffer, Zitronensaft und -schale würzen.
➡ Petersilie und Estragon waschen, Blättchen abzupfen und fein hacken. Basilikumblätter abreiben und bis auf 4 Blätter in feine Streifen schneiden. Kräuter und Pinienkerne mit dem Quark mischen.
➡ Die Quarkcreme in die Tomaten füllen und mit dem übrigen Basilikum garnieren. Die Tomatendeckel nach Wunsch auflegen.

Tatar auf Champignons

Zutaten für 2 Personen:
1 Frühlingszwiebel
1 kleine Gewürzgurke
1 TL Kapern · 150 g Tatar
1 ganz frisches Eigelb
Salz · schwarzer Pfeffer
1/2 TL scharfer Senf
400 g braune Champignons
5 Zweige Petersilie
2 EL Zitronensaft
1 Prise Zucker
1/2 EL kaltgepreßtes Olivenöl

Zubereitungszeit: 20 Min.
Pro Portion: 680 kJ/165 kcal
23 g E · 5 g F · 2 g K

Schmeckt nur ganz frisch

➨ Die Frühlingszwiebel waschen, putzen und das Weiße ganz fein hacken (das Grüne anderweitig verwenden). Gewürzgurke und Kapern ebenfalls fein hacken.
➨ Alle gehackten Zutaten mit dem Tatar und dem Eigelb vermischen. Mit Salz, Pfeffer und Senf kräftig abschmecken. Zugedeckt kalt stellen.
➨ Die Champignons putzen und in gleichmäßig dünne Scheiben schneiden. Die Petersilie waschen, die Blättchen bis auf ein paar zum Garnieren fein hacken.
➨ Zitronensaft, Zucker und Salz verrühren, das Öl unterschlagen. Die Champignons in der Marinade wenden und auf Tellern auslegen. Mit gehackter Petersilie bestreuen.
➨ Das Tatar zu Nocken formen, auf die Pilze setzen und mit Petersilienblättchen garnieren.

Tatar-Ecken mit Kürbis

Zutaten für 2 Personen:
2 kleine Schalotten
2 Zweige Petersilie
1 EL Kapern
1 EL fettarmer Joghurt (1,5 % Fett)
100 g Tatar
Salz · schwarzer Pfeffer
2 Scheiben Vollkorn-Toastbrot
50 g eingelegter Kürbis

Zubereitungszeit: 15 Min.
Pro Portion: 615 kJ/157 kcal
13 g E · 3 g F · 19 g K

Schnell

➨ Die Schalotten schälen und klein würfeln. Die Petersilie waschen und abtrocknen. Einige Blättchen zum Garnieren zurücklassen, die restlichen hacken, ebenso die Kapern.
➨ Die Schalotten, die gehackte Petersilie, die Kapern, den Joghurt und das Tatar in eine Schüssel geben und mit einer Gabel gründlich vermengen. Mit Salz und Pfeffer herzhaft abschmecken.
➨ Die Toastscheiben knusprig rösten. Jede Scheibe zweimal diagonal durchschneiden, so daß insgesamt 8 Dreiecke entstehen.
➨ Das Tatar auf die Brote verteilen, mit einem Messer dekorativ einkerben.
➨ Den Kürbis klein würfeln, zusammen mit den Petersilienblättchen auf die Tatar-Ecken geben.

Forellenfilets mit Apfel-Meerettich-Dip

Zutaten für 2 Personen:
1 geräucherte Forelle (etwa 200 g)
1/2 säuerlicher Apfel (z. B. Boskop; etwa 50 g)
1 EL Zitronensaft
75 g saure Sahne
2 TL geriebener Meerrettich (aus dem Glas)
Salz · schwarzer Pfeffer
1 Prise Zucker
2 Petersilienblättchen zum Garnieren

Zubereitungszeit: 20 Min.
Pro Portion: 650 kJ/155 kcal
24g E · 5 g F · 4 g K

Schnell · Für Gäste

➡ Die Forelle von den Gräten befreien, von der Haut ablösen und schräg in Stükke (6–8 cm) schneiden.
➡ Den Apfel schälen, halbieren und vom Kerngehäuse befreien. Auf der Rohkostreibe fein raspeln und sofort mit dem Zitronensaft beträufeln.
➡ Die saure Sahne mit dem Meerrettich cremig rühren. Mit Salz, Pfeffer und Zukker würzen. Die Apfelmasse untermischen.
➡ Die Forellenfilets auf zwei Teller legen und mit Pfeffer übermahlen. Mit jeweils 1 Klecks Apfel-Meerrettich-Dip anrichten und mit 1 Petersilienblättchen garnieren.
➡ Dazu schmeckt frisches Baguette.

Tip!
Die Forellenfilets unter dem vorgeheizten Grill (Mitte) in 3–4 Min. leicht bräunen und mit einer Meerrettich-Vinaigrette beträufeln.

Zucchini-Muffins mit Basilikum-Schmand

Zutaten für 2 Personen:
175 g Mehl · 10 g frische Hefe
¼ TL Zucker · Salz
1 Eigelb · 120 g zarte Zucchini
1 Frühlingszwiebel
1 Knoblauchzehe
6 schwarze Oliven
1 TL Olivenöl
schwarzer Pfeffer
½ TL frisch gehackter Oregano
75 g Schmand (24 % Fett, ersatzweise saure Sahne)
1 TL Zitronensaft
8 Basilikumblätter
Mehl für die Arbeitsfläche
12 Papierkapseln von 7 cm Ø

Zubereitungszeit: 1 Std.
(+ 40 Min. Ruhen)
Pro Portion: 1855 kJ/445 kcal
13 g E · 13 g F · 67 g K

Preiswert · Gut vorzubereiten

➨ Für den Hefeteig das Mehl in eine Schüssel geben, in die Mitte eine Mulde drücken. Die Hefe hineinbröckeln, mit dem Zucker und 75 ml lauwarmem Wasser verrühren. Zugedeckt an einem warmen Ort 10 Min. gehen lassen.
➨ Dann ¼ TL Salz und das Eigelb dazugeben. Erst alles mit den Knethaken des Handrührgerätes gründlich verrühren, dann auf der bemehlten Arbeitsfläche mit den Händen zu einem glatten Teig verkneten. Zugedeckt an einem warmen Ort 30 Min. gehen lassen.
➨ Inzwischen die Zucchini waschen, putzen und nicht zu fein raspeln. Die Frühlingszwiebel waschen, putzen und nur das Weiße und Hellgrüne sehr klein würfeln. Die Knoblauchzehe schälen. Die Oliven entsteinen und hacken.
➨ Das Öl in einer Pfanne heiß werden lassen. Frühlingszwiebel, zerdrückte Knoblauchzehe und Zucchini darin bei mittlerer Hitze 3 Min. andünsten. Mit Salz, Pfeffer und Oregano würzen. Die Oliven untermischen. Die Masse etwas abkühlen lassen.
➨ Den Backofen auf 200° (Umluft 175°) vorheizen. Jeweils 2 Papiermanschetten ineinandersetzen.
➨ Die Zucchinimischung unter den Teig kneten. Den Teig zu einer Rolle formen und in 6 Scheiben schneiden. Jede Scheibe zu einer Kugel formen und in die Papiermanschetten drücken. Die Muffins im Ofen (Mitte) in 20 Min. goldbraun backen.
➨ Inzwischen den Schmand mit Salz, Pfeffer und Zitronensaft verrühren. 6 Basilikumblätter abreiben, fein schneiden und unterrühren.
➨ Die Muffins etwas abkühlen lassen, dann aus den Papierkapseln nehmen. Auf einer Platte anrichten und noch lauwarm mit je 1 Klecks Basilikum-Schmand servieren. Mit dem übrigen Basilikum garnieren.

Tips!
Rechnen Sie pro Person 2 Muffins und essen Sie die übrigen einen Tag später oder frieren Sie sie ein. Statt der Papiermanschetten können Sie natürlich auch eine Original-Muffin-Form mit Mulden nehmen. Im Idealfall ist sie antihaftbeschichtet und Sie brauchen sie nur leicht einzufetten.

Mini-Windbeutel mit Kartoffelcreme

Zutaten für 25 Stück:
Für die Windbeutel:
2 EL Butter
1 Prise Salz
90 g Mehl
3 kleine Eier
Backpapier für das Blech
Für die Kartoffelcreme:
200 g mehligkochende Kartoffeln
Salz
1 Schalotte
1 Bund gemischte Kräuter
75 g fettarmer Joghurt (1,5 % Fett)
schwarzer Pfeffer
Paprika, edelsüß
Oreganoblättchen zum Garnieren

Zubereitungszeit: 1 Std.
Pro Stück: 140 kJ/35 kcal
2 g E · 1 g F · 4 g K

Preiswert

➡ Den Backofen auf 225° (Umluft 200°) vorheizen. Ein Backblech mit Backpapier auslegen.

➡ Für den Brandteig in einem Topf 1/8 l Wasser mit der Butter und dem Salz aufkochen lassen. Das Mehl dazuschütten und unter Rühren bei mittlerer Hitze zu einem Kloß abbrennen, das heißt, so lange garen, bis ein Kloß entstanden und am Topfboden eine helle Schicht zu sehen ist. In eine Schüssel umfüllen, abkühlen lassen, nacheinander die Eier unterrühren.

➡ Den Teig in einen Spritzbeutel mit mittelgroßer Sterntülle füllen. Knapp walnußgroße Häufchen auf das Blech spritzen. Im Ofen (Mitte) 12 Min. backen, bis sie schön aufgegangen sind. Danach sofort mit der Schere aufschneiden und auskühlen lassen.

➡ Inzwischen für die Creme die Kartoffeln waschen und ungeschält in wenig Salzwasser in 20–25 Min. gar kochen. Anschließend abgießen, etwas abkühlen lassen und schälen, noch heiß durch die Kartoffelpresse drücken. Abkühlen lassen.

➡ Die Schalotte schälen und sehr fein würfeln. Die Kräuter waschen, abtrocknen und hacken. Beides zusammen mit dem Joghurt unter die Kartoffelcreme rühren und diese mit Salz, Pfeffer und Paprika abschmecken.

➡ Die Mini-Windbeutel mit der Kartoffelcreme füllen, wieder zusammensetzen und nach dem Füllen möglichst bald servieren. Mit Oreganoblättchen garnieren.

Tip!
Die kleinen Windbeutel können Sie gut bereits am Vortag backen und fest verpackt aufbewahren. Die Kartoffelcreme sollten Sie jedoch möglichst nicht über Nacht ruhen lassen und vor allem dürfen Sie die Windbeutel nicht zu früh füllen, da sie sonst weich werden.

Scharfe Schafkäserolle mit Oliven

Zutaten für 2 Personen:
100 g milder Schafkäse (Feta; 40 % Fett i. Tr.)
50 g fettarmer Frischkäse (16 % Fett)
4 paprikagefüllte grüne Oliven
10 große Basilikumblätter
Pfeffer · 1–2 TL Zitronensaft
1 EL getrocknete Chiliflocken (türkischer Laden)
1 EL Paprika, edelsüß
etwas Basilikum zum Garnieren
3-4 Scheiben Vollkornbrot (150g)

Zubereitungszeit: 20 Min. (+ 12 Std. Kühlen)
Pro Portion: 1555 kJ/375 kcal
19 g E · 11 g F · 34 g K

Raffiniert · Für Gäste

➡ Den Schafkäse klein würfeln und mit dem Frischkäse in einen tiefen Teller geben, mit einer Gabel fein zerdrücken.
➡ Die Oliven in sehr kleine Würfel schneiden. Die Basilikumblätter von den Stielen zupfen, abreiben und sehr fein hacken.
➡ Oliven und Basilikum unter die Käsemasse mischen. Mit Pfeffer und Zitronensaft abschmecken.
➡ Die Käsemasse auf ein Stück Alufolie geben, die Folie darüber schlagen und durch Drehen auf der Arbeitsfläche eine Rolle von 2–3 cm Ø formen. Fest einwickeln und im Kühlschrank 3–4 Std., am besten über Nacht, kalt stellen.
➡ Am nächsten Tag die Chiliflocken und das Paprikapulver vermischen. Die Käserolle aus der Folie wickeln und in den Gewürzen wälzen.
➡ Die Rolle mit einem scharfen Messer vorsichtig in Scheiben schneiden und auf einem Teller dekorativ anrichten. Mit Basilikumblättchen garnieren und mit Brot servieren.

Gefüllte Feigen mit Quark

Zutaten für 2 Personen:
4 reife Feigen
1 EL gemahlene Haselnüsse
100 g Magerquark
ein paar Tropfen Zitronensaft
schwarzer Pfeffer

Zubereitungszeit: 10 Min.
Pro Portion: 540 kJ/130 kcal
9 g E · 4 g F · 15 g K

Schnell · Raffiniert

➡ Die Feigen behutsam waschen und abtrocknen. Jeweils einen Deckel abschneiden und das Fruchtfleisch vorsichtig mit einem Teelöffel herausheben.
➡ Ausgehöhltes Fruchtfleisch mit einer Gabel zerdrücken. Die Haselnüsse unterrühren, dann mit dem Quark locker vermischen. Die Füllung mit Zitronensaft und Pfeffer würzen.
➡ Die Mischung in die Feigen füllen und die Deckel schräg auflegen. Feigen auf eine kleine Platte setzen und mit Pfeffer grob übermahlen.

Tips!
Für dieses Rezept spielt es keine Rolle, ob Sie grüne oder blaue Feigen verwenden. Wichtig ist nur, daß die Früchte reif und aromatisch sind. Sie können die Füllung auch mit einem kräftigen Käse, beispielsweise Ziegenfrischkäse, zubereiten. Und wer nicht so gern pikant ißt, läßt den Pfeffer einfach weg.

Apfelsorbet mit Calvados

Zutaten für 2 Personen:
2 mittelgroße Äpfel (z. B. Granny Smith)
2 TL Zitronensaft
2 EL Calvados (Apfelbranntwein)
Minze zum Garnieren

Zubereitungszeit: 10 Min. (+ 2 Std. Gefrieren)
Pro Portion: 400 kJ/95 kcal
0 g E · 1 g F · 16 g K

Raffiniert · Preiswert

➡ Die Äpfel schälen, vierteln und vom Kerngehäuse befreien. In einen Gefrierbeutel packen und für 2 Std. ins Tiefkühlfach legen. Währenddessen zwei langstielige Gläser im Kühlschrank kühlen.
➡ Die gefrorenen Apfelviertel auf einer feinen Reibe direkt in die gut vorgekühlten Gläser raspeln. Mit Zitronensaft und Calvados beträufeln und mit Minze garnieren. Sofort servieren.

Variante:
Mit gefrorenen Früchten können Sie auch ganz leicht ein Joghurteis zubereiten. Zum Beispiel 300 g Aprikosen waschen, abtrocknen, halbieren und entsteinen. In einen Gefrierbeutel füllen und 2 Std. tiefkühlen. Anschließend portionsweise im elektrischen Zerhacker ganz fein hacken. Mit 1 EL Ahornsirup und 4 EL Joghurt verrühren, nochmals 30 Min. tiefkühlen, dabei ab und zu umrühren, damit das Eis cremig bleibt.

Eisbergsalat mit Kefirdressing

Zutaten für 2 Personen:
150 g Kefir (3,5 % Fett)
2 EL Tomatenketchup
Salz · weißer Pfeffer
1 Prise gemahlener Koriander
1/2 rote Paprikaschote
1/2 kleiner Eisbergsalat
140 g Maiskörner (aus der Dose)

Zubereitungszeit: 15 Min.
Pro Portion: 1275 kJ/305 kcal
10 g E · 6 g F · 54 g K

Schnell

➨ Den Kefir mit dem Tomatenketchup glattrühren, mit Salz, Pfeffer und etwas Koriander abschmecken.
➨ Die Paprikaschote waschen, putzen und in kleine Würfel schneiden.
➨ Den Eisbergsalat waschen und gut trockenschütteln, putzen und in feine Streifen schneiden. Den Mais in einem Sieb abtropfen lassen.
➨ Die Paprikawürfel, den Eisbergsalat und den Mais mischen, mit dem Kefirdressing beträufelt möglichst bald servieren.

Tip!
Noch fettarmer wird der Salat, wenn Sie statt normalem Kefir fettarmen nehmen.

Sauerkrautsalat

Zutaten für 2 Personen:
1 kleine weiße Zwiebel
50 ml Gemüsebrühe (Instant)
1 TL flüssiger Honig
1 Prise Cayennepfeffer
Kräutersalz
250 g Sauerkraut
2 rotschalige Äpfel
1/2 Bund Petersilie
1 EL Kürbiskerne

Zubereitungszeit: 15 Min.
Pro Portion: 625 kJ/150 kcal
4 g E · 4 g F · 28 g K

Preiswert · Schnell

➨ Die Zwiebel schälen und in die Gemüsebrühe reiben. Mit Honig, Cayennepfeffer und Kräutersalz pikant abschmecken.
➨ Das Sauerkraut zerschneiden und in eine Schüssel geben. Äpfel waschen, abtrocknen und in das Sauerkraut raspeln.
➨ Petersilie waschen, trokkenschleudern und bis auf einige Blättchen kleinschneiden. Kürbiskerne grob hacken. Beides mit der Zwiebelsauce und den Apfelraspeln unter das Sauerkraut heben. Mit Petersilienblättchen garnieren. Dazu schmeckt Vollkornbrot mit Kräuterquark oder 1 dünne Scheibe Emmentaler.

Tip!
Statt Apfelraspeln 250 g halbierte und eventuell entkernte helle Weintrauben unter das Sauerkraut mischen. Die Zwiebelsauce dann mit 1 Spritzer Essig abschmecken und die Petersilie durch 1/2 Beet Gartenkresse ersetzen.

Rucolasalat mit Äpfeln und Joghurtdressing

Zutaten für 2 Personen:
2 Schalotten
1 ½ EL Apfeldicksaft
100 g fettarmer Joghurt (1,5 % Fett)
1 ½ EL Apfelessig
Salz
schwarzer Pfeffer
100 g Rucola
1 Möhre
1 säuerlicher Apfel

Zubereitungszeit: 25 Min.
Pro Portion: 395 kJ/95 kcal
4 g E · 2 g F · 20 g K

Raffiniert

➡ Die Schalotten schälen und in feine Würfel schneiden. Mit dem Apfeldicksaft, dem Joghurt und dem Apfelessig glattrühren, mit Salz und Pfeffer herzhaft abschmecken.

➡ Den Rucola waschen und verlesen, die groben Stiele entfernen. Die Blätter mundgerecht zerzupfen und auf zwei Tellern ausbreiten. Die Möhre schälen, putzen und grob raspeln, auf den Rucola geben.

➡ Den Apfel waschen und gut abreiben. Vierteln und vom Kerngehäuse befreien, die Viertel quer in dünne Scheiben schneiden. Zum Rucola geben, das Dressing darüber verteilen und den Salat möglichst sofort servieren.

Radicchio-Birnen-Salat mit Roquefort

Zutaten für 2 Personen:
150 g Magermilch-Joghurt (0,3 % Fett)
30 g Roquefort
1 unbehandelte Zitrone
2 EL Orangensaft
Salz · schwarzer Pfeffer
1 Prise Cayennepfeffer
130 g Radicchio
2 kleine reife Birnen (je etwa 130 g; z. B. Williams Christ)
1 EL gehackte Walnüsse

Zubereitungszeit: 20 Min.
Pro Portion: 785 kJ/190 kcal
8 g E · 6g F · 20g K

Vegetarisch · Raffiniert

➡ Joghurt und Roquefort in eine Rührschüssel geben. ¼ TL Zitronenschale fein abreiben und 2 EL Saft auspressen. Orangensaft, Zitronenschale und 1 EL Zitronensaft zum Joghurt geben und alles mit dem Pürierstab glatt pürieren. Mit Salz, Pfeffer und Cayennepfeffer abschmecken.

➡ Den Radicchio waschen, putzen und in einzelne Blätter zerlegen. Diese mundgerecht zerpflücken. Die Birnen schälen, vierteln und vom Kerngehäuse befreien. Die Viertel in dünne Spalten schneiden. Mit 1 EL Zitronensaft beträufeln.

➡ Radicchio und Birnenspalten auf zwei Tellern anrichten. Mit der Hälfte der Roquefort-Joghurt-Sauce überziehen. Mit den Walnüssen bestreuen. Die übrige Sauce extra dazu reichen.

Tip!
Den Radicchio können Sie durch Chicorée ersetzen.

Pikanter Salat mit Früchten

Zutaten für 2 Personen:
2 Möhren · Salz
100 g weißer Rettich
3 Frühlingszwiebeln
2 kleine säuerliche Äpfel
2 TL Zitronensaft
100 g kernlose helle Weintrauben
1 TL eingelegte grüne Pfefferkörner
1 Schalotte · 2 EL Weißweinessig
4 EL Hühnerbrühe (Instant)
weißer Pfeffer
1 Prise Zucker · 1 TL Walnußöl
40 g junger Gouda (30 % Fett i.Tr.)
50 g geräucherte Putenbrust

Zubereitungszeit: 20 Min.
Pro Portion: 1085 kJ/260 kcal
16 g E · 8 g F · 32 g K

Raffiniert · Gelingt leicht

➡ Möhren waschen, schälen und in Scheiben schneiden. 2–3 Min. in Salzwasser blanchieren, dann abschrecken und abtropfen lassen.
➡ Den Rettich schälen und in dünne Scheiben hobeln. Frühlingszwiebeln putzen, waschen und in feine Ringe schneiden. Die Äpfel waschen, vierteln, entkernen, in dünne Spalten schneiden und mit dem Zitronensaft beträufeln. Trauben waschen, abzupfen. Gemüse, Obst und grüne Pfefferkörner locker mischen.
➡ Schalotte schälen und fein reiben, mit Essig, Brühe, 1 Prise Salz, Pfeffer und Zucker verrühren, das Öl unterschlagen.
➡ Den Salat mit der Sauce mischen. Käse und Putenbrust in Streifen schneiden, unter den Salat heben.

Melonen-Gurken-Salat

Zutaten für 2 Personen:
1 Honigmelone
150 g Salatgurke
1 kleiner Zucchino
2 Stangen Staudensellerie
½ gelbe Paprikaschote
1 Schalotte
1 EL Zitronensaft
Salz · schwarzer Pfeffer
1 Prise brauner Zucker
1 Prise gemahlener Ingwer
1 TL Distelöl

Zubereitungszeit: 15 Min.
Pro Portion: 390 kJ/95 kcal
4 g E · 2 g F · 16 g K

Raffiniert · Vegetarisch

➡ Die Melone halbieren, die Kerne mit einem Löffel herausnehmen und das Fruchtfleisch mit einem kleinen Kugelausstecher auslösen, den Saft dabei auffangen. Die Gurke schälen, längs halbieren, die Kerne herausschaben und die Gurke in Scheibchen schneiden. Den Zucchino waschen, von den Enden befreien, längs halbieren und mit den geputzten Selleriestangen ebenfalls in dünne Scheibchen schneiden. Die Paprikaschote waschen, putzen und würfeln.
➡ Das vorbereitete Gemüse zu den Melonenkugeln geben.
➡ Für die Sauce die Schalotte schälen und fein reiben. Mit Zitronen- und Melonensaft, Salz, Pfeffer, Zucker, Ingwer und Öl verrühren und den Salat damit mischen, nochmals abschmecken. Den Salat in die ausgehöhlten Melonenhälften füllen.

Tomatensalat mit Rucola-Pesto

Zutaten für 2 Personen:
250 g kleine Tomaten
100 g zarte Zucchini
Salz · schwarzer Pfeffer
1 Prise Zucker
1 EL Pinienkerne
½ Bund Rucola (etwa 25 g)
1 kleine Knoblauchzehe
2 TL Aceto Balsamico
1 EL frisch geriebener Parmesan
1 EL kaltgepreßtes Olivenöl

Zubereitungszeit: 25 Min.
Pro Portion: 540 kJ/130 kcal
5 g E · 10 g F · 5 g K

Gelingt leicht · Raffiniert

➡ Die Tomaten waschen und in dünne Scheiben schneiden. Zucchini putzen und in sehr feine Scheiben schneiden. Tomaten und Zucchini mit Salz, Pfeffer und Zucker würzen, kurz ziehen lassen.
➡ Für das Pesto die Pinienkerne in einer beschichteten Pfanne bei mittlerer Hitze ohne Fett goldbraun rösten. Den Rucola abbrausen und verlesen, die harten Stiele entfernen. Die Rucolablätter bis auf einige grob hacken. Die Knoblauchzehe schälen und durchpressen.
➡ Rucola, Pinienkerne, Knoblauch, Essig und Parmesan mit dem Pürierstab pürieren, das Olivenöl untermixen. Das Pesto mit Salz und Pfeffer abschmecken.
➡ Den Tomatensalat auf zwei Tellern anrichten. Je 1 Klecks Rucola-Pesto daraufgeben und mit dem ganzen Rucola garnieren, erst bei Tisch untermischen. Dazu paßt frisches Stangenweißbrot.

Tip!
Den Rucola können Sie durch die entsprechende Menge Basilikum ersetzen.

Rettich-Apfel-Rohkost

Zutaten für 2 Personen:
300 g Rettich · Salz
1 rotschaliger Apfel (etwa 130 g, z. B. Jonagold)
3 EL Zitronensaft
1 rote Chilischote
½ Bund Petersilie
schwarzer Pfeffer
½ TL gemahlener Ingwer
1 TL brauner Zucker
2 TL Sesamöl

Zubereitungszeit: 20 Min.
Pro Portion: 350 kJ/85 kcal
2 g E · 2 g F · 15 g K

Schnell · Vegetarisch

➡ Den Rettich schälen, auf dem Gemüsehobel raspeln und mit etwas Salz bestreuen. Den Apfel gut waschen, mit der Schale rund um das Kerngehäuse ebenfalls abraspeln und sofort mit 1 EL Zitronensaft beträufeln. Die Chilischote putzen, entkernen und winzig klein würfeln. Die Petersilie waschen, die Blätter fein hacken.

➡ Die Rettichraspel abtropfen lassen, mit den Apfelraspeln, den Chiliwürfeln und der Petersilie locker vermischen.

➡ Für das Dressing den übrigen Zitronensaft mit Salz, Pfeffer, Ingwer, Zucker und Sesamöl verrühren. Mit der Rettich-Rohkost vermengen.

Möhrenrohkost mit Grapefruit

Zutaten für 2 Personen:
1 rosa Grapefruit
1 EL Kürbiskernöl
1 EL Apfelessig
1 TL Apfeldicksaft
Salz · schwarzer Pfeffer
250 g Möhren
1 EL Kürbiskerne

Zubereitungszeit: 20 Min.
Pro Portion: 530 kJ/130 kcal
5 g E · 4 g F · 1 g K

Schnell · Vegetarisch

➡ Die Grapefruit sorgfältig schälen, so daß auch die weiße Außenhaut entfernt wird. Danach die einzelnen Segmente zwischen den Trennhäutchen herausschneiden, abtropfenden Saft dabei auffangen. Das zurückbleibende »Gerüst« mit den Händen ausdrücken.

➡ Den Grapefruitsaft mit dem Kürbiskernöl, dem Apfelessig und dem Apfeldicksaft glattrühren, mit Salz und Pfeffer pikant abschmecken.

➡ Die Möhren schälen, putzen und grob raspeln. In dem Dressing wenden und zusammen mit den Grapefruitfilets anrichten, die Kürbiskerne aufstreuen.

Gemüsesalat in Frühlingskräutern

Zutaten für 2 Personen:
200 g weißer Spargel · Salz
200 g kleine junge Bundmöhren
150 g Zuckerschoten
3 Frühlingszwiebeln
schwarzer Pfeffer
1 Handvoll Kerbel
½ Bund Petersilie
½ Bund Dill
½ Bund Schnittlauch
1 Knoblauchzehe
1 EL Zitronensaft
4 EL Gemüsefond (aus dem Glas)
2 TL kaltgepreßtes Olivenöl

Zubereitungszeit: 45 Min.
(+ 30 Min. Marinieren)
Pro Portion: 515 kJ/125 kcal
6 g E · 4 g F · 14 g K

Gut vorzubereiten · Vegetarisch

➨ Den Spargel putzen, von oben nach unten gründlich schälen und schräg in 4 cm lange Stücke schneiden. In kochendem Salzwasser in 15–20 Min. bißfest garen, dann abgießen und gut abtropfen lassen.

➨ Inzwischen die Möhren putzen, dabei etwas vom Grün dranlassen, längs vierteln und schräg in 3 cm breite Stücke schneiden. Die Zuckerschoten waschen und putzen. Die Möhren in kochendem Salzwasser 5 Min., die Zuckerschoten 1 Min. blanchieren. Beide Gemüse eiskalt abschrecken und in einem Sieb gut abtropfen lassen.

➨ Die Frühlingszwiebeln putzen, weiße und hellgrüne Teile in sehr feine Ringe schneiden. Mit Spargel, Möhren und Zuckerschoten in einer Schüssel vermischen, salzen und pfeffern.

➨ Kerbel, Petersilie und Dill abbrausen, Blättchen von den Stielen zupfen und einige zum Garnieren beiseite legen. Die übrigen Kräuter hacken. Schnittlauch waschen und in feine Röllchen schneiden. Knoblauchzehe schälen und zerdrücken.

➨ Die Kräuter mit Knoblauch, Zitronensaft, Gemüsefond, Salz und Pfeffer im Mixer oder mit dem Pürierstab fein pürieren. Das Olivenöl gründlich unterschlagen.

➨ Das Gemüse mit der Kräutersauce vermischen, 30 Min. ziehen lassen. Dann noch einmal abschmecken, mit den übrigen Kräutern garniert servieren. Dazu schmeckt geröstetes Toastbrot.

Variante: Warmer Gemüsesalat mit Morcheln
10 g getrocknete Morcheln kalt abbrausen und 15 Min. in heißem Wasser einweichen, dann gut waschen und in einem Sieb abtropfen lassen. Den Spargel wie beschrieben vorbereiten und kochen. Möhren in 1 EL Butter 5 Min. andünsten, dann Frühlingszwiebeln und Zuckerschoten hinzufügen und 2 Min. mitdünsten. Morcheln und Spargel untermischen, salzen und pfeffern. Das Gemüse mit der Kräuter-Vinaigrette mischen und lauwarm servieren.

Chinasalat mit Sprossen

Zutaten für 2 Personen:
1 kleine Stange Lauch
150 g frische Sojasprossen
2 Möhren
1 Dose Bambussprossen (Abtropfgewicht 140 g)
100 g gekochte Putenbrust in Scheiben
3 EL Apfelessig
Salz · schwarzer Pfeffer
1 Prise Zucker
2 EL Apfeldicksaft
2 EL helle Sojasauce
1 EL Sonnenblumenöl

Zubereitungszeit: 20 Min.
Pro Portion: 1110 kJ/265 kcal
25 g E · 8 g F · 19 g K

Schnell · Gut vorzubereiten

➠ Den Lauch waschen, putzen und in 4 cm lange Streifen schneiden. Lauch und Sojasprossen in kochendem Wasser 1 Min. blanchieren, kalt abschrecken und gut abtropfen lassen.
➠ Die Möhren putzen und schälen, die Bambussprossen abtropfen lassen. Beides in 4 cm lange Streifen schneiden. Die Putenbrust ebenfalls in Streifen schneiden.
➠ Für die Marinade Apfelessig, Salz, Pfeffer und Zucker verrühren, bis sich das Salz aufgelöst hat. Apfeldicksaft und Sojasauce hinzufügen, zum Schluß das Öl darunterschlagen.
➠ Die Salatzutaten in einer Schüssel vermengen, die Marinade unterheben. Den Salat kurz durchziehen lassen und auf zwei Tellern anrichten.

Rosenkohlsalat mit Trauben

Zutaten für 2 Personen:
175 g Rosenkohl · Salz
100 g kleine feste Champignons
1–2 EL Zitronensaft
150 g blaue Weintrauben
2 EL Aceto Balsamico
weißer Pfeffer
1/2 TL milder Senf
1 EL Olivenöl
2 EL Gemüsebrühe

Zubereitungszeit: 30 Min.
Pro Portion: 500 kJ/125 kcal
5 g E · 4 g F · 21 g K

Preiswert · Gut vorzubereiten

➠ Den Rosenkohl waschen und putzen. Die Strünke abschneiden. Die Röschen in einzelne Blätter zerteilen, das Innere der Röschen vierteln. Den Rosenkohl 1 Min. in kochendem Salzwasser garen, abtropfen lassen, in Eiswasser tauchen und erneut gut abtropfen lassen.
➠ Die Champignons putzen, waschen oder mit einem feuchten Tuch abreiben, dann in Scheiben schneiden und mit Zitronensaft beträufeln.
➠ Die Weintrauben waschen, halbieren und entkernen.
➠ Den Essig mit Salz, Pfeffer und Senf glattrühren, das Öl mit einem Schneebesen darunterschlagen. Die Brühe dazugeben und das Dressing abschmecken.
➠ Den Rosenkohl, die Champignons und die Weintrauben in dem Dressing wenden, eventuell kurz ziehen lassen.

Kartoffel-Rucola-Salat

Zutaten für 2 Personen:
350 g neue Kartoffeln · Salz
2 EL Weißweinessig
100 ml Gemüsefond (oder kräftige Gemüsebrühe)
1 TL frisch gehackter Majoran
1 EL Kürbiskerne
1 rote Zwiebel
1 grüner säuerlicher Apfel (etwa 120 g, z. B. Granny Smith)
50 g Rucola
1 TL Kürbiskernöl
schwarzer Pfeffer

Zubereitungszeit: 30 Min. (+ 30 Min. Marinieren)
Pro Portion: 845 kJ/200 kcal
6 g E · 5 g F · 35 g K

Gelingt leicht · Preiswert

➨ Die Kartoffeln waschen, in Salzwasser in 20–25 Min. bißfest garen, dann schälen und in gleichmäßig dünne Scheiben schneiden.
➨ Den Essig mit dem Gemüsefond und dem Majoran einmal aufkochen lassen, über die Kartoffeln gießen und 30 Min. ziehen lassen.
➨ Inzwischen die Kürbiskerne in einer beschichteten Pfanne bei mittlerer Hitze ohne Fett anrösten. Zwiebel schälen und fein würfeln. Den Apfel gut waschen, vierteln und vom Kerngehäuse befreien. Die Viertel in dünne Scheibchen schneiden. Den Rucola waschen, die harten Stiele entfernen, die Blättchen in mundgerechte Stücke zerpflücken.
➨ Zwiebel, Apfel, Rucola und Kürbiskerne vorsichtig unter die Kartoffeln mischen. Kürbiskernöl darüber gießen, den Salat kräftig salzen und pfeffern.

Frühlings-Kartoffelsalat

Zutaten für 2 Personen:
400 g kleine festkochende Kartoffeln
Salz · 1 Bund Radieschen
3 Frühlingszwiebeln
100 g Löwenzahnblätter (ersatzweise Rucola)
1 rote Zwiebel
100 g Lachsschinken
3 EL Weißweinessig
4 EL Gemüsebrühe
1/2 TL Senf · schwarzer Pfeffer
1 EL kaltgepreßtes Olivenöl
3 EL frisch gehackte gemischte Kräuter (Kerbel, Schnittlauch, Petersilie)

Zubereitungszeit: 35 Min.
Pro Portion: 1315 kJ/315 kcal
21 g E · 7 g F · 37 g K

Gut vorzubereiten · Preiswert

➨ Die Kartoffeln waschen und in Salzwasser zugedeckt in 20–25 Min. garen.
➨ Die Radieschen und die Frühlingszwiebeln waschen, in dünne Scheiben schneiden. Löwenzahn waschen, grob zerteilen. Zwiebel schälen, in feine Ringe schneiden. Lachsschinken ohne Fettrand in schmale Streifen schneiden.
➨ Kartoffeln abschrecken, schälen und in Scheiben schneiden. Mit den anderen Salatzutaten vermengen.
➨ Für die Marinade Essig, Brühe, Senf, Salz und Pfeffer gut verrühren. Das Öl unterschlagen. Die Marinade und 2 EL der Kräuter vorsichtig unter die Kartoffelmischung heben.
➨ Den Salat auf Tellern anrichten und mit den restlichen Kräutern bestreuen.

Melone mit pikantem Erdbeersalat

Zutaten für 2 Personen:
1 kleine oder 1/2 Zuckermelone (z. B. Charantais oder Cavaillon)
250 g Erdbeeren
1 TL eingelegte grüne Pfefferkörner
1 EL Apfeldicksaft
2 EL Apfelessig
1 EL Traubenkernöl
Salz
50 g Rucola

Zubereitungszeit: 20 Min.
Pro Portion: 895 kJ/215 kcal
3 g E · 6 g F · 36 g K

Raffiniert

➨ Die Zuckermelone längs halbieren, Kerne und Fasern entfernen. Die Hälften in Spalten schneiden, die Spalten schälen.
➨ Die Erdbeeren waschen, putzen und halbieren oder vierteln.
➨ Die Pfefferkörner mit einem großen Messer etwas kleiner hacken. Mit dem Apfeldicksaft, dem Apfelessig und dem Traubenkernöl gründlich verrühren, das Dressing mit etwas Salz abschmecken.
➨ Den Rucola waschen und gründlich trockenschwenken. Die groben Stiele entfernen, einige Blätter ganz lassen, die übrigen in feine Streifen schneiden.
➨ Die Erdbeeren und den geschnittenen Rucola im Dressing wenden, zusammen mit den Melonenspalten und den ganzen Rucolablättern anrichten.

Gemüsesticks mit Zitronen-Senf-Dip

Zutaten für 2 Personen:
1 EL Schmand (24 % Fett; ersatzweise saure Sahne)
150 g fettarmer Joghurt (1,5 % Fett)
2 TL körniger Senf
1 EL Saft und 1/4 TL abgeriebene Schale von 1/2 unbehandelten Zitrone
Salz · schwarzer Pfeffer
100 g junge Möhren
je 1/2 rote und gelbe Paprikaschote (etwa 180 g)
2 dünne Stangen Staudensellerie (etwa 100 g)

Zubereitungszeit: 15 Min.
Pro Portion: 305 kJ/75 kcal
5 g E · 2 g F · 9 g K

Gelingt leicht · Schnell

➡ Für den Dip den Schmand mit Joghurt, Senf und Zitronensaft cremig rühren. Mit Zitronenschale, Salz und Pfeffer herzhaft würzen. Den Dip auf zwei Schälchen verteilen.

➡ Die Möhren putzen, schälen, eventuell quer halbieren, dann längs vierteln. Die Paprikahälften waschen, putzen und in Streifen schneiden. Den Sellerie waschen, putzen und halbieren. Das Gemüse auf zwei Teller verteilen. Die Senfsauce zum Dippen dazustellen. Beim Essen das Gemüse jeweils in den Dip tunken. Als Beilage paßt Fladenbrot.

Tips!

Den Senf-Dip können Sie statt mit Zitronenschale und -saft auch sehr gut mit 1 EL Saft und 1/4 TL abgeriebener Schale von 1/2 unbehandelten Orange aromatisieren.
Je nach Saison können Sie für die Gemüseplatte auch andere Sorten wie rohe Zucchini und Fenchel, blanchierten Blumenkohl oder Broccoli, gekochte Kartoffeln und rote Beten auswählen.
Übrigens eignet sich das Gemüse mit dem Dip auch für eine größere Runde, beispielsweise im Sommer als Beilage bei der Grillparty oder beim Picknick.

Variante: Frischkost mit grüner Sauce

Die Gemüsesorten wie im Rezept beschrieben vorbereiten und anrichten. Für die Sauce 1/2 Bund Petersilie, 6 Basilikumblätter und 1 Handvoll Kerbel waschen, verlesen und ohne die groben Stiele fein hacken. Mit 1 zerdrückten Knoblauchzehe, 6 EL Gemüsebrühe und 1 EL Kapernsud aus dem Glas pürieren. 3 EL Semmelbrösel und 1 EL Olivenöl daruntermixen. 1 TL grob gehackte Kapern untermischen. Die grüne Sauce mit Salz und Pfeffer abschmecken.

Weiße Bohnencreme mit marinierten Trauben

Zutaten für 2 Personen:
125 g getrocknete weiße Bohnen
1 kleine Zwiebel
1 EL Rotweinessig
1 EL Traubenkernöl
Salz · schwarzer Pfeffer
150 g blaue Weintrauben
3 Stangen Staudensellerie
2 EL saure Sahne (10 % Fett)
4 kleine Scheiben geräucherter Putenbrustaufschnitt

Zubereitungszeit: 30 Min.
(+ Einweichen über Nacht
+ 2 Std. Garen
+ 1–2 Std. Marinieren)
Pro Portion: 1420 kJ/340 kcal
22 g E · 11 g F · 41 g K

Braucht etwas Zeit · Preiswert

➡ Die Bohnen über Nacht in 1/2 l Wasser einweichen. Am nächsten Tag im Einweichwasser fest zugedeckt bei schwacher Hitze 1 Std. köcheln lassen.
➡ Zwiebel schälen und sehr fein würfeln. Mit dem Essig und dem Öl verrühren, salzen und pfeffern.
➡ Die Weintrauben waschen, halbieren und entkernen, in dem Dressing 1–2 Std. marinieren.
➡ Den Sellerie waschen, putzen und fein schneiden. Zu den Bohnen geben und alles noch 1/2 –1 Std. garen, bis die Bohnen weich sind.
➡ Die Bohnen mit dem Sellerie und dem Kochwasser pürieren. Die saure Sahne untermischen und die Creme salzen und pfeffern. Mit den Trauben und dem Aufschnitt anrichten.

Carpacciobrote

Zutaten für 2 Personen:
1 kleines Ei
2–3 Zweige Basilikum oder 1/4 Bund Rucola
1 EL fettarme Salatcreme
6 dünne Scheiben Baguette
50 g Carpaccio (hauchdünn aufgeschnittenes, rohes Rinderfilet, ersatzweise Rindersaftschinken)
schwarzer Pfeffer

Zubereitungszeit: 15 Min.
Pro Portion: 700 kJ/165 kcal
11 g E · 5 g F · 3 g K

Schnell · Für Gäste

➡ Das Ei in 8–10 Min. hart kochen.
➡ Inzwischen Basilikum oder Rucola waschen und trockentupfen. Von den Basilikumblättern 6 kleine beiseite legen, den Rest in feine Streifen schneiden. Oder vom Rucola 6 schöne Blätter beiseite legen, übrigen Rucola in feine Streifen schneiden.
➡ Basilikum- oder Rucolastreifen mit der Salatcreme verrühren.
➡ Baguettescheiben toasten und mit der Creme bestreichen. Carpaccio locker darauf verteilen.
➡ Das Ei kalt abschrecken, schälen und in kleine Würfel schneiden. Carpacciobrote damit bestreuen und mit den übrigen Basilikum- oder Rucolablättern garnieren. Mit etwas frisch gemahlenem Pfeffer bestreuen.

Forellenfilet auf Mangoldsalat

Zutaten für 2 Personen:
300 g Mangold
1 Schalotte
1 Knoblauchzehe
1 TL Olivenöl
Salz · schwarzer Pfeffer
1 EL Aceto Balsamico
2 Tomaten (etwa 150 g)
2 Lachsforellenfilets (je 150 g, mit Haut, entgrätet)
1 TL Öl für die Pfanne
2–3 dünne Zitronenscheiben

Zubereitungszeit: 40 Min.
Pro Portion: 850 kJ/205 kcal
34 g E · 6 g F · 4 g K

Gelingt leicht · Raffiniert

➨ Den Mangold waschen und putzen. Die Stiele keilförmig aus den Blättern schneiden und schräg in 1 cm breite Streifen teilen. Die Blätter grob hacken.
➨ Die Schalotte und den Knoblauch schälen, fein würfeln und im Öl glasig dünsten.
➨ Die Mangoldstiele dazugeben und bei schwacher Hitze 5 Min. mitdünsten.
➨ Die Blätter hinzufügen und in 3 Min. zusammenfallen lassen. Gemüse vom Herd nehmen, mit Salz, Pfeffer und Essig würzen.
➨ Die Tomaten waschen, halbieren, entkernen und in kleine Würfel schneiden, unter den Mangold mischen. Den Salat lauwarm abkühlen lassen.
➨ Inzwischen den Fisch salzen und pfeffern. Eine beschichtete Pfanne mit Öl einpinseln und erhitzen. Die Filets darin bei mittlerer Hitze auf der Hautseite 6–7 Min. braten, bis die Haut schön knusprig ist. Auf dem Mangoldsalat anrichten. Zitronenscheiben halbieren und darauf verteilen.

Kleine Pizzen mit Sardellen

Zutaten für 10 Pizzen:
Für den Teig:
400 g Mehl
1 Päckchen Trockenhefe
2 EL Olivenöl · Salz
Für den Belag:
10 eingelegte Sardellen
500 g frische Sardinen
2 Knoblauchzehen
3 Zweige Rosmarin
30 g Parmesan · 1 EL Olivenöl
Salz · schwarzer Pfeffer
Mehl für die Arbeitsfläche
Backpapier für die Bleche

Zubereitungszeit: 30 Min.
(+ 40 Min. Gehen
+ 20–25 Min. Backen)
Pro Pizza: 960 kJ/230 kcal
14 g E · 7 g F · 29 g K

Für Gäste

➨ Mehl, Trockenhefe, Olivenöl, 1 TL Salz und etwa 200 ml lauwarmes Wasser in einer Schüssel mit den Knethaken des Handrührgerätes zu einem geschmeidigen Teig verkneten.
➨ Den Hefeteig zugedeckt an einem warmen Platz 30 Min. gehen lassen, bis sich sein Volumen etwa verdoppelt hat.
➨ Inzwischen die Sardellen kalt abbrausen, mit Küchenpapier trockentupfen und längs halbieren. Sardinen waschen, am Bauch aufschneiden und die Mittelgräte herauslösen. Köpfe abtrennen. Knoblauch schälen und in sehr dünne Scheibchen schneiden. Rosmarinnadeln abstreifen und bis auf einige zum Garnieren hacken. Parmesan grob reiben.
➨ Den Backofen auf 220° vorheizen. Zwei Bleche mit Backpapier auslegen.
➨ Den Hefeteig nochmals kräftig durchkneten, in 10 Portionen teilen und diese auf einer leicht bemehlten Arbeitsfläche zu Kreisen von etwa 15 cm Ø ausrollen. Die Ränder der Kreise leicht nach innen rollen, damit ein etwas dickerer Rand entsteht. Die Fladen auf die Bleche legen, mit Olivenöl bepinseln. Die Sardellen und die Sardinen darauf verteilen, Knoblauch, Rosmarin und Parmesan darüber streuen.
➨ Die Pizzen im Ofen (Mitte, Umluft 200°) in 20–25 Min. knusprig backen. Mit Rosmarin garniert servieren.

Varianten:
Für ganz klassische Pizzen Margherita belegen Sie die Teigfladen mit 250 g abgetropften Tomatenstücken aus der Dose, 150 g gewürfeltem Mozzarella und einigen zerzupften Basilikumblättchen. Die Teigfladen müssen dann nicht mit Olivenöl bepinselt werden. Oder Sie belegen die Teigfladen mit Champignons in Scheiben, gewürfelter Paprikaschote, jeweils 1 hauchdünnen zusammengefalteten Salamischeibe oder Streifen von magerem gekochtem Schinken und kleinen Würfeln Gorgonzolakäse, dazu ein paar Kapern oder entsteinte schwarze Oliven. Wenn Sie nur Gemüse zum Belegen nehmen, sollten Sie ganz behutsam ein wenig Olivenöl darüber träufeln.

Hähnchen-Tomaten-Spießchen

Zutaten für 2 Personen:
150 g Hähnchenbrustfilet
Salz
Pfeffer
Paprika, edelsüß
1 TL Öl
75 g kleine Kirschtomaten
6 kleine Mozzarella-Bällchen
4 Zweige Basilikum
4–8 Holzspieße
4-6 Scheiben Vollkornbrot (etwa 150g)

Zubereitungszeit: 30 Min.
Pro Portion: 1450 kJ/350 kcal
28 g E · 11 g F · 32 g K

Raffiniert · Gelingt leicht

➡ Das Hähnchenbrustfilet kalt abwaschen und abtrocknen, in 1–2 cm große Würfel schneiden. Rundherum mit Salz, Pfeffer und Paprikapulver nach Geschmack würzen.
➡ Das Öl mit einem Backpinsel in einer kleinen beschichteten Pfanne verteilen und erhitzen. Die Hähnchenwürfel darin rundherum bei starker Hitze goldbraun anbraten. Die Hitze reduzieren, das Fleisch noch 1–2 Min. unter Rühren braten.
➡ Inzwischen die Kirschtomaten waschen und ohne die Stielansätze halbieren. Die Mozzarella-Bällchen ebenfalls halbieren. Das Basilikum waschen und trockenschütteln, die Blättchen abzupfen.
➡ Alle Zutaten auf kleine Holzspieße reihen und auf Tellern oder einer Platte anrichten. Mit Brot servieren.

Gefüllte Champignons

Zutaten für 2 Personen:
300 g große feste Champignons
1 kleiner Zucchino
1 Schalotte · 1 TL Olivenöl
Salz · schwarzer Pfeffer
1/4 TL getrockneter Oregano
40 g Schafkäse (40 % Fett i.Tr.)
1 Handvoll Blattspinat
2 Scheiben Vollkorntoast (50 g)

Zubereitungszeit: 30 Min.
Pro Portion: 615 kJ/145 kcal
12 g E · 4 g F · 14 g K

Preiswert

➡ Die Champignons putzen und mit einem feuchten Tuch abreiben. Die Stiele vorsichtig aus den Hüten herausdrehen und hacken.
➡ Zucchino waschen, putzen und grob raspeln. Die Schalotte schälen und würfeln.
➡ Das Öl in einer Pfanne erhitzen, die Pilzhüte darin in 2–3 Min. rundherum hellgoldbraun braten. Mit Salz und Pfeffer würzen und aus der Pfanne nehmen.
➡ Die Schalottenwürfel, die Zucchiniraspel und die gehackten Pilzstiele in die Pfanne geben, mit 5 EL Wasser ablöschen und mit Salz, Pfeffer und dem Oregano würzen. Unter gelegentlichem Rühren garen, bis die Feuchtigkeit verdampft ist.
➡ Den Schafkäse fein würfeln und unter die Zucchinimischung rühren. Diese in die Pilzhüte füllen.
➡ Den Spinat waschen, verlesen und trockenschwenken. Auf Tellern ausbreiten, die gefüllten Pilze darauf anrichten. Mit geröstetem Toast servieren.

Tomaten mit Thunfischfüllung

Zutaten für 2 Personen:
2 mittelgroße Tomaten
Salz · weißer Pfeffer
1 kleine Dose Thunfisch im eigenen Saft (65 g)
100 g Magerquark
1 TL abgeriebene unbehandelte Zitronenschale
1–2 TL Zitronensaft
1 Stück Zucchino (3–4 cm lang)
1 EL Kapern
einige Basilikumblättchen

Zubereitungszeit: 20 Min.
Pro Portion: 470 kJ/110 kcal
15 g E · 3 g F · 5 g K

Schnell · Raffiniert

➡ Die Tomaten waschen, abtrocknen, einen Deckel abschneiden und das Fruchtfleisch mit einem Löffel herauslösen. Tomaten innen leicht salzen und pfeffern.

➡ Den Thunfisch abtropfen lassen und etwas zerpflükken. Mit dem Quark, der Zitronenschale und 1 TL Zitronensaft im Mixer oder im elektrischen Zerhacker cremig pürieren. Falls nötig, 1–2 EL Wasser hinzufügen.

➡ Zucchino waschen und fein raspeln, Kapern hacken. Die Basilikumblättchen waschen, trockentupfen und in feine Streifen schneiden. Alles unter die Thunfischfüllung rühren. Mit Salz, Pfeffer und übrigem Zitronensaft abschmecken.

➡ Die Masse in die ausgehöhltenTomaten füllen und die Deckel schräg aufsetzen.

Tip!
Die Thunfischmasse paßt zu rohen Gemüsestücken.

Artischocken mit Tomaten-Tapenade

Zutaten für 2 Personen:
2 Schalotten · 1 Knoblauchzehe
1 TL Olivenöl
300 g passiertes Tomatenfruchtfleisch
2 TL Tapenade (italienisches Olivenmus aus dem Glas)
Salz · schwarzer Pfeffer
2 große Artischocken (je etwa 400 g)
½ unbehandelte Zitrone
1 Zweig Petersilie zum Garnieren

Zubereitungszeit: 1 Std.
Pro Portion: 480 kJ/115 kcal
9 g E · 3 g F · 12 g K

Schnell · Raffiniert

➡ Schalotten und Knoblauch schälen. Schalotten fein würfeln, Knoblauch durchpressen und beides in dem Öl bei mittlerer Hitze 3 Min. andünsten. Das Tomatenpüree dazugeben und die Sauce offen bei schwacher Hitze in 15 Min. dicklich einkochen lassen.

➡ Die Tapenade unterrühren. Die Sauce salzen und pfeffern, abkühlen lassen.

➡ Inzwischen die Artischokken waschen. Die Stiele, 3–4 Reihen der äußeren Blätter und die Blattspitzen wegschneiden. Die Zitrone in Scheiben schneiden.

➡ In einem Topf reichlich Salzwasser mit den Zitronenscheiben aufkochen lassen. Die Artischocken darin 25–30 Min. garen.

➡ Die Artischocken gut abtropfen lassen, auf zwei Tellern anrichten. Je 1 Schälchen Tomaten-Tapenade zum Dippen dazustellen, mit Petersilie garnieren.

Kohlrabi-Rucola-Mousse mit Radieschen

Zutaten für 2 Personen:
2 Blatt weiße Gelatine
200 g Kohlrabi
1 Schalotte · 30 g Rucola
2 TL Olivenöl
4 EL Gemüsefond (aus dem Glas)
Salz · schwarzer Pfeffer
1 TL Zitronensaft
75 g Dickmilch (3,5 % Fett)
200 g Radieschen
2 EL Zitronen-Essig

Zubereitungszeit: 1 Std.
(+ 3 ½ Std. Kühlen)
Pro Portion: 330 kJ/80 kcal
5 g E · 2 g F · 9 g K

Raffiniert · Gut vorzubereiten

➡ Die Gelatine in kaltem Wasser einweichen. Den Kohlrabi schälen, putzen und klein würfeln. Die Schalotte schälen und fein hacken. Den Rucola waschen, putzen, von den Stielen befreien und grob hacken.

➡ 1 TL Öl erhitzen. Schalotte darin glasig dünsten. Kohlrabi dazugeben und bei mittlerer Hitze 3 Min. andünsten. Mit dem Fond aufgießen. Bei schwacher Hitze zugedeckt 10 Min. dünsten. Rucola hinzufügen, das Gemüse mit Salz, Pfeffer und Zitronensaft würzen.

➡ Die Kohlrabi-Mischung mit dem Pürierstab pürieren. Gelatine tropfnaß in einen Topf geben und bei schwacher Hitze auflösen, unter das Püree rühren und dieses 30 Min. kalt stellen.

➡ Dann die Dickmilch unterheben. Die Mousse in eine kleine Schüssel füllen, glattstreichen und zugedeckt 3 Std. kalt stellen.

➡ Vor dem Servieren die Radieschen putzen, waschen und in dünne Scheiben schneiden. Aus Essig, Salz, Pfeffer und dem übrigen Öl eine Vinaigrette rühren. Radieschen untermischen. Salat auf zwei Portionsteller verteilen.

➡ Einen Eßlöffel in kaltes Wasser tauchen, von der Mousse Nocken abstechen und auf dem Radieschensalat anrichten. Dazu paßt geröstetes Toastbrot oder frisches Baguette.

Variante: Kräuter-Joghurt-Mousse mit Tomatensalat

2 Blatt Gelatine in kaltem Wasser einweichen. 100 g Salatgurke schälen, längs halbieren und entkernen. Gurke raspeln, salzen und 5 Min. ziehen lassen, dann gut ausdrücken. Mit 150 g Joghurt (3,5 % Fett), 2 EL saurer Sahne (10 % Fett), 1 TL frisch gehacktem Estragon und 1 EL gehacktem Dill verrühren. Mit Salz, Pfeffer und Zitronensaft würzen. Gelatine tropfnaß bei schwacher Hitze auflösen und unter die Joghurtmasse rühren, 30 Min. kalt stellen. 3 EL Sahne steif schlagen und unterheben, 2 Std. kalt stellen. 200 g Tomaten waschen, in Scheiben schneiden und anrichten. Mit 1 EL Weißweinessig und 1–2 TL Aceto Balsamico, Salz, Pfeffer und 1 EL Olivenöl beträufeln. Von der Mousse Nocken abstechen, mit dem Tomatensalat anrichten.

Matjes-Tatar auf Kartoffeln

Zutaten für 2 Personen:
2 Matjesfilets
3 Radieschen · 1 TL Kapern
2–3 EL Zitronensaft
weißer Pfeffer · Salz
6 festkochende Kartoffeln
4 Zweige Dill
2 EL Magermilch-Joghurt (0,3 % Fett)

Zubereitungszeit: 45 Min.
Pro Portion: 1330 kJ/320 kcal
14 g E · 10 g F · 38 g K

Preiswert · Raffiniert

➨ Für das Tatar die Matjesfilets kurz waschen und trockentupfen. Die Filets mit einem scharfen Messer zuerst in dünne Scheiben, dann in kleine Würfel schneiden.
➨ Die Radieschen waschen, abtrocknen und ebenfalls in kleine Würfel schneiden. Die Kapern fein hacken.
➨ Matjes, Radieschen, Kapern und 2 EL Zitronensaft vermischen. Das Tatar mit Pfeffer und wenig Salz würzen und zugedeckt im Kühlschrank 30 Min. durchziehen lassen.
➨ Inzwischen die Kartoffeln waschen und mit der Schale in wenig Wasser gar kochen. Abgießen, kurz ausdampfen lassen, schälen und längs halbieren. Die Rundungen jeweils knapp abschneiden, damit die Kartoffelhälften gerade stehen.
➨ Den Dill waschen, trokkenschütteln und 8 schöne Dillspitzen beiseite legen. Den Rest fein hacken und mit dem Joghurt verrühren. Dillsahne auf die noch warmen Kartoffelhälften verteilen.
➨ Das Matjes-Tatar nochmals durchmengen und eventuell mit Pfeffer und Zitronensaft nachwürzen, auf die Kartoffeln setzen. Mit den Dillspitzen garnieren und sofort servieren.

Spinatflans mit Sprossensalat

Zutaten für 2 Personen:
Für die Flans:
250 g Spinat
1 kleine Knoblauchzehe
1 TL weiche Butter für die Förmchen
4 Eier
¼ l fettarme Milch (1,5 % Fett)
60 g Vollkorn-Semmelbrösel
30 g frisch geriebener Parmesan
1 Prise frisch geriebene Muskatnuß · Salz
1 Prise Cayennepfeffer
Für den Sprossensalat:
125 g Alfalfasprossen
1 Möhre
1 EL Zitronensaft
Salz
1 Prise Zucker
1 TL Distelöl
2 Zweige Petersilie
100 g Vollkornbrot

Zubereitungszeit: 1 Std.
Pro Portion: 2310 kJ/550 kcal
37 g E · 22 g F · 52 g K

Für Gäste · Vegetarisch

➡ Den Spinat verlesen, von den Stielen befreien und in stehendem Wasser waschen. Tropfnaß in einem Topf bei starker Hitze in 2 Min. zusammenfallen lassen.
➡ Den Spinat in einem Sieb gut ausdrücken. Den Knoblauch schälen und mit dem Spinat fein hacken.
➡ Den Backofen auf 180° vorheizen. Vier Flanförmchen mit Butter auspinseln.
➡ Die Eier mit der Milch verquirlen. Spinat, Knoblauch, Brösel und Parmesan untermischen. Die Masse mit Muskat, Salz und Cayennepfeffer würzen, in die Förmchen füllen.
➡ Die Fettpfanne des Backofens 2 cm hoch mit heißem Wasser füllen. Die Förmchen hineinstellen und in den Ofen (Mitte, Umluft 160°) schieben. Die Flans etwa 30 Min. garen, bis die Eiermilch gestockt ist.
➡ Inzwischen für den Sprossensalat die Sprossen in einem Sieb kurz heiß abspülen. Die Möhre waschen, putzen und in hauchfeine Stifte schneiden, mit den Sprossen mischen.
➡ Zitronensaft mit Salz und Zucker verrühren, das Öl untermischen. Den Salat damit verrühren.
➡ Die Flans mit einem kleinen spitzen Messer von den Förmchen lösen und auf Teller stürzen. Ringsum den Sprossensalat verteilen. Mit Petersilienblättchen garniert servieren. Brot dazu reichen.

Tip!
Als Vorspeise reicht die Menge auch für 4.

Variante: Kräuter-Eierstich
Statt Spinat 1 Bund gemischte Kräuter wie Schnittlauch, Petersilie und Dill nehmen. Die Kräuter fein hacken und unter die Eiermilch mischen, die Kräuter-Eiermilch ebenfalls in Flanförmchen verteilen. Die fertig gegarten Kräuterflans mit einem scharfen Messer quer halbieren und mit kleinen Förmchen Ornamente ausstechen oder den Eierstich in Rauten schneiden. Als Suppeneinlage für eine feine Bouillon verwenden.

Gemüseterrine mit Spargelcreme

Zutaten für 1 kleine Terrinen- oder Kastenform (etwa 14 cm Länge):
Für die Terrine:
1 rote Paprikaschote
1 kleiner Kohlrabi
150 g dünne Möhren · Salz
250 g Hähnchenbrustfilet
1 Schalotte
3 Zweige Basilikum
2 TL Olivenöl
weißer Pfeffer · 2 Eiweiße
Alufolie und Olivenöl für die Form
Für die Sauce:
400 g Spargel · Zucker
3 EL Joghurt (3,5 % Fett)
Kräutersalz · weißer Pfeffer
1 Bund Rucola oder Brunnenkresse

Zubereitungszeit: 1 Std. (+ 45 Min. Garen)
Bei 6 Portionen pro Portion: 540 kJ/105 kcal
13 g E · 3 g F · 5 g K

Für Gäste · Braucht etwas Zeit

➡ Die Paprikaschote mit dem Sparschäler häuten, vierteln und entkernen. Kohlrabi schälen und ebenfalls vierteln. Möhren putzen und längs vierteln. Das Gemüse getrennt in kochendem Salzwasser 5 Min. blanchieren, dann abschrekken und abtropfen lassen.
➡ Paprikaschote in Streifen, Kohlrabi in Würfel und Möhren in dünne Scheiben schneiden.
➡ Hähnchenbrustfilet würfeln. Schalotte schälen und grob zerkleinern. Basilikumblätter abzupfen.
➡ Die Fleischwürfel mit der Schalotte, dem Basilikum und dem Olivenöl portionsweise im Mixer pürieren, salzen und pfeffern. Die Eiweiße mit 1 Prise Salz steif schlagen und unter die Fleischfarce heben.
➡ Den Backofen auf 180° vorheizen. Die Terrinenform mit Alufolie auskleiden und mit Olivenöl bepinseln.
➡ Fleischfarce in die Form streichen, Gemüse darauf schichten und mit Fleischfarce bedecken. So fortfahren, bis alle Zutaten aufgebraucht sind, dabei darauf achten, daß das Gemüse nicht ganz bis an den Rand der Form reicht.
➡ Die Terrine verschließen (mit Alufolie oder einem Deckel) und in einen Bräter stellen. Den Bräter bis kurz unter den Terrinenrand mit Wasser füllen. Die Terrine im Ofen (Mitte, Umluft 160°) in 45 Min. fest werden lassen.
➡ Die Terrine etwas abkühlen lassen, auf eine Platte stürzen, die Folie abziehen, auskühlen lassen.
➡ Für die Sauce den Spargel schälen, in Stücke schneiden. Die Abschnitte in 1 l Wasser mit 1 Prise Zucker in 15–20 Min. weich kochen. Die Spargelstücke abtropfen lassen und mit dem Joghurt im Mixer pürieren. Die Sauce mit Kräutersalz und Pfeffer würzen und abkühlen lassen.
➡ Die Terrine in dicken Scheiben (am besten mit dem Elektromesser schneiden) mit der Spargelsauce anrichten, mit Rucola oder Brunnenkresse garnieren.

Tomaten-Sülzchen

Zutaten für 2 Personen:
3 ½ Blatt weiße Gelatine
200 ml Tomatensaft
1 Prise Zucker · Salz
Tabascosauce
1 Stück Zucchino (etwa 75 g)
1 kleine Stange Staudensellerie (etwa 75 g)
50 g Champignons
1 EL Zitronensaft · weißer Pfeffer
2 Zweige Basilikum

Zubereitungszeit: 20 Min.
(+ 1 Std. Gelieren)
Pro Portion: 165 kJ/40 kcal
4 g E · 1 g F · 6 g K

Preiswert · Raffiniert

➡ Die Gelatine in kaltem Wasser 5 Min. einweichen.
➡ Inzwischen Tomatensaft mit Zucker, Salz und Tabasco kräftig würzen. 3 EL Tomatensaft abnehmen und erwärmen. Die ausgedrückte Gelatine darin auflösen.
➡ Mit dem restlichen Saft vermischen und kalt stellen, bis die Masse fest zu werden beginnt.
➡ In der Zwischenzeit Zucchino und Sellerie waschen und putzen. Zucchino in kleine Würfel schneiden, Sellerie längs halbieren, in dünne Scheiben schneiden. Champignons putzen und in Scheiben schneiden, diese längs halbieren. Alle Gemüse in einer Schüssel mit dem Zitronensaft vermischen, leicht salzen und pfeffern.
➡ Basilikum waschen und trockentupfen, 4 Blätter in feine Streifen schneiden und zum Gemüse geben.
➡ Die Gemüsemischung unter den leicht gelierten Tomatensaft mischen. In zwei kalt ausgespülte Tassen füllen und zum Festwerden mindestens 1 Std. kalt stellen.
➡ Zum Servieren die Förmchen kurz in warmes Wasser tauchen und auf die Teller stürzen. Mit dem übrigen Basilikum garnieren.

Roastbeefstreifen in Kerbelgelee

Zutaten für 2 Personen:
5 Blatt weiße Gelatine
1/4 l Rinderfond (aus dem Glas)
Salz · weißer Pfeffer
3–4 Tropfen Tabascosauce
2–3 TL Zitronensaft
1 TL Sherry nach Belieben
1 Handvoll Kerbel
4 Scheiben gegartes Roastbeef
100 g fettarmer Joghurt (1,5 % Fett)
1 TL scharfer Senf

Zubereitungszeit: 20 Min. (+ 2–3 Std. Gelieren)
Pro Portion: 650 kJ/140 kcal
24 g E · 4 g F · 3 g K

Gut vorzubereiten

➡ Die Gelatine 5 Min. in reichlich kaltem Wasser einweichen.
➡ Etwas Fond erhitzen, vom Herd nehmen. Die Gelatine ausdrücken und darin auflösen. Den übrigen Fond unterrühren und mit Salz, Pfeffer, Tabasco, Zitronensaft und eventuell Sherry abschmecken.
➡ Kerbel waschen und verlesen. Einige Blättchen in den Kühlschrank legen. Den restlichen Kerbel hacken und unter den Fond rühren.
➡ Das Roastbeef in Streifen schneiden und in zwei Tassen verteilen. Den Fond darüber gießen und 2–3 Std. kalt stellen.
➡ Die saure Sahne mit Senf, Salz und Pfeffer verrühren. Die Tassen kurz in warmes Wasser stellen, das Gelee auf Teller stürzen und mit der Senfsauce anrichten. Mit dem beiseite gelegten Kerbel bestreuen.

Pilzsülzchen mit roher Tomatensauce

Zutaten für 2 Personen:
75 g Champignons
75 g Pfifferlinge
1 Schalotte
1 Knoblauchzehe
1 TL Thymianblättchen
1 1/2 EL Olivenöl
Salz · schwarzer Pfeffer
4 Blatt weiße Gelatine
150 ml Waldpilzfond (aus dem Glas)
2 Eiertomaten (etwa 150 g)
1/2 TL frisch gehackter Oregano
1 TL Aceto Balsamico
einige Basilikumblätter

Zubereitungszeit: 30 Min. (+ 2 Std. 20 Min. Kühlen)
Pro Portion: 910 kJ/220 kcal
9 g E · 7 g F · 33 g K

Für Gäste · Gut vorzubereiten

➡ Die Pilze putzen und kleinschneiden. Schalotte und Knoblauch schälen und fein würfeln. Mit Pilzen und Thymian in 1 TL Öl bei mittlerer Hitze 5 Min. dünsten, salzen und pfeffern.
➡ Gelatine 5 Min. kalt einweichen. Den Fond erhitzen, nicht kochen lassen. Ausgedrückte Gelatine darin auflösen. In zwei kleine Formen etwas Fond gießen. 20 Min. kalt stellen.
➡ Die Pilze darübergeben und mit dem restlichen Fond auffüllen. Im Kühlschrank in 2 Std. erstarren lassen.
➡ Dann Tomaten überbrühen, häuten, entkernen und hacken. Mit Oregano, Essig und übrigem Öl pürieren. Salzen und pfeffern.
➡ Sülzchen stürzen, mit der Sauce umgießen. Mit Basilikum garnieren.

Reispapierplätzchen

Zutaten für 2 Personen:
6 Reisteigblätter (16 cm Ø, Asienladen)
150 g ausgelöstes Garnelenfleisch
50 g Champignons
4 Zweige Koriandergrün oder Petersilie
1 EL Zitronensaft
50 g Tatar
2 EL gekochter Reis
1 Eigelb
Sojasauce
Salz · schwarzer Pfeffer
150 g Ananas (frisch oder aus der Dose)
100 ml süß-sauer-scharfe Sauce (Fertigprodukt)
1 TL Pflanzenöl

Zubereitungszeit: 30 Min.
Pro Portion: 1900 kJ/455 kcal
25 g E · 8 g F · 72 g K

Spezialität aus Thailand

➨ Die Reisteigblätter auf nasse Geschirrtücher legen, mit Wasser besprühen und mit weiteren nassen Tüchern gründlich abdecken. In 10 Min. weich und formbar werden lassen.

➨ Inzwischen das Garnelenfleisch sehr fein hacken. Die Champignons putzen und mit Küchenpapier sauber abreiben. Den Koriander oder die Petersilie waschen, die Blättchen abzupfen und trockentupfen. Die Pilze und die Kräuter ebenfalls sehr fein hacken und mit Zitronensaft vermischen.

➨ In einer Schüssel das Garnelenfleisch mit den Pilzen und den Kräutern vermengen. Das Tatar, den Reis und das Eigelb daruntermischen. Die Füllung mit Sojasauce, Salz und Pfeffer abschmecken.

➨ Drei Reisteigblätter gleichmäßig mit der Füllung bestreichen. Die übrigen Blätter darauf legen und leicht andrücken.

➨ Frische Ananas schälen und würfeln, Ananas aus der Dose abtropfen lassen und würfeln. Die süß-sauer-scharfe Sauce in ein Schälchen füllen.

➨ Die gefüllten Reisteigblätter in einer großen beschichteten Pfanne portionsweise in jeweils nur 1–2 Tropfen Öl von beiden Seiten bei mittlerer Hitze in je 2–3 Min. goldbraun braten.

➨ Die Reisteigplätzchen jeweils in 4–6 Dreiecke schneiden, noch heiß vierteln. Mit der Sauce und den Ananasstücken servieren.

Tip!
Sie können die Reispapierplätzchen auch ohne Garnelenfleisch zubereiten. Dann aber insgesamt 200 g Tatar und 4 EL gekochten Reis für die Füllung verwenden. Die Champignons gegen 1 Stück Zucchino von etwa 50 g austauschen. Dazu das Gemüse waschen, abtrocknen und auf einer Gemüsereibe grob raspeln. Die Zucchiniraspel anschließend auf Küchenpapier ausbreiten und gut trockentupfen.

Chinesische Salatröllchen mit Dip

Zutaten für 2 Personen:
80 g Hähnchenbrustfilet
1 Möhre (etwa 80 g)
1 Stange Staudensellerie
2 Frühlingszwiebeln
50 g Sojasprossen (frisch oder aus dem Glas)
1 Stück frischer Ingwer (etwa 1 cm)
1 Knoblauchzehe
1 TL Öl · 4 EL Sojasauce
2 TL trockener Sherry (ersatzweise Gemüsefond)
1 ½ TL Zucker
½ TL Fünfgewürzpulver
Salz · schwarzer Pfeffer
8 große Eisbergsalatblätter
3 EL Zitronensaft

Zubereitungszeit: 1 Std.
Pro Portion: 690 kJ/165 kcal
14 g E · 5 g F · 15 g K

Für Gäste · Gut vorzubereiten

➡ Das Fleisch in sehr kleine Würfel schneiden. Die Möhre putzen, schälen und in dünne Stifte schneiden. Den Sellerie waschen und in feine Scheibchen schneiden. Die Frühlingszwiebeln waschen, putzen und in sehr kleine Würfel schneiden. Sprossen waschen und gut abtropfen lassen. Ingwer und Knoblauchzehe schälen und sehr klein würfeln.

➡ Das Öl in einer beschichteten Pfanne sehr heiß werden lassen. Knoblauch und Ingwer darin kurz anrösten. Erst das Fleisch dazugeben und unter Rühren 2 Min. braten, dann die Möhre und den Sellerie hinzufügen und bei starker Hitze 2 Min. mitbraten. Sprossen und Zwiebeln 1 Min. mit pfannenrühren. Mit 1 EL Sojasauce, Sherry, Zucker, Fünfgewürzpulver, Salz und Pfeffer kräftig abschmecken.

➡ Das Gemüse noch 3 Min. bei schwacher Hitze dünsten, bis die Flüssigkeit verdampft ist. Vom Herd nehmen und abkühlen lassen.

➡ Die Salatblätter in kochendem Salzwasser 1 Min. blanchieren, dann abschrecken und gut abtropfen lassen. Auf der Arbeitsfläche ausbreiten, die kräftigen Mittelrippen keilförmig herausschneiden. Je 1 gehäuften EL Gemüsefüllung da-raufgeben. Die Blätter zu Röllchen drehen, dabei die Seiten nach innen einschlagen. Auf zwei Tellern anrichten.

➡ Für den Dip die übrige Sojasauce und den Zitronensaft verrühren, auf zwei Schälchen verteilen und zu den Röllchen reichen.

Tips!
Hübsch sehen verzierte Möhrenscheiben als Garnitur aus. Statt der Salatblätter können Sie auch getrocknetes Reispapier nehmen.Die transparenten, meist runden Blätter aus Reismehl sind im Asienladen erhältlich. 16 Blätter einzeln 30 Sek. in kaltem Wasser einweichen, bis sie weiß und undurchsichtig sind. Oder zwischen zwei nassen Geschirrtüchern weich werden lassen. Jeweils paarweise aufeinander legen, da sie sonst leicht reißen, und auf einem Tuch abtropfen lassen. Jeweils 1 Salatblatt und die Füllung darauf verteilen, Reispapier vorsichtig aufrollen.

Aprikosen-Tomaten-Suppe

Zutaten für 2 Personen:
250 g Aprikosen
2 Schalotten
1 Knoblauchzehe · 1 TL Öl
1 kleine Dose geschälte Tomaten (400 g)
100 ml Gemüsefond (aus dem Glas)
Salz · schwarzer Pfeffer
½ TL gemahlener Ingwer
3–4 Spritzer Tabascosauce
1 TL Zucker
1 EL Limettensaft
1 EL trockener Sherry nach Belieben
4–6 frische Basilikumblätter

Zubereitungszeit: 40 Min.
Pro Portion: 625 kJ/150 kcal
4 g E · 3 g F · 29 g K

Raffiniert · Für Gäste

➨ Die Aprikosen mit kochendem Wasser überbrühen, abschrecken und häuten. 1 Aprikose zum Garnieren beiseite legen, die übrigen Früchte halbieren, entsteinen und kleinschneiden.
➨ Die Schalotten und Knoblauch schälen und fein würfeln, im Öl bei mittlerer Hitze glasig dünsten. Aprikosen und Tomaten samt Saft dazugeben. Fond angießen. Alles aufkochen und zugedeckt bei schwacher Hitze 15 Min. garen.
➨ Die Suppe glatt pürieren, mit Salz, Pfeffer, Ingwer, Tabasco und Zucker, Limettensaft und eventuell Sherry würzen.
➨ Die Suppe auf Teller verteilen. Die übrige Aprikose in Spalten schneiden und daraufgeben. Mit Basilikum garnieren.

Scharfe Tomatensuppe mit Lavendel

Zutaten für 2 Personen:
500 g Tomaten
1 Zwiebel
1 TL Olivenöl
1 Knoblauchzehe
200 ml Gemüsebrühe
Salz · schwarzer Pfeffer
1 kräftige Prise getrocknete zerriebene Chilischoten
einige Lavendelzweige (möglichst mit Blüten)

Zubereitungszeit: 30 Min.
Pro Portion: 290 kJ/70 kcal
4 g E · 2 g F · 9 g K

Preiswert

➨ Die Stielansätze der Tomaten entfernen. Die Tomaten kurz überbrühen, häuten und grob würfeln.
➨ Die Zwiebel schälen und klein würfeln. Das Öl in einem Topf erhitzen, die Zwiebel darin glasig werden lassen. Den Knoblauch schälen und dazupressen.
➨ Die gewürfelten Tomaten und die Brühe einrühren, mit Salz, Pfeffer und Chili würzen. Einige Lavendelblättchen hacken und dazugeben. Die Suppe zugedeckt bei schwacher Hitze 20 Min. köcheln lassen.
➨ Die Suppe mit Salz und Pfeffer herzhaft abschmekken, mit Lavendelblüten garniert servieren.

Gurken-Kräuter-Suppe mit Kartoffel-Croûtons

Zutaten für 2 Personen:
300 g Schmorgurken
1 kleine Zwiebel
1 Knoblauchzehe
½ Bund Petersilie
1 Handvoll Kerbel
3 Zweige Dill · 1 TL Butter
400 ml Gemüsefond (aus dem Glas)
2 EL fettarmer Joghurt (1,5 % Fett)
1 festkochende Kartoffel (etwa 100 g) · 1 TL Öl
Salz · schwarzer Pfeffer
frisch geriebene Muskatnuß

Zubereitungszeit: 45 Min.
Pro Portion: 415 kJ/100 kcal
3 g E · 3 g F · 12 g K

Gelingt leicht

➨ Die Gurken schälen, entkernen und klein würfeln. Zwiebel und Knoblauch schälen und fein würfeln. Kräuter waschen und hacken.
➨ Die Butter erhitzen. Zwiebel, Knoblauch, Gurken und Kräuter darin andünsten. Mit dem Fond und dem Joghurt auffüllen, zugedeckt bei schwacher Hitze 15 Min. garen.
➨ Inzwischen für die Croûtons die Kartoffel waschen, schälen, klein würfeln und in einer mit Öl bepinselten Pfanne 5 Min. kräftig anbraten. Die Kartoffel noch 5–7 Min. bei mittlerer Hitze braten.
➨ Die Suppe fein pürieren. Mit Salz, Pfeffer und Muskat würzen. Die Kartoffel-Croûtons daraufgeben.

Apfel-Sellerie-Cremesuppe

Zutaten für 2 Personen:
250 g Knollensellerie
1 große mehligkochende Kartoffel (250 g)
1 TL Butter
1 EL milder Curry
¼ l fettarme Milch (1,5 % Fett)
¼ l Gemüsebrühe (Instant)
250 g säuerliche Äpfel (z. B. Cox Orange)
Saft von 1 Zitrone
⅛ l Cidre oder Apfelsaft
1 TL Crème fraîche
Salz · weißer Pfeffer
1 Prise frisch geriebene Muskatnuß
2 EL Schnittlauchröllchen

Zubereitungszeit: 40 Min.
Pro Portion: 1245 kJ/300 kcal
7 g E · 7 g F · 52 g K

Für Gäste · Preiswert

➨ Sellerie und Kartoffel schälen und würfeln.
➨ Die Butter in einem Topf erhitzen. Sellerie- und Kartoffelwürfel darin andünsten, Curry darüber stäuben. Milch und Brühe angießen und alles 10–15 Min. köcheln lassen.
➨ Äpfel schälen. Von 1 Apfel Kugeln ausstechen, mit dem Zitronensaft 5 Min. bei schwacher Hitze dünsten. Die übrigen Äpfel würfeln.
➨ Die Apfelwürfel in die Suppe geben und alles in weiteren 10 Min. garen. Die Suppe pürieren, Cidre oder Apfelsaft angießen, die Crème fraîche unterrühren. Die Suppe mit Salz, Pfeffer und Muskat abschmecken.
➨ Die Suppe in tiefe Teller füllen, die Apfelkugeln hineingeben. Mit Schnittlauch bestreut servieren.

Broccoli-Erdnußsuppe

Zutaten für 2 Personen:
350 g Broccoli
400 ml Gemüsefond (aus dem Glas)
2 Schalotten · 1 Knoblauchzehe
1 TL Öl · Salz · Pfeffer
½ TL Sambal oelek
1 EL Zitronensaft
1 EL feine Erdnußcreme
1 TL geröstete, gehackte Erdnüsse
50 g Vollkornbrot

Zubereitungszeit: 30 Min.
Pro Portion: 715 kJ/170 kcal
11 g E · 4 g F · 18 g K

Raffiniert · Vegetarisch

➡ Den Broccoli waschen, putzen und in Röschen zerteilen. Die Stiele schälen und in kleine Würfel schneiden. Den Gemüsefond mit 175 ml Wasser aufkochen lassen. Broccoliröschen und -stiele darin 3 Min. kochen. Gemüse in ein Sieb abgießen und abtropfen lassen. Den Fond dabei auffangen.
➡ Schalotten und Knoblauch schälen und fein würfeln, im Öl glasig dünsten. Zwei Drittel vom Broccoli und den Fond dazugeben. Aufkochen und bei schwacher Hitze 5 Min. köcheln lassen, dann pürieren. Mit Salz, Pfeffer, Sambal oelek und Zitronensaft würzen. Die Erdnußcreme einrühren. Den übrigen Broccoli hinzufügen und in 2–3 Min. heiß werden lassen.
➡ Die Suppe auf Teller verteilen, mit den gehackten Erdnüssen bestreuen. Mit dem Brot servieren.

Rote Zwiebelsuppe

Zutaten für 2 Personen:
250 g kleine rote Zwiebeln
1 TL Öl
400 ml Geflügelfond (aus dem Glas)
100 ml Rotwein (ersatzweise Geflügelfond) · Salz · Pfeffer
100 g rote Bete (aus dem Glas)
30 g Emmentaler
4 Baguettescheiben
1 Zweig Dill zum Garnieren

Zubereitungszeit: 30 Min.
Pro Portion: 1055 kJ/250 kcal
8 g E · 8 g F · 17 g K

Gelingt leicht · Preiswert

➡ Die Zwiebeln schälen und in dünne Ringe schneiden. Das Öl erhitzen, die Zwiebeln darin bei mittlerer Hitze unter Rühren 10 Min. dünsten.
➡ Den Fond und den Wein angießen. Die Suppe mit Salz und Pfeffer würzen. Aufkochen und 10 Min. bei schwacher Hitze köcheln lassen.
➡ Inzwischen die roten Beten abtropfen lassen und fein pürieren. Den Käse fein raspeln. Die Brotscheiben rösten und mit dem Käse bestreuen.
➡ Die roten Beten unter die Suppe rühren, einmal aufkochen lassen. In zwei vorgewärmte Suppentassen füllen und die Käse-Brote darauf legen. Mit etwas Dill garnieren.

Tip!
Die Suppe in feuerfesten Suppentassen im Ofen bei 200° (Mitte, Umluft 180°) noch 5 Min. überbacken.

Minestrone mit Liebstöckel

Zutaten für 2 Personen:
100 g Bundmöhren
100 g junge Zucchini
125 g zarter Kohlrabi
200 g Spitzkohl oder Wirsing
100 g grüner Spargel
2 Frühlingszwiebeln
1 kleine weiße Zwiebel
1 Knoblauchzehe
1 EL Olivenöl
1/2 l Gemüsebrühe
Salz · schwarzer Pfeffer
1/2 EL frisch gehackter Liebstöckel
1 Fleischtomate (etwa 250 g)
1 Dose weiße Bohnen (400 g)
1/2 Bund Petersilie
2 EL frisch geriebener Parmesan

Zubereitungszeit: 50 Min.
Pro Portion: 1955 kJ/465 kcal
30 g E · 11 g F · 60 g K

Gelingt leicht · Vegetarisch

➨ Alle Gemüse waschen und putzen oder schälen. Möhren einmal quer halbieren, dann längs vierteln. Zucchini in Scheiben schneiden, Kohlrabi würfeln. Spitzkohl oder Wirsing in 2 cm breite Streifen, Spargel und Frühlingszwiebeln schräg in 5 cm lange Stücke schneiden.
➨ Die Zwiebel schälen und achteln, den Knoblauch schälen und zerdrücken. Im heißen Öl glasig dünsten. Gemüse unter Rühren 5 Min. mitdünsten. Mit der Brühe aufgießen, zum Kochen bringen. Mit Salz, Pfeffer und Liebstöckel würzen. Zugedeckt bei mittlerer Hitze 20 Min. kochen lassen.
➨ Inzwischen die Tomate überbrühen, häuten, entkernen und würfeln. Bohnen abtropfen lassen, beides unter die Suppe mischen, erhitzen. Salzen, pfeffern.
➨ Petersilie waschen, Blätter abzupfen und hacken. Mit dem Parmesan auf die Suppe streuen.

Chinesische Hühnersuppe mit Glasnudeln

Zutaten für 2 Personen:
4 getrocknete Tongu-Pilze
15 g Glasnudeln
100 g Hühnerbrustfilet
3 EL helle Sojasauce
weißer Pfeffer
etwas Szetchuan-Pfeffer
1 kleine Möhre
400 ml kräftige Hühnerbrühe
50 g tiefgekühlte Erbsen

Zubereitungszeit: 30 Min.
Pro Portion: 860 kJ/205 kcal
19 g E · 5 g F · 31 g K

Gelingt leicht

➡ Die Pilze waschen und in einem Schälchen 15 Min. in lauwarmem Wasser einweichen. Die Glasnudeln ebenfalls in etwas warmem Wasser einweichen.

➡ Das Hühnerbrustfilet kalt abwaschen, abtrocknen und schnetzeln. Mit der Sojasauce beträufeln, mit weißem Pfeffer und Szetchuan-Pfeffer bestreuen. Zugedeckt 15 Min. marinieren.

➡ Die Möhre schälen, mit einem scharfen Messer in feine Streifen schneiden.

➡ Die Brühe aufkochen lassen. Die Möhrenstreifen und die Erbsen hineingeben und bei schwacher Hitze darin 5 Min. garen.

➡ Die Pilze in Streifen schneiden, dabei die Stiele entfernen. Die Glasnudeln abtropfen lassen und eventuell mit einer Schere in kurze Stücke schneiden. Pilze, Glasnudeln und Fleisch in die Brühe geben. Noch 2 Min. sanft köcheln lassen, dann mit Pfeffer abschmecken und servieren.

Vietnamesische Garnelensuppe

Zutaten für 2 Personen:
8 rohe Garnelen
1 grüne Chilischote
100 g frische Sojasprossen
1 Fleischtomate
1 Scheibe frische Ananas
3 EL Fischsauce (aus dem Asienladen)
1 TL Sojaöl
Salz · weißer Pfeffer
Saft von ½ Limette

Zubereitungszeit: 15 Min.
Pro Portion: 720 kJ/170 kcal
22 g E · 4 g F · 11 g K

Für Gäste · Schnell

➡ Köpfe der Garnelen entfernen. Die Garnelen aus den Schalen lösen, am Rükken leicht einschneiden und den schwarzen fadenförmigen Darm herauslösen. Die Garnelen dann kalt abspülen und mit Küchenpapier abtrocknen.

➡ Die Chilischote waschen und in dünne Ringe schneiden. Sojabohnensprossen in einem Sieb heiß abspülen und abtropfen lassen. Den Stielansatz der Tomate entfernen. Tomate mit kochendheißem Wasser überbrühen, häuten, halbieren, leicht auspressen und in Stücke schneiden. Die Ananasscheibe schälen und in Stückchen schneiden.

➡ 300 ml Wasser mit Fischsauce und Öl aufkochen lassen. Garnelen, Sprossen, Tomatenstücke, Ananas und Schotenringe hineingeben und alles 5 Min. bei schwacher Hitze garen. Die Suppe mit Salz, Pfeffer und Limettensaft abschmecken.

Brezensuppe

Zutaten für 2 Personen:
1 Laugenbreze vom Vortag
1 kleine Zwiebel
2 TL Butter
300 ml Fleischbrühe
8 EL fettarme Milch (1,5 % Fett)
Salz · schwarzer Pfeffer
Paprika, edelsüß
½ Bund Schnittlauch

Zubereitungszeit: 25 Min.
Pro Portion: 625 kJ/150 kcal
5 g E · 3 g F · 26 g K

Schnell · Preiswert

➡ Die Laugenbreze in dünne Scheiben schneiden. Die Zwiebel schälen und fein hacken.
➡ In einem breiten Topf die Butter zerlassen und die Zwiebel darin glasig dünsten. Die Brezenscheiben hinzufügen und unter gelegentlichem Rühren leicht anrösten.
➡ Die Fleischbrühe angießen, alles aufkochen und zugedeckt bei mittlerer Hitze 10 Min. köcheln lassen. Anschließend grob pürieren.
➡ Die Milch einrühren und die Suppe ohne Deckel sämig einkochen lassen. Brezensuppe mit Salz, Pfeffer und Paprika würzen.
➡ Schnittlauch waschen, trockenschütteln und in feine Röllchen schneiden. Die Brezensuppe in zwei tiefen Tellern anrichten und mit dem Schnittlauch bestreuen.

Tip!
Besonders gut schmeckt die Suppe mit selbstgekochter, kräftiger Fleischbrühe.

Gemüsesuppe mit Käse

Zutaten für 2 Personen:
1 große Kartoffel (300 g)
3 Möhren
250 g Schwarzwurzeln
400 ml Gemüsebrühe (Instant)
1 EL Zitronensaft
1 Prise getrockneter Thymian
1 Prise Paprika, edelsüß
1 Prise frisch geriebene Muskatnuß
1 Lorbeerblatt
½ Bund Petersilie
½ Bund Schnittlauch
30 g junger Gouda (30 % Fett i.Tr.)
50 g körniger Frischkäse (Halbfettstufe, 4,6 % Fett)
1 Prise Salz

Zubereitungszeit: 40 Min.
Pro Portion: 1030 kJ/245 kcal
13 g E · 7 g F · 31 g K

Preiswert

➡ Die Kartoffel waschen und würfeln. Die Möhren schaben, die Schwarzwurzeln schälen, das Gemüse waschen und in Stücke schneiden.
➡ Die Gemüsebrühe mit dem Zitronensaft, Thymian, Paprika, Muskat und Lorbeer zum Kochen bringen. Das Gemüse darin bei mittlerer Hitze 30 Min. zugedeckt garen.
➡ Die Kräuter waschen, trockentupfen und kleinschneiden. Den Gouda klein würfeln, mit dem Frischkäse und den Kräutern mischen.
➡ Die Gemüsesuppe mit Salz abschmecken, in tiefe Teller füllen, jeweils in die Mitte die Käse-Kräuter-Mischung geben. Die Suppe sofort servieren.

Cremesuppe von roten Linsen

Zutaten für 2 Personen:
1 Schalotte
1 kleine Knoblauchzehe
1 TL Öl
75 g rote Linsen
350 ml Gemüsebrühe
1/4 TL gemahlener Koriander
weißer Pfeffer
75 ml ungesüßte Kokosmilch (aus der Dose)
Salz
1–2 EL Zitronensaft
Cayennepfeffer
einige Petersilienblättchen

Zubereitungszeit: 30 Min.
Pro Portion: 685 kJ/165 kcal
9 g E · 3 g F · 24 g K

Raffiniert · Preiswert

➡ Die Schalotte und den Knoblauch schälen, hacken. Das Öl in einem Topf erhitzen, Zwiebel- und Knoblauchwürfel darin glasig dünsten. Die Linsen unterrühren und kurz mitdünsten.
➡ Die Brühe angießen und mit Koriander und etwas Pfeffer würzen. Alles aufkochen und zugedeckt bei schwacher Hitze 20 Min. köcheln lassen, bis die Linsen weich sind. 1 EL Linsen herausnehmen, beiseite stellen.
➡ Die Suppe im Mixer oder mit dem Pürierstab fein pürieren. Kokosmilch einrühren, die Suppe nochmals aufkochen lassen. Mit Salz, Pfeffer, Zitronensaft und Cayennepfeffer abschmecken.
➡ Die Linsencreme in vorgewärmte Teller oder Tassen verteilen, mit Petersilie und restlichen Linsen bestreuen.

Linsensuppe mit Kürbis

Zutaten für 2 Personen:
1 kleines Bund Frühlingszwiebeln
100 g braune Linsen
1/2 l Gemüsebrühe
1 TL getrockneter Thymian
150 g eingelegter Kürbis und etwas Kürbissaft aus dem Glas
Salz
schwarzer Pfeffer
2 EL Apfelessig

Zubereitungszeit: 50 Min.
Pro Portion: 1060 kJ/255 kcal
14 g E · 5 g F · 41 g K

Preiswert

➡ Die Frühlingszwiebeln waschen, putzen und in schmale Ringe schneiden. Einige grüne Zwiebelringe beiseite legen, die restlichen Zwiebeln mit den Linsen in einen Topf geben.
➡ Die Gemüsebrühe angießen und den Thymian dazugeben, alles aufkochen lassen und zugedeckt bei schwacher Hitze 40 Min. köcheln lassen, bis die Linsen weich sind.
➡ Den Kürbis etwas kleiner würfeln, mit den beiseite gelegten Frühlingszwiebeln zu den Linsen geben. Noch 1–2 Min. köcheln lassen.
➡ Die Suppe mit Salz, Pfeffer, Apfelessig und etwas Kürbissaft abschmecken.

Fischsuppe mit Reis

Zutaten für 2 Personen:
50 g Wildreismischung
Salz · 1 Msp. Safranfäden
1/4 l Fischfond (aus dem Glas)
150 g Fischfilet (z. B. Viktoriabarsch, Zander, Lachs)
weißer Pfeffer
1 EL Zitronensaft
100 ml trockener Weißwein (ersatzweise Fischfond)
1 EL Anisschnaps (z. B. Pernod, Ouzo) nach Belieben
2 Zweige Dill

Zubereitungszeit: 30 Min.
Pro Portion: 1115 kJ/265 kcal
17 g E · 4 g F · 23 g K

Raffiniert · Preiswert

➡ Die Reismischung in gesalzenem Wasser nach Packungsanweisung garen.
➡ Inzwischen den Safran mit 2 EL Fischfond verrühren. Das Fischfilet trockentupfen und schräg in etwa 3 cm lange Stücke schneiden. Mit etwas Salz, Pfeffer und Zitronensaft würzen.
➡ Den restlichen Fischfond und den Weißwein in einen breiten Topf gießen, aufkochen lassen und bei mittlerer Hitze 5 Min. köcheln lassen. Den Safran hinzufügen und darin auflösen.
➡ Die Fischstücke in den Safransud legen und zugedeckt bei schwacher Hitze je nach Dicke in 3–5 Min. gar ziehen lassen.
➡ Den Reis abgießen, abtropfen lassen und zur Fischsuppe geben. Die Suppe eventuell mit Anisschnaps, Salz und Pfeffer würzen.
➡ Dill waschen, trockenschütteln, die Spitzen abzupfen und darüber streuen.

Spinatcreme mit Garnelen

Zutaten für 2 Personen:
150 g tiefgekühlter Rahmspinat
150 g mehligkochende Kartoffeln
2 kleine Schalotten
1 kleine Knoblauchzehe
1 TL Butter
400 ml Gemüsefond (aus dem Glas)
1/2 Bund Dill
Salz · schwarzer Pfeffer
1 TL Zitronensaft
40 g gegarte geschälte Garnelen

Zubereitungszeit: 40 Min.
Pro Portion: 605 kJ/145 kcal
9 g E · 4 g F · 18 g K

Gelingt leicht

➡ Den Spinat antauen lassen. Die Kartoffeln schälen und würfeln.
➡ Die Schalotten und den Knoblauch schälen und fein würfeln. Die Butter in einem Topf erhitzen. Schalotten, Knoblauch, Kartoffeln und Spinat darin kurz andünsten. Mit dem Fond auffüllen, aufkochen und 15 Min. bei mittlerer Hitze offen kochen lassen.
➡ Inzwischen den Dill abbrausen, die Blätter abzupfen und einige zum Garnieren beiseite legen. Den Rest fein hacken.
➡ Die Suppe mit dem Pürierstab fein pürieren, erneut aufkochen lassen. Mit Salz, Pfeffer und Zitronensaft würzen. Gehackten Dill hineingeben.
➡ Die Suppe in vorgewärmte Teller füllen, mit den Garnelen bestreuen und mit dem übrigen Dill garniert servieren. Dazu schmeckt geröstetes Toastbrot.

Möhrencremesuppe mit Kürbiskernen

Zutaten für 2 Personen:
400 g Möhren
1 Schalotte
400 ml Gemüsebrühe
Salz
schwarzer Pfeffer
1 Prise Zucker
4 EL fettarmer Joghurt (1,5 % Fett)
1 EL Kürbiskerne
2 TL Kürbiskernöl
1 EL Schnittlauchröllchen

Zubereitungszeit: 40 Min.
Pro Portion: 555 kJ/130 kcal
6 g E · 4 g F · 15 g K

Gelingt leicht · Vegetarisch

➨ Die Möhren putzen und schälen, anschließend würfeln. Die Schalotte schälen und ebenfalls würfeln.
➨ Die Möhren- und die Schalottenwürfel mit der Brühe in einen Topf geben und aufkochen lassen. Mit Salz, Pfeffer und dem Zucker würzen. Zugedeckt bei schwacher Hitze 15 Min. garen, bis die Möhren weich sind.
➨ Die Suppe mit dem Pürierstab direkt im Topf oder im Mixer glatt pürieren. Wieder aufkochen lassen.
➨ Den Joghurt einrühren und die Suppe mit Salz und Pfeffer abschmecken. In vorgewärmte Teller verteilen, jeweils 1/2 EL Kürbiskerne, 1 TL Kürbiskernöl und 1/2 EL Schnittlauchröllchen daraufgeben.

Kartoffel-Buttermilchsuppe mit Grünkern

Zutaten für 2 Personen:
300 g vorwiegend festkochende Kartoffeln
1 Möhre · 1 kleine Zwiebel
1 EL Öl
60 g feingeschroteter Grünkern
1 TL Thymianblättchen
3/8 l Gemüsebrühe
1/8 l Buttermilch
Salz · schwarzer Pfeffer
2 EL Alfalfa- oder Rettichsprossen
1/4 Kästchen Kresse

Zubereitungszeit: 30 Min.
Pro Portion: 1070 kJ/255 kcal
7 g E · 7 g F · 40 g K

Vegetarisch · Preiswert

➡ Die Kartoffeln und die Möhre schälen und würfeln.
➡ Die Zwiebel schälen, fein hacken und im heißen Öl glasig dünsten. Kartoffel- und Möhrenwürfel dazugeben und bei mittlerer Hitze 2–3 Min. braten. Grünkernschrot und Thymian einrühren und kurz anschwitzen. Mit der Brühe auffüllen und unter Rühren langsam aufkochen lassen. Die Suppe zugedeckt bei schwacher Hitze 15 Min. köcheln lassen.
➡ Die Hälfte der Suppe abnehmen und fein pürieren. Mit der Buttermilch und der übrigen Suppe verrühren und zurück in den Topf gießen. Suppe erneut aufkochen lassen. Mit Salz und Pfeffer abschmecken.
➡ Die Suppe in vorgewärmte tiefe Teller verteilen. Mit den Sprossen und der Kresse bestreuen.

Kartoffelsuppe mit geschmolzenen Tomaten

Zutaten für 2 Personen:
1 kleine Zwiebel
2 TL Butter
1/2 l Gemüsebrühe
350 g mehligkochende Kartoffeln
2 feste Tomaten
2 EL saure Sahne (10 % Fett)
Salz · schwarzer Pfeffer
1/2 Bund Schnittlauch

Zubereitungszeit: 30 Min.
Pro Portion: 855 kJ/205 kcal
5 g E · 5 g F · 32 g K

Preiswert · Gelingt leicht

➡ Die Zwiebel schälen und in kleine Würfel schneiden. 1 TL Butter in einem Topf erhitzen, die Zwiebelwürfel darin glasig werden lassen. Die Gemüsebrühe angießen und zum Kochen bringen.
➡ Die Kartoffeln schälen und klein würfeln. In der Brühe zugedeckt in 10 Min. gar kochen.
➡ Inzwischen die Tomaten waschen und die Stielansätze entfernen. Tomaten für einige Sekunden zu den Kartoffeln geben, dann mit einer Schaumkelle wieder herausheben. Häuten, entkernen und würfeln.
➡ Die Kartoffelsuppe im Mixer pürieren. Wieder aufkochen lassen, die saure Sahne einrühren und die Suppe mit Salz und Pfeffer abschmecken.
➡ Die restliche Butter leicht erhitzen, die Tomaten darin schwenken. Den Schnittlauch waschen, abtrocknen und in Röllchen schneiden, zu den Tomaten geben. Salzen, pfeffern und auf die Kartoffelsuppe geben.

Kalte Kartoffelsuppe mit Lachs

Zutaten für 2 Personen:
250 g mehligkochende Kartoffeln
1 Kohlrabi (etwa 200 g)
1 Schalotte
½ l Hühnerbrühe
Salz · weißer Pfeffer
½ TL Anissamen
100 g Joghurt
3 Zweige Dill
½ TL mittelscharfer Senf
40 g Räucherlachs in Scheiben

Zubereitungszeit: 40 Min.
(+ 2 Std. Kühlen)
Pro Portion: 920 kJ/220 kcal
13 g E · 7 g F · 26 g K

Raffiniert · Gut vorzubereiten

➡ Die Kartoffeln und den Kohlrabi schälen und in kleine Würfel schneiden. Etwas zartes Kohlrabigrün beiseite legen. Die Schalotte schälen und hacken.
➡ Die Hühnerbrühe in einem Topf zum Kochen bringen. Die Kartoffel- und die Kohlrabiwürfel sowie die Schalotte hinzufügen. Mit Salz, Pfeffer und Anissamen würzen. Alles aufkochen und zugedeckt bei mittlerer Hitze 30 Min. köcheln lassen, bis das Gemüse weich ist.
➡ Die Suppe etwas abkühlen lassen, anschließend im Mixer oder mit dem Pürierstab sehr fein pürieren.
➡ Den Joghurt bis auf 2 EL unterrühren und die Kartoffelsuppe nochmals kurz aufschlagen. Mit Salz und Pfeffer abschmecken.
➡ Die Kartoffelsuppe zugedeckt in den Kühlschrank stellen und mindestens 2 Std. gut kühlen lassen.
➡ Vor dem Servieren den Dill waschen und trockentupfen, die Spitzen abzupfen und (bis auf einige zum Garnieren) fein hacken. Das Kohlrabigrün ebenfalls fein hacken. Den restlichen Joghurt mit dem Dill, Kohlrabigrün und Senf verrühren. Den Räucherlachs in kurze, breite Streifen schneiden.
➡ Die kalte Kartoffelsuppe mit dem Lachs verrühren, in tiefe Teller füllen, den Joghurt darauf setzen. Mit dem restlichen Dill garnieren.

Tip!
Den Räucherlachs können Sie ganz oder zur Hälfte durch ausgelöste Krabben, Krebse oder Surimi (Krebsfleisch-Imitat) ersetzen.

Variante: Kalte Kartoffel-Lauch-Suppe
Statt mit Kohlrabi können Sie diese Suppe auch mit Lauch zubereiten. Dafür 300 g Lauch putzen, gründlich waschen und nur den weißen Teil in Ringe schneiden (den grünen Teil anderweitig verwenden). 250 g mehligkochende Kartoffeln schälen und klein würfeln. Das Gemüse in ½ l Hühnerbrühe in etwa 20 Min. weich köcheln. Mit dem Pürierstab oder im Mixer fein und sämig pürieren. Die Suppe nochmals aufkochen lassen, 4 EL Kaffeesahne unterrühren und die Suppe mit wenig Salz, Cayennepfeffer und 1 Msp. Curry abschmecken. Zugedeckt gut durchkühlen lassen. Mit Schnittlauchröllchen garniert servieren.

Graupen-Paprika-Eintopf

Zutaten für 2–4 Personen:
150 g Graupen
je 1 rote, gelbe und grüne Paprikaschote (etwa 500 g)
1 Zwiebel · 1 Knoblauchzehe
1 EL Öl
3/4 l Gemüsebrühe
1 Lorbeerblatt
1 TL Kräuter der Provence
75 g saure Sahne (10 % Fett)
1 EL Crème fraîche
Salz · schwarzer Pfeffer
1–2 EL Schnittlauchröllchen
1/2 TL Paprika, rosenscharf

Zubereitungszeit: 30 Min.
(+ 4 Std. Quellen)
Bei 4 Personen pro Portion:
1030 kJ/255 kcal
6 g E · 8 g F · 36 g K

Preiswert · Gelingt leicht

➠ Die Graupen in 1/2 l Wasser 4 Std. einweichen.
➠ Paprika waschen, putzen und in Würfel schneiden. Zwiebel und Knoblauch schälen und fein hacken.
➠ Das Öl in einem Topf erhitzen, Zwiebel und Knoblauch darin glasig dünsten. Paprika 3 Min. mitdünsten. Die Gemüsebrühe dazugießen und aufkochen lassen.
➠ Graupen abtropfen lassen, mit dem Lorbeer und den Kräutern in die Suppe geben. Zugedeckt bei schwacher Hitze 15 Min. köcheln lassen.
➠ Saure Sahne und Crème fraîche verrühren, salzen und pfeffern. Schnittlauch unter die Sahne rühren.
➠ Die Suppe mit Salz, Pfeffer und Paprika würzen. Die Schnittlauchcreme extra dazu reichen.

Süß-saurer Weißkohltopf mit Tongu-Pilzen

Zutaten für 2 Personen:
8 Tongu-Pilze
250 g Weißkohl
1 rote Paprikaschote
1 Zwiebel · 1 Knoblauchzehe
1 haselnußgroßes Stück frischer Ingwer
1 EL Öl
1/2 l Hühnerbrühe
1 EL Zucker · 2 EL Obstessig
2 EL Sojasauce
1 EL trockener Sherry nach Belieben
Salz · schwarzer Pfeffer
125 g Maiskörner (aus der Dose)
1/2 Bund Petersilie

Zubereitungszeit: 45 Min.
(+ 30 Min. Quellen)
Pro Portion: 1915 kJ/460 kcal
16 g E · 9 g F · 90 g K

Raffiniert · Gelingt leicht

➠ Die Pilze mit heißem Wasser übergießen und 30 Min. quellen lassen. Dann die Stiele entfernen, Hüte ganz lassen oder halbieren.
➠ Weißkohl und Paprika waschen, putzen und in feine Streifen schneiden. Zwiebel, Knoblauch und Ingwer schälen und sehr klein würfeln, in dem heißen Öl kurz anrösten. Kohl und Paprika dazugeben, 3 Min. unter Rühren braten. Mit der Brühe auffüllen, aufkochen und 15 Min. köcheln lassen. Mit Zucker, Essig, Sojasauce, eventuell dem Sherry, Salz und Pfeffer abschmekken. Die Tongu-Pilze hinzufügen und alles weitere 10 Min. garen.
➠ Den Mais in den Eintopf geben. Die Petersilie abbrausen, Blätter fein hacken. Auf die Suppe streuen.

Kichererbseneintopf

Zutaten für 2 Personen:
1 große Kartoffel (250 g)
1 Knoblauchzehe
1 Bund Frühlingszwiebeln
1 TL Olivenöl
1/4 l Gemüsebrühe (Instant)
1/2 TL gemahlener Kreuzkümmel
1 Prise gemahlener Piment · Salz
1 rote Paprikaschote
1 kleiner Zucchino
1 Dose geschälte Tomaten (400 g)
1 Dose Kichererbsen (400 g)
schwarzer Pfeffer

Zubereitungszeit: 40 Min.
Pro Portion: 2010 kJ/480 kcal
27 g E · 8 g F · 78 g K

Preiswert · Vegetarisch

➡ Die Kartoffel schälen, würfeln und abtrocknen. Knoblauch schälen und kleinschneiden. Frühlingszwiebeln waschen und in Ringe schneiden.

➡ Eine tiefe beschichtete Pfanne mit Öl auspinseln, heiß werden lassen und die Kartoffelwürfel darin anbraten. Knoblauch und Frühlingszwiebeln mitbraten. Brühe angießen, Kreuzkümmel, Piment und 1 Prise Salz hinzufügen und alles zugedeckt bei mittlerer Hitze 15 Min. köcheln lassen.

➡ Paprikaschote waschen, putzen und grob würfeln. Zucchino waschen, längs halbieren und in 1/2 cm dicke Scheiben schneiden.

➡ Das Gemüse mit den Tomaten samt Flüssigkeit sowie den Kichererbsen unter die Kartoffelwürfel mischen, pfeffern und in weiteren 10 Min. zugedeckt fertiggaren.

Arabischer Linseneintopf

Zutaten für 2 Personen:
200 g Staudensellerie
100 g getrocknete Aprikosen
1 Zwiebel
1 haselnußgroßes Stück frischer Ingwer
1 Knoblauchzehe
1 kleine rote Chilischote
1 EL Öl
1/4 TL Zimt
1/2 TL gemahlener Kreuzkümmel
600 ml Hühnerbrühe
100 g Linsen mit Suppengrün (aus der Dose, abgetropft)
2 Zweige Minze
Salz · schwarzer Pfeffer
1–2 EL Zitronensaft

Zubereitungszeit: 35 Min.
Pro Portion: 1150 kJ/275 kcal
13 g E · 7 g F · 54 g K

Raffiniert

➡ Den Sellerie waschen, putzen und in dünne Scheibchen schneiden. Die Aprikosen würfeln. Die Zwiebel und den Ingwer schälen und fein würfeln. Knoblauch schälen und durchpressen. Chilischote waschen, putzen und klein würfeln.

➡ Öl erhitzen. Zwiebel, Ingwer, Knoblauch, Chilischote, Zimt und Kreuzkümmel darin 2 Min. anrösten. Sellerie und Aprikosen mit Brühe dazugeben. Offen 15–20 Min. köcheln lassen.

➡ Die Linsen kalt abbrausen und gut abtropfen lassen. Minzeblätter abzupfen, die Hälfte hacken und mit den Linsen in die Suppe geben. 5 Min. ziehen lassen. Mit Salz, Pfeffer und Zitronensaft abschmecken. Mit der übrigen Minze garnieren.

Bunter Gemüsetopf mit Grießnocken

Zutaten für 2 Personen:
Für den Gemüsetopf:
500 g gemischtes Gemüse (z. B. Lauch, Broccoli, Möhre, Paprika)
1/2 l Gemüse- oder Hühnerbrühe
150 g Maiskörner aus der Dose
schwarzer Pfeffer · Salz
Für die Grießnocken:
150 ml Magermilch (0,3 % Fett)
Salz · 50 g Grieß
1 kleines Eigelb
1 EL frisch gehackte Petersilie

Zubereitungszeit: 30 Min.
Pro Portion: 1145 kJ/275 kcal
15 g E · 7 g F · 46 g K

Preiswert

➡ Das Gemüse waschen oder schälen, putzen und kleinschneiden. Mit der Brühe in einen Topf geben.
➡ Zum Kochen bringen und zugedeckt bei schwacher Hitze 10–15 Min. köcheln lassen, bis es bißfest ist.
➡ Inzwischen für die Grießklößchen die Milch in einem kleinen Topf mit 1 Prise Salz aufkochen lassen. Den Grieß unter ständigem Rühren einrieseln lassen. Bei schwacher Hitze dicklich einköcheln lassen, dann das Eigelb und die Petersilie unterrühren.
➡ Den Mais abtropfen lassen und zum übrigen Gemüse geben. Kurz mit erhitzen und den Eintopf mit Pfeffer und eventuell Salz abschmecken.
➡ Vom Grießbrei mit zwei Löffeln Nocken abstechen, in dem Eintopf servieren.

Tip!
Wer noch mehr Fett sparen will, läßt das Eigelb für die Nocken weg.

Rote-Bete-Eintopf mit Kasseler

Zutaten für 2 Personen:
300 g rote Bete
100 g gekochtes mageres Kasseler (ohne Knochen)
1 Zwiebel
1 TL Öl
1/2 l Fleischbrühe
2 EL Weinessig
1/2 TL Zucker
Salz · schwarzer Pfeffer
1 Lorbeerblatt
2 mittelgroße festkochende Kartoffeln
100 g Chinakohl
1/2 TL Fenchelsamen
1 Zweig Dill
1/4 Bund Schnittlauch
50 g fettarmer Joghurt (1,5 % Fett)

Zubereitungszeit: 1 Std.
Pro Portion: 1215 kJ/290kcal
17 g E · 9 g F · 30 g K

Preiswert · Gelingt leicht

➨ Die roten Beten waschen, schälen und in 1,5 cm große Würfel schneiden. Das Kasseler trockentupfen und ebenso groß würfeln. Die Zwiebel schälen und fein hacken.

➨ Das Öl in einem Suppentopf erhitzen und die Zwiebel darin goldgelb dünsten. Rote Beten hinzufügen und mit der Brühe aufgießen. Mit Essig, Zucker, 1/2 TL Salz, frisch gemahlenem Pfeffer und dem Lorbeerblatt würzen. Alles aufkochen und zugedeckt bei schwacher Hitze zunächst 15 Min. köcheln lassen.

➨ Inzwischen die Kartoffeln schälen und würfeln. Den Chinakohl putzen, waschen und abtropfen lassen. In kurze, fingerbreite Streifen schneiden. Kartoffelwürfel, Kasseler, Chinakohlstreifen und Fenchelsamen in den Eintopf geben und alles zusammen noch 25 Min. zugedeckt köcheln lassen, bis die Kartoffelwürfel weich sind.

➨ Dill und Schnittlauch waschen und trockenschütteln. Die Dillspitzen abzupfen und fein hacken, den Schnittlauch in feine Röllchen schneiden. Die Kräuter mit dem Joghurt verrühren.

➨ Das Lorbeerblatt aus dem Topf fischen und wegwerfen. Den Eintopf mit Salz und Pfeffer abschmecken und in vorgewärmten tiefen Tellern anrichten. Den Kräuterjoghurt entweder als Klecks darauf setzen oder locker unter den Eintopf heben.

Variante: Möhren-Wirsing-Topf mit Kasseler
Statt mit roter Bete und Chinakohl können Sie diesen Eintopf mit Möhren und Wirsing zubereiten. Dafür 300 g Möhren putzen, schälen, längs vierteln und in 1,5 cm breite Stücke schneiden. Den Wirsing putzen, waschen und in Streifen schneiden. Möhren, Kasseler, Kartoffeln und Wirsing gleichzeitig zu der angedünsteten Zwiebel in den Topf geben, Brühe und die Gewürze hinzufügen und alles in 45 Min. garen.

Sauerkraut-Apfel-Topf mit Lamm

Zutaten für 2 Personen:
200 g Lammschulter (ohne Knochen)
400 g festkochende Kartoffeln
1 Zwiebel · 1 TL Öl
1/2 EL Paprika, edelsüß · Salz
schwarzer Pfeffer · 1/2 TL Kümmel
1/2 TL getrockneter Majoran
1/4 l Fleischbrühe
200 g Sauerkraut
1 säuerlicher rotschaliger Apfel

Zubereitungszeit: 1 Std.
Pro Portion: 1525 kJ/305 kcal
26 g E · 6 g F · 39 g K

Gut vorzubereiten

➡ Das Fleisch in mundgerechte Würfel schneiden. Kartoffeln schälen und würfeln, die Zwiebel schälen und fein hacken.
➡ Das Öl in einem Schmortopf erhitzen, die Zwiebel darin unter Rühren glasig dünsten. Den Topf vom Herd nehmen, Paprika über die Zwiebel streuen und untermischen.
➡ Fleisch- und Kartoffelwürfel hinzufügen. Mit Salz, Pfeffer, Kümmel und Majoran würzen und mit der Brühe aufgießen. Zugedeckt bei schwacher Hitze 30 Min. sanft köcheln lassen.
➡ Das Sauerkraut abtropfen lassen und grob zerschneiden. Unter den Eintopf mischen, zugedeckt weitere 5 Min. köcheln lassen.
➡ Den Apfel schälen, vierteln, entkernen, in nicht zu dünne Spalten schneiden. Auf den Eintopf legen und 5 Min. mitgaren. Den Eintopf salzen und pfeffern, in tiefen Tellern servieren.

Wirsing-Lamm-Eintopf

Zutaten für 2 Personen:
2 Zwiebeln · 1 Knoblauchzehe
2 Möhren
200 g kleine Kartoffeln
300 g Wirsing
1 TL Butterschmalz
1/2 l Gemüsebrühe (Instant)
Salz · schwarzer Pfeffer
1/2 TL abgeriebene unbehandelte Zitronenschale
150 g Lammfilet
1/2 TL getrockneter Rosmarin
1 TL Olivenöl
1/2 Bund Schnittlauch

Zubereitungszeit: 40 Min.
Pro Portion: 1015 kJ/240 kcal
24 g E · 5 g F · 26 g K

Gelingt leicht

➡ Zwiebeln und Knoblauch schälen und klein würfeln. Möhren schälen und in Scheiben schneiden. Die Kartoffeln nur schälen und waschen. Den Wirsing waschen, putzen und in Streifen schneiden.
➡ Zwiebeln und Knoblauch im Schmalz glasig braten. Möhren und Kartoffeln einige Minuten mitbraten. Die Brühe angießen und alles 10 Min. köcheln lassen.
➡ Den Wirsing untermischen. Den Eintopf mit Salz, Pfeffer und Zitronenschale würzen, zugedeckt in weiteren 15 Min. fertiggaren.
➡ Das Lammfilet mit Rosmarin und Pfeffer einreiben und im Öl pro Seite jeweils 4 Min. kräftig braun braten, dann 5 Min. ruhen lassen.
➡ Fleisch in dünne Scheiben schneiden, in den Gemüse-Eintopf geben. Schnittlauch in Röllchen schneiden und darüber streuen.

Hühnereintopf

Zutaten für 2 Personen:
2 Hähnchenkeulen (je etwa 200 g)
1 kleine Zwiebel
1/2 l Hühnerbrühe
1 Lorbeerblatt
1/2 TL getrockneter Thymian
Salz · schwarzer Pfeffer
300 g tiefgekühltes Mischgemüse
50 g Schnellkochreis
je 1/2 Bund Petersilie und Schnittlauch
einige Spritzer Worcestersauce
1 EL Zitronensaft

Zubereitungszeit: 40 Min.
Pro Portion: 1665 kJ/400 kcal
44 g E · 4 g F · 22 g K

Gelingt leicht · Preiswert

➡ Die Hähnchenkeulen im Gelenk mit einem Messer durchtrennen und die Haut entfernen. Die Zwiebel schälen und fein würfeln.
➡ In einem Topf die Hühnerbrühe zum Kochen bringen. Hähnchenteile und das Lorbeerblatt dazugeben. Mit Thymian, Salz und etwas Pfeffer würzen. Zugedeckt bei schwacher Hitze zunächst 15 Min. köcheln lassen.
➡ Das Tiefkühlgemüse hinzufügen, den Eintopf fest zugedeckt weitere 15 Min. köcheln lassen.
➡ Inzwischen den Reis nach Packungsangabe garen, in ein Sieb schütten und gut abtropfen lassen. Die Kräuter waschen und trockenschütteln. Petersilienblättchen abzupfen und fein hacken, den Schnittlauch in Röllchen schneiden.
➡ Das Lorbeerblatt und die Geflügelteile aus der Brühe heben, das Fleisch von den Knochen lösen und in nicht zu kleine Stücke schneiden. Hähnchenfleisch und Reis in den Topf geben und die Kräuter unterrühren. Den Eintopf mit Salz, Pfeffer, Worcestersauce und Zitronensaft abschmecken.

Schmorgurkentopf mit Pute

Zutaten für 2 Personen:
500 g Schmorgurken
2 Frühlingszwiebeln
½ l Hühnerbrühe
200 g Putenbrustfilet
Salz · schwarzer Pfeffer
Paprika, edelsüß
½ Bund Dill

Zubereitungszeit: 25 Min.
Pro Portion: 615 kJ/145 kcal
29 g E · 4 g F · 8 g K

Preiswert · Gelingt leicht

➨ Die Schmorgurken waschen, die Enden abschneiden. Die Gurken dann längs halbieren und in Scheiben schneiden. Die Frühlingszwiebeln waschen, putzen und in feine, leicht schräge Ringe schneiden.

➨ Die Brühe in einem Topf aufkochen lassen, die Schmorgurken und die Frühlingszwiebeln hineingeben und bei mittlerer Hitze darin zugedeckt 10 Min. köcheln lassen.

➨ Das Putenbrustfilet kalt abwaschen und abtrocknen, in Streifen schneiden und mit Salz, Pfeffer und Paprika einreiben. Zu den Schmorgurken geben und alles noch 3–4 Min. ziehen lassen.

➨ Den Dill waschen, abtrocknen, Blättchen abzupfen und hacken, zum Eintopf geben und diesen mit Salz und Pfeffer abschmecken.

Hühnertopf mit Nudeln und Erbsen

Zutaten für 2 Personen:
1 kleines Brathähnchen (etwa 900 g; ergibt etwa 250 g Fleisch)
2 EL getrocknetes Suppengrün
1 TL schwarze Pfefferkörner
1 Lorbeerblatt
100 g kurze Makkaroni · Salz
200 g tiefgekühlte Erbsen
weißer Pfeffer
1 TL tiefgekühlte Kräuter der Provence
Thymian zum Garnieren

Zubereitungszeit: 30 Min.
(+ 45 Min. Kochen)
Pro Portion: 1835 kJ/440 kcal
39 g E · 9 g F · 50 g K

Braucht etwas Zeit

➨ Das Hähnchen sorgfältig häuten, kalt abwaschen und in einen schmalen, hohen Topf legen. Etwa 1 l heißes Wasser angießen, das Suppengrün, die Pfefferkörner und das Lorbeerblatt dazugeben. Aufkochen lassen, dann zugedeckt bei schwacher Hitze 45 Min. leise köcheln lassen.

➨ Das Hähnchen etwas abkühlen lassen, dann das Fleisch von den Knochen lösen und mundgerecht zerteilen. Die Brühe durch ein feines Sieb abgießen.

➨ Inzwischen die Makkaroni in reichlich kochendem Salzwasser bißfest garen. In ein Sieb abgießen.

➨ Die Brühe wieder aufkochen lassen. Die Erbsen, die Nudeln und das Hähnchenfleisch hineingeben, alles mit Salz, Pfeffer und den Kräutern würzen und noch kurz köcheln lassen. Mit Thymian garnieren.

Fischtopf mit Fenchel

Zutaten für 2 Personen:
300 g gemischtes Fischfilet (z. B. Kabeljau, Waller, Seelachs)
2 EL Zitronensaft
Salz · weißer Pfeffer
2 Fenchelknollen
200 g festkochende Kartoffeln
400 ml Fischfond (aus dem Glas)
100 ml trockener Weißwein (ersatzweise Fischfond)

Zubereitungszeit: 30 Min.
Pro Portion: 1480 kJ/355 kcal
34 g E · 7 g F · 21 g K

Gelingt leicht · Preiswert

➨ Das Fischfilet kalt abwaschen und mit Küchenpapier trockentupfen. Mundgerecht würfeln, dabei sorgfältig auf Gräten untersuchen und diese gegebenenfalls entfernen. Die Fischwürfel mit Zitronensaft beträufeln, mit Salz und Pfeffer würzen.
➨ Den Fenchel waschen und putzen, den Strunk entfernen. Das Fenchelgrün beiseite legen, den Fenchel in feine Streifen schneiden. Die Kartoffeln schälen und klein würfeln.
➨ Den Fond und den Wein zusammen aufkochen lassen. Die Kartoffeln und den Fenchel hineingeben und bei schwacher Hitze 12 Min. köcheln lassen, bis sie bißfest sind.
➨ Das Fischfilet dazugeben und alles bei ganz schwacher Hitze noch 5 Min. ziehen lassen.
➨ Das Fenchelgrün hacken. Den Eintopf mit Salz und Pfeffer abschmecken und mit Fenchelgrün bestreut servieren.

Indischer Reistopf

Zutaten für 2 Personen:
200 g tiefgekühlte Brechbohnen
150 g tiefgekühlte Erbsen
50 g Rosinen
1 Hähnchenbrustfilet (150 g)
1 Zwiebel · 2 Möhren
1 grüne Paprikaschote
1 TL Butterschmalz
100 g Basmatireis
400 ml Gemüsebrühe (Instant)
1 Lorbeerblatt · Salz · 1 TL Curry
1/2 TL gemahlener Kurkuma
1 Prise Cayennepfeffer
1 Prise gemahlener Kreuzkümmel

Zubereitungszeit: 45 Min.
Pro Portion: 2205 kJ/525 kcal
31 g E · 7 g F · 84 g K

Raffiniert

➨ Bohnen und Erbsen antauen lassen, bis die übrigen Zutaten vorbereitet sind.
➨ Rosinen in heißem Wasser 5 Min. einweichen, dann abtrocknen. Das Hähnchenfilet würfeln. Die Zwiebel schälen und klein würfeln. Die Möhren schälen, längs halbieren und in Stücke schneiden. Paprikaschote waschen, vierteln, putzen und würfeln.
➨ Die Fleischwürfel im Schmalz unter Wenden anbraten. Zwiebel, Möhren und Reis kurz mitbraten. Die Gemüsebrühe angießen, Lorbeerblatt, 1 Prise Salz, Curry, Kurkuma, Cayennepfeffer und Kreuzkümmel dazugeben und alles 10 Min. bei schwacher Hitze zugedeckt köcheln lassen. Rosinen, Bohnen, Erbsen und Paprika untermischen und den Eintopf in weiteren 10 Min. fertiggaren.

Provenzalische Tomaten

Zutaten für 1 Person:
1 ½ Fleischtomaten, quer halbiert
½ Bund Petersilie
2 Zweige Basilikum
1 kleine Knoblauchzehe
1 gehäufter EL Semmelbrösel
Salz · schwarzer Pfeffer
1 TL Olivenöl

Zubereitungszeit: 45 Min.
Pro Portion: 250 kJ/60 kcal
24 g E · 2 g F · 12 g K

Gelingt leicht · Vegetarisch

➨ Den Backofen auf 180° vorheizen. Die Tomatenhälften mit der Hand leicht auspressen und umgedreht abtropfen lassen.
➨ Kräuter waschen und trockentupfen, Knoblauch schälen, Petersilie von den groben Stielen befreien, Basilikumblätter abzupfen und beides mit dem Knoblauch kleinschneiden. Kräuter und Knoblauch mit den Semmelbröseln, je 1 Prise Salz und Pfeffer, Olivenöl und wenig Wasser mischen, bis die Masse krümelig ist.
➨ Die Tomatenhälften mit Salz bestreuen, mit der Kräutermischung belegen und in eine Auflaufform setzen. Im Ofen (Mitte, Umluft 160°) 25–30 Min. überbacken, bis sie schön gebräunt sind.

Tip!
Sie können die Tomaten in der Mikrowelle kurz erwärmen. Sie schmecken aber auch kalt als sommerliche leichte Mahlzeit hervorragend.

Mangoldbällchen auf Linsensalat

Zutaten für 1 Person:
200 g Mangold
2 Frühlingszwiebeln
2 TL Distelöl
Salz · schwarzer Pfeffer
200 ml Gemüsebrühe
75 g rote Linsen · 1 TL Walnußöl
2 TL Aceto Balsamico

Zubereitungszeit: 45 Min.
Pro Portion: 1620 kJ/390 kcal
22 g E · 12 g F · 46 g K

Raffiniert

➨ Mangold waschen. Blätter abtrennen, Stiele in Streifen schneiden. Frühlingszwiebeln waschen, in feine Ringe schneiden.
➨ 1 TL Distelöl erhitzen. Die Mangoldstiele und die Hälfte der Frühlingszwiebeln darin andünsten. Salzen und pfeffern, mit 5 EL Brühe ablöschen. Zugedeckt bei mittlerer Hitze 5 Min. dünsten.
➨ Inzwischen die Mangoldblätter in reichlich kochendes Wasser geben, sofort in ein Sieb abgießen und abtropfen lassen.
➨ Die Mangoldblätter in 3 Portionen teilen, jeweils überlappend auslegen. Die Stiele daraufgeben, die Blätter zu Bällchen formen.
➨ Die restliche Brühe in einem Topf aufkochen, die Linsen und die restlichen Frühlingszwiebeln hineingeben. Die Mangoldbällchen darauf legen, alles fest zugedeckt 6 Min. garen.
➨ Die Mangoldbällchen herausnehmen. Die Linsen mit dem restlichen Distelöl, dem Walnußöl und dem Essig würzen, anrichten.

Safrangemüse

Zutaten für 1 Person:
2 kleine Möhren
1 kleiner Kohlrabi (etwa 200 g)
2 Frühlingszwiebeln
1 kleine Fenchelknolle (etwa 300 g)
1/2 EL kaltgepreßtes Olivenöl
1/2 TL Zucker
2 Msp. gemahlener Safran
100 ml Gemüsebrühe
1 kleines Lorbeerblatt
1 Zweig Thymian
1/2 TL gemahlener Koriander
1–2 EL Zitronensaft
Salz · schwarzer Pfeffer

Zubereitungszeit: 30 Min.
Pro Portion: 920 kJ/220 kcal
14 g E · 7 g F · 26 g K

Schmeckt auch kalt · Raffiniert

➡ Das Gemüse waschen, je nach Sorte schälen oder putzen und in mundgerechte Stücke schneiden.
➡ In einem flachen Topf das Öl erhitzen, Möhren, Kohlrabi und Fenchel darin bei mittlerer Hitze 4 Min. anbraten. Mit Zucker und Safran bestreuen. Mit der Brühe begießen. Mit Lorbeer, Thymian und Koriander mischen und das Gemüse zugedeckt bei schwacher Hitze zunächst 12 Min. köcheln lassen. Dann die Frühlingszwiebeln dazugeben und das Ganze weitere 5 Min. garen. Das Gemüse sollte noch Biß haben.
➡ Das Safrangemüse mit Zitronensaft, Salz und Pfeffer abschmecken. Das Fenchelgrün hacken und darüber streuen.

Fenchel mit Tomaten-Oliven-Sauce

Zutaten für 1 Person:
1 kleine Zwiebel
1 kleine Knoblauchzehe
2 TL Olivenöl
150 g Pizza-Tomaten (aus der Dose) · Salz · schwarzer Pfeffer
wenig abgeriebene unbehandelte Zitronenschale
5 schwarze Oliven
1 Fenchelknolle (etwa 250 g)
1 EL frisch geriebener Parmesan

Zubereitungszeit: 35 Min.
Pro Portion: 790 kJ/190 kcal
13 g E · 6 g F · 16 g K

Vegetarisch

➡ Die Zwiebel und den Knoblauch schälen, fein hacken und in 1 TL Öl glasig dünsten. Die Tomaten dazugeben, mit Salz, Pfeffer und Zitronenschale würzen. Bei schwacher Hitze in 10 Min. offen einkochen lassen. Oliven entsteinen, hacken und untermischen.
➡ Den Fenchel putzen und waschen. Das Grün abschneiden und beiseite legen. Die Knolle längs in 1 cm dicke Scheiben schneiden. In kochendem Salzwasser 5 Min. blanchieren.
➡ Das übrige Öl in einer beschichteten Pfanne erhitzen, den Fenchel darin bei starker Hitze in 5 Min. braten. Salzen und pfeffern.
➡ Die Fenchelscheiben in eine kleine Form geben, Tomatensauce darüber gießen. Mit dem Käse und feingeschnittenem Fenchelgrün bestreuen. Das Gefäß gut verschließen. Am Arbeitsplatz in der Mikrowelle erwärmen oder kalt essen.

Broccoli-Tortilla

Zutaten für 2 Personen:
300 g Broccoli · Salz
100 g Frühlingszwiebeln
80 g kleine Tomaten
2 große Eier
1 EL saure Sahne (10 % Fett)
4 EL fettarme Milch (1,5 % Fett)
1 EL frisch geriebener Parmesan
schwarzer Pfeffer
1/2 Bund Petersilie
1 TL Olivenöl
100 g Vollkornbrot in dünnen Scheiben

Zubereitungszeit: 35 Min.
Pro Portion: 1150 kJ/280 kcal
22 g E · 8 g F · 28 g K

Vegetarisch

➡ Den Broccoli waschen, putzen und in kleine Röschen teilen. Die Stiele schälen und in dünne Scheibchen schneiden.
➡ Die Broccolistiele in kochendem Salzwasser 5 Min., die Röschen 3 Min. blanchieren, abschrecken und abtropfen lassen.
➡ Die Frühlingszwiebeln waschen, putzen und die hellgrünen und weißen Teile in feine Ringe schneiden. Die Tomaten waschen und in Scheiben schneiden.
➡ Die Eier mit Schmand, Milch, Parmesan, Salz und Pfeffer verquirlen. Die Petersilie abbrausen, Blätter hacken und unterrühren.
➡ Das Öl in einer beschichteten Pfanne (20 cm Ø) erhitzen. Frühlingszwiebeln und Broccoli darin bei mittlerer Hitze 2 Min. anbraten, leicht salzen und pfeffern. Die Eiermasse darüber gießen, zugedeckt bei schwacher Hitze in 5 Min. stocken lassen. Tomaten darauf verteilen. Die Tortilla 5 Min. ohne Deckel weiterbacken, bis die Unterseite goldbraun ist.
➡ Tortilla auf einen Teller gleiten lassen und abkühlen lassen. In Folie verpacken und im Büro in der Mikrowelle erwärmen. Das Brot dazu essen. Dazu schmeckt außerdem ein frischer Salat.

Tips!
Die Hälfte der Tortilla können Sie warm servieren, den Rest am nächsten Tag kalt. Statt in der Pfanne die Tortilla im Backofen zubereiten. Die Zutaten in einer Gratinform verteilen, den Eierguß darüber gießen. Im vorgeheizten Ofen bei 200° (Mitte, Umluft 175°) in 15 Min. goldbraun backen.

Variante: Gemischte Pilz-Tortilla
Den Broccoli durch 300 g Egerlinge, Champignons und Austernpilze ersetzen. Die Pilze mit Küchenpapier sauber abreiben, fein schneiden und mit den Frühlingszwiebeln, 1 zerdrückten Knoblauchzehe und 1 TL gehacktem Thymian 5 Min. braten, leicht salzen und pfeffern. 1/2 Bund Schnittlauch in feine Röllchen schneiden und statt der Petersilie unter den Eierguß rühren. Die Tortilla wie beschrieben mit Tomaten backen.

Kartoffelwaffeln mit Zucchini-Tzatziki

Zutaten für 1 Person:
250 g festkochende Kartoffeln
1 Zwiebel · 1 Ei
1 EL Weizenmehl Type 1050
1/2 TL getrockneter Majoran
Salz · weißer Pfeffer
1 Stück Zucchino (etwa 50 g)
1 kleine Tomate
1–2 Knoblauchzehen
1–2 Zweige Dill
150 g Quarkzubereitung (0,2 % Fett)
1 TL kaltgepreßtes Olivenöl
1–2 TL Zitronensaft oder Weißweinessig
etwas Öl zum Einfetten

Zubereitungszeit: 45 Min.
Pro Portion: 1800 kJ/430 kcal
34 g E · 10 g F · 52 g K

Vegetarisch · Preiswert

➨ Die Kartoffeln und die Zwiebel schälen, waschen und auf der Gemüsereibe raspeln. In ein sauberes Küchentuch geben und gut auspressen.
➨ Dann mit Ei, Mehl und Majoran verrühren und mit Salz und Pfeffer würzen. Den Kartoffelteig zugedeckt etwas quellen lassen.
➨ Inzwischen den Zucchino waschen und fein raspeln. Die Tomate waschen, abtrocknen, entkernen und klein würfeln. Knoblauch schälen. Den Dill waschen und fein hacken.
➨ In einer Schüssel Quark mit Zucchiniraspeln, Tomatenwürfeln, gehacktem Dill und Olivenöl verrühren. Den Knoblauch dazupressen. Tzatziki mit Salz, Pfeffer und Zitronensaft oder Essig kräftig abschmecken.
➨ Das Waffeleisen erhitzen und mit Öl dünn einpinseln. Aus dem Teig nach und nach knusprige Waffeln backen und noch heiß mit Tzatziki servieren. Oder abkühlen lassen und getrennt verpackt zum Arbeitsplatz mitnehmen.

Kartoffelsalat mit Ei und Kapern

Zutaten für 1 Person:
300 g festkochende Kartoffeln
Salz · schwarzer Pfeffer
1 Ei · 1 Schalotte
75 ml Wildfond (aus dem Glas)
2 EL Kräuteressig
1 TL süßer Senf
1 TL kaltgepreßtes Olivenöl
1 TL kleine Kapern
1/2 Bund Schnittlauch

Zubereitungszeit: 35 Min.
Pro Portion: 2300 kJ/620 kcal
28 g E · 20 g F · 88 g K

Raffiniert · Gelingt leicht

➡ Die Kartoffeln waschen und von Wasser bedeckt in 30 Min. garen, dann abgießen, etwas ausdampfen lassen, schälen, grob würfeln, salzen und pfeffern.
➡ Das Ei in 10 Min. hart kochen, kalt abschrecken, schälen und hacken.
➡ Die Schalotte schälen und sehr fein würfeln, mit dem Wildfond 1 Min. köcheln lassen, dann vom Herd nehmen und mit dem Essig, Senf und Olivenöl verrühren. Die warmen Kartoffelwürfel mit der Sauce und den abgetropften Kapern mischen.
➡ Schnittlauch waschen, trockentupfen, in Röllchen schneiden und mit dem Ei über den Salat streuen.

Tip!
Der Wildfond gibt dem Salat den besonderen Pfiff. Man kann aber auch auf Instant-Rinderbrühe ausweichen.

Leichter Kartoffelsalat

Zutaten für 1 Person:
250 g festkochende Kartoffeln
5 Radieschen
1 kleiner Zucchino
3 EL fettarmer Joghurt (1,5 % Fett)
1/2 TL Senf
1 TL Walnußöl
2 EL kräftige Hühnerbrühe
1 EL Schnittlauchröllchen
Salz · weißer Pfeffer
1/2 EL Walnußkerne

Zubereitungszeit: 15 Min. (+ 20 Min. Garen)
Pro Portion: 1135 kJ/270 kcal
10 g E · 6 g F · 44 g K

Preiswert

➡ Die Kartoffeln waschen und ungeschält in wenig Wasser in 20 Min. bißfest garen. Abgießen und etwas abkühlen lassen, dann schälen und in nicht zu dünne Scheiben schneiden.
➡ Die Radieschen und den Zucchino waschen, putzen und ebenfalls in Scheiben schneiden. Vorsichtig mit den Kartoffeln mischen.
➡ Den Joghurt mit dem Senf, dem Walnußöl, der Hühnerbrühe, dem Schnittlauch, Salz und Pfeffer verquirlen. Die Kartoffel-Gemüse-Mischung vorsichtig darin wenden.
➡ Die Walnußkerne grob hacken und darüber streuen.

Tip!
Zum Mitnehmen alle Zutaten in ein Schälchen geben und die Sauce extra einpacken. Erst am Arbeitsplatz darüber verteilen.

Thailändisches Gemüse

Zutaten für 2 Personen:
1 große Aubergine
1 weiße Zwiebel
je 1/2 rote und grüne Paprikaschote
1 rote Chilischote
200 g Champignons
2 Knoblauchzehen · 1 TL Öl
1 EL Austernsauce
2 EL Sojasauce · 1 TL Zucker
1 Prise gemahlener Anis
2 Zweige Minze · Salz

Zubereitungszeit: 15 Min.
Pro Portion: 515 kJ/125 kcal
8 g E · 2 g F · 18 g K

Vegetarisch

➡ Die Aubergine waschen, abtrocknen und würfeln. Zwiebel schälen, Paprikaschoten waschen und putzen. Beides in Streifen schneiden. Die Chilischote waschen, in feine Ringe schneiden. Die Champignons putzen und je nach Größe halbieren oder vierteln. Knoblauch schälen und fein hacken.

➡ Öl in einer beschichteten Pfanne erhitzen. Chilischotenringe, Knoblauch und Auberginenwürfel darin anbraten. 200 ml Wasser angießen und alles 5 Min. zugedeckt bei mittlerer Hitze dünsten.

➡ Austern- und Sojasauce, Zucker, Anis, Champignons, Zwiebel- und Paprikaschotenstreifen untermischen und alles in weiteren 5 Min. bißfest garen.

➡ Minzeblättchen fein oder grob zerzupfen und untermischen. Das Gemüse mit Salz abschmecken.

Asiatisches Erbsengemüse

Zutaten für 2 Personen:
150 g tiefgekühlte Erbsen
150 g Zuckerschoten
2 Frühlingszwiebeln
2 Schalotten · 1 Knoblauchzehe
1 haselnußgroßes Stück frischer Ingwer
80 ml Geflügelfond (aus dem Glas)
1 EL helle Sojasauce
1 EL Zitronensaft
1 TL Sesamöl
1 TL Speisestärke
1/2 TL Zucker · 1 TL Öl
Salz · schwarzer Pfeffer
80 g gegarte geschälte Garnelen

Zubereitungszeit: 25 Min.
Pro Portion: 680 kJ/160 kcal
15 g E · 5 g F · 14 g K

Raffiniert

➡ Die Erbsen antauen lassen. Die Zuckerschoten waschen und putzen. Die Frühlingszwiebeln putzen und in Ringe schneiden. Schalotten, Knoblauch und Ingwer schälen und würfeln.

➡ Den Fond mit Sojasauce, Zitronensaft, Sesamöl, Stärke und Zucker verrühren.

➡ Das Öl in einem Wok oder in einer Pfanne stark erhitzen. Schalotten, Knoblauch, Ingwer und Frühlingszwiebeln darin 1/2 Min. unter Rühren braten. Die Erbsen und die Zuckerschoten hinzufügen und unter Rühren 2–3 Min. braten.

➡ Die Würzsauce angießen und unter Rühren aufkochen lassen. Mit Salz und Pfeffer abschmecken. Die Garnelen dazugeben und alles zugedeckt bei mittlerer Hitze noch 3 Min. ziehen lassen.

Kokos-Wirsing

Zutaten für 2 Personen:
200 g Tofu · 2 EL Sojasauce
1 Knoblauchzehe
1 Stück frischer Ingwer (2 cm)
1 frische rote Chilischote
1/2 Limette · 1/4 TL Koriander
400 g Wirsing · 2 Möhren
1 Zwiebel · 1 TL Erdnußöl
Salz · weißer Pfeffer
200 ml ungesüßte Kokosmilch (aus der Dose) · 1 TL Sesamöl

Zubereitungszeit: 30 Min.
Pro Portion: 815 kJ/195 kcal
16 g E · 6 g F · 16 g K

Vegetarisch · Für Gäste

➨ Tofu in 1/2 cm dicke Dreiecke schneiden. Mit Sojasauce bepinseln.
➨ Knoblauch und Ingwer schälen, fein hacken. Chilischote waschen, entkernen und in feine Streifen schneiden. Limettenschale fein abreiben, Saft auspressen. Knoblauch, Ingwer, Chillie, Limettenschale und -saft mit Koriander verrühren.
➨ Wirsing waschen, in feine Streifen schneiden. Möhren schälen und würfeln. Zwiebel schälen, in feine Streifen schneiden.
➨ Erdnußöl in einem Wok erhitzen. Wirsing und Möhren darin bei starker Hitze 3 Min. braten. Zwiebel 2 Min. mitbraten.
➨ Gewürzmischung dazugeben, salzen und pfeffern. Kokosmilch und 50 ml Wasser angießen, zugedeckt 4 Min. sanft köcheln lassen.
➨ Eine beschichtete Pfanne mit Sesamöl auspinseln. Tofu darin von jeder Seite in 2 Min. goldgelb braten. Mit Gemüse servieren.

Curry-Spinat-Pfanne mit Linsen

Zutaten für 2 Personen:
250 g Blattspinat
1/2 rote Paprikaschote
100 g Frühlingszwiebeln
200 g Linsen (aus der Dose)
1 Zwiebel · 1 Knoblauchzehe
1 EL Öl · 2 TL Curry
1 TL gemahlener Koriander
1/2 TL gemahlener Ingwer
6 EL Gemüsefond (aus dem Glas)
Salz · schwarzer Pfeffer
1–2 TL Zitronensaft
1/2 Bund Koriandergrün

Zubereitungszeit: 40 Min.
Pro Portion: 1860 kJ/445 kcal
29 g E · 9 g F · 65 g K

Raffiniert · Vegetarisch

➨ Den Spinat waschen, verlesen und putzen. Paprika waschen, putzen und in feine Streifen, Frühlingszwiebeln waschen, putzen und in dünne Ringe schneiden. Linsen kalt abbrausen und gut abtropfen lassen.
➨ Zwiebel und Knoblauch schälen, fein würfeln und im heißen Öl glasig dünsten. Paprika dazugeben und unter Rühren 2 Min. bei mittlerer Hitze braten. Linsen und Frühlingszwiebeln hinzufügen und 2 Min. mitdünsten. Mit Curry, Koriander und Ingwer bestäuben und anrösten. Fond angießen. Den Spinat auf das Gemüse legen. Zugedeckt 2–3 Min. bei schwacher Hitze dünsten, dann vorsichtig untermischen. Mit Salz, Pfeffer und Zitronensaft würzen.
➨ Den Koriander abbrausen, die Blätter abzupfen, hacken und aufstreuen.

Bohnen auf toskanische Art

Zutaten für 2 Personen:
2 Knoblauchzehen
1 EL Olivenöl
1 große Dose weiße Bohnen (850 g)
1 kleine Dose geschälte Tomaten (400 g)
1 Zweig Salbei
1 TL gekörnte Brühe
Salz · schwarzer Pfeffer
1 Prise Zucker
1 TL Aceto Balsamico
½ Bund Petersilie

Zubereitungszeit: 10 Min.
Pro Portion: 2565 kJ/615 kcal
47 g E · 8 g F · 91 g K

Preiswert

➡ Den Knoblauch schälen, in Scheibchen schneiden und im Olivenöl kurz dünsten. Abgetropfte Bohnen und die Tomaten mit dem Saft dazugeben. Die Tomaten leicht zerdrücken.
➡ Salbeiblätter abzupfen und dazugeben. Den Eintopf mit gekörnter Brühe, Salz, Pfeffer, Zucker und Essig würzen und 5 Min. zugedeckt köcheln lassen.
➡ Petersilie waschen, die Blättchen kleinschneiden und über den Eintopf streuen. Olivenbrot schmeckt besonders gut dazu.

Tip!
Wenn Sie einmal mehr Zeit haben, können Sie 250 g getrocknete weiße Bohnen über Nacht in 1 l kaltem Wasser einweichen und am nächsten Tag mit der gekörnten Brühe im Einweichwasser bei schwacher Hitze in 1 ½ Std. garen.

Sauerkraut-Gemüse mit Ananas

Zutaten für 2 Personen:
250 g frisches Sauerkraut
200 g frische Ananas
1 kleine grüne Paprikaschote
1 kleine Zwiebel
1 Stück frischer Ingwer (etwa 1,5 cm lang)
1 frische rote Chilischote
1 TL neutrales Öl · 1 TL Sesamöl
2 TL brauner Zucker
1 EL trockener Sherry nach Belieben · ⅛ l Gemüsebrühe
1 Frühlingszwiebel (nur das Grüne) · Salz · schwarzer Pfeffer

Zubereitungszeit: 35 Min.
Pro Portion: 535 kJ/130 kcal
4 g E · 2 g F · 22 g K

Raffiniert · Gelingt leicht

➡ Das Kraut in einem Sieb abtropfen lassen. Die Ananas schälen und würfeln. Die Paprika waschen, halbieren, putzen und in feine Streifen schneiden. Zwiebel und Ingwer schälen und fein würfeln. Chilischote waschen, aufschlitzen, entkernen und klein würfeln.
➡ Das Öl und das Sesamöl erhitzen, Zwiebel darin glasig dünsten. Sauerkraut, Ananas, Paprika, Ingwer und Chilischote dazugeben und bei mittlerer Hitze 3 Min. dünsten. Zucker, nach Belieben den Sherry und die Brühe hinzufügen. Alles zugedeckt bei schwacher Hitze 15 Min. garen.
➡ Das Frühlingszwiebelgrün waschen, putzen und in sehr feine Ringe schneiden. Das Gemüse salzen und pfeffern. Mit den Frühlingszwiebeln bestreut servieren.

Indisches Joghurt-Gemüse

Zutaten für 2 Personen:
1 Knoblauchzehe
30 g frischer Ingwer
1 dünne Stange Lauch
2 kleine Möhren
2 Stangen Staudensellerie
1 Dose Maiskölbchen (330 g)
200 g Magermilch-Joghurt (0,3 % Fett)
1 TL Mehl
1 EL Öl
1 EL Madras-Curry
1–2 EL Sojasauce

Zubereitungszeit: 30 Min.
Pro Portion: 1350 kJ/325 kcal
13 g E · 7 g F · 52 g K

Vegetarisch

➡ Den Knoblauch und den Ingwer schälen und fein würfeln.
➡ Den Lauch aufschlitzen, waschen und trockenschütteln, in feine Streifen schneiden. Die Möhren schälen und längs halbieren, dann in Scheiben schneiden. Den Sellerie waschen, putzen und ebenfalls in Scheiben schneiden.
➡ Die Maiskölbchen in einem Sieb abtropfen lassen. Den Joghurt mit dem Mehl glattrühren.
➡ Das Öl in einem Wok oder in einer tiefen Pfanne erhitzen, Knoblauch und Ingwer darin unter Rühren anbraten. Das übrige Gemüse dazugeben und bei starker Hitze unter ständigem Rühren 3–4 Min. braten.
➡ Das Currypulver darüber streuen und anschwitzen, mit ganz wenig Wasser ablöschen. Den Joghurt dazugeben, alles mit Sojasauce würzen und noch 1–2 Min. kochen lassen.

Thymian-Kartoffeln mit Knoblauchquark

Zutaten für 2 Personen:
500 g kleine runde Kartoffeln
8 Zweige Thymian
125 g Schalotten · 2 TL Olivenöl
Salz · schwarzer Pfeffer
2 Knoblauchzehen
1/2 Bund Basilikum
200 g Magerquark
1 EL Zitronensaft

Zubereitungszeit: 40 Min.
Pro Portion: 1090 kJ/260 kcal
19 g E · 3 g F · 39 g K

Preiswert

➡ Die Kartoffeln gründlich waschen und abbürsten. Den Thymian waschen, die Blättchen von den Stielen streifen. Die Schalotten schälen und in dünne Ringe schneiden.

➡ Das Olivenöl in einer beschichteten Pfanne leicht erhitzen, die Kartoffeln und die Schalotten darin leicht anbraten. Mit Salz und Pfeffer würzen, den Thymian dazugeben. Mit ganz wenig Wasser ablöschen und fest zugedeckt 30 Min. schmoren. Zwischendurch die Pfanne mehrmals rütteln.

➡ Inzwischen den Knoblauch schälen und durch die Presse drücken. Das Basilikum waschen, abtrocknen und bis auf einige Blättchen fein schneiden. Beides mit dem Quark und dem Zitronensaft verrühren, mit Salz und schwarzem Pfeffer abschmecken.

➡ Die Kartoffeln mit dem Knoblauchquark anrichten. Mit dem restlichen Basilikum garnieren.

Kartoffelpfanne mit Pfifferlingen

Zutaten für 2 Personen:
500 g festkochende Kartoffeln
Salz
1 Stange Lauch
125 g Pfifferlinge
3 Wacholderbeeren
1 EL Olivenöl
100 g Putenbrustaufschnitt
schwarzer Pfeffer

Zubereitungszeit: 45 Min.
Pro Portion: 1095 kJ/260 kcal
14 g E · 7 g F · 34 g K

Gelingt leicht

➡ Die Kartoffeln waschen und ungeschält in etwas Salzwasser nicht zu weich garen.

➡ Inzwischen den Lauch putzen, aufschlitzen und waschen, trockenschwenken und in Streifen schneiden. Die Pfifferlinge mit Küchenpapier sauber abreiben und putzen. Die Wacholderbeeren hacken oder im Mörser zerdrücken.

➡ Die Kartoffeln abgießen und etwas abkühlen lassen, schälen und in grobe Würfel schneiden.

➡ Das Öl in einer beschichteten Pfanne erhitzen. Die Kartoffeln hineingeben und anbraten. Lauch, Pfifferlinge und die Wacholderbeeren dazugeben, alles bei mittlerer Hitze unter gelegentlichem Wenden 5 Min. braten.

➡ Den Putenbrustaufschnitt in Streifen schneiden und zu den Kartoffeln geben, mit Salz und Pfeffer würzen.

Kartoffel-Möhren-Puffer mit Joghurt

Zutaten für 2 Personen:
1 Limette (ersatzweise ½ unbehandelte Zitrone)
150 g fettarmer Joghurt (1,5 % Fett)
Salz · schwarzer Pfeffer
¼ TL gemahlener Koriander
1 EL Sonnenblumenkerne
200 g Möhren
300 g vorwiegend festkochende Kartoffeln
1 Ei · 1 gestr. EL Mehl
2 TL Öl zum Braten
evtl. Korianderblättchen

Zubereitungszeit: 35 Min. Pro Portion: 1065 kJ/255 kcal
11 g E · 8 g F · 34 g K

Gelingt leicht · Preiswert

➡ Die Limette heiß waschen, von der Schale einige Späne abziehen und zum Garnieren beiseite legen. Die übrige Schale fein abreiben. 1 EL Saft auspressen, mit der Schale unter den Joghurt rühren. Mit Salz, Pfeffer und Koriander würzen und kalt stellen.

➡ Die Sonnenblumenkerne in einer beschichteten Pfanne bei mittlerer Hitze ohne Fett goldbraun rösten. Die Möhren putzen, schälen und raspeln. Die Kartoffeln schälen, waschen und fein reiben.

➡ Kartoffeln, Möhren und Sonnenblumenkerne mit dem Ei und dem Mehl in einer Schüssel mischen. Mit Salz und Pfeffer würzen.

➡ Eine große beschichtete Pfanne mit 1 TL Öl einstreichen. Die Kartoffelmasse eßlöffelweise hineingeben und flach drücken. Die Puffer portionsweise auf jeder Seite bei mittlerer Hitze in 4–5 Min. goldbraun braten. Dabei nach und nach das restliche Öl in die Pfanne geben.

➡ Die Kartoffelpuffer mit dem Limetten-Joghurt anrichten. Mit der Limettenschale und eventuell einigen Korianderblättchen garnieren und sofort servieren.

Tip!
Die Puffer schmecken am besten frisch und heiß aus der Pfanne. Sie können sie aber auch auf einem Blech im vorgeheizten Backofen bei 100° (Umluft 75°) warm halten, bis alle fertig gebraten sind.

Variante: Kartoffel-Sauerkraut-Puffer
Für die Sauce 2 rote Zwiebeln (etwa 150 g) schälen, fein würfeln und in 1 TL Butter glasig dünsten. 50 ml Rotwein und 1 EL rotes Johannisbeergelee dazugeben. Mit 2 TL Rotweinessig, Salz und Pfeffer würzen und in 5 Min. dicklich einkochen lassen. Sauce abkühlen lassen. Die Möhren durch 150 g frisches Sauerkraut ersetzen, gut ausdrücken und grob hakken. Statt der gerösteten Sonnenblumenkerne ½ feingehackte Zwiebel untermischen und die Masse mit Salz, Pfeffer und ¼ TL rosenscharfem Paprika würzen. In 2–3 TL Butterschmalz kleine Puffer braten, mit der Sauce anrichten.

Rucola-Kartoffel-Püree

Zutaten für 2 Personen:
400 g vorwiegend festkochende Kartoffeln
Salz · 1 EL Pinienkerne
1/2 Bund Rucola (etwa 50 g)
1 kleine Knoblauchzehe
2 TL Aceto Balsamico
1/2 EL Olivenöl
schwarzer Pfeffer
100 ml fettarme Milch (1,5 % Fett)
2 EL gehobelter Parmesan

Zubereitungszeit: 35 Min.
Pro Portion: 1010 kJ/240 kcal
9 g E · 7 g F · 33 g K

Gelingt leicht · Raffiniert

➨ Die Kartoffeln schälen, vierteln und zugedeckt in 1/4 l gesalzenem Wasser in 20 Min. gar kochen.

➨ Inzwischen die Pinienkerne in einer beschichteten Pfanne bei mittlerer Hitze ohne Fett goldbraun rösten. Den Rucola abbrausen, Blätter abzupfen und die harten Stengel entfernen. Einige Blätter zum Garnieren beiseite legen. Den Rest mit dem geschälten Knoblauch, Essig und Öl mit dem Pürierstab fein pürieren. Mit Salz und Pfeffer würzen. Die Milch erhitzen.

➨ Die Kartoffeln abgießen und ausdämpfen lassen, dann sofort durch die Kartoffelpresse drücken. Die Milch mit dem Schneebesen unter das Püree rühren. Das Rucolamus nach und nach unter die Kartoffeln heben. Das Püree mit Salz und Pfeffer würzen. Mit dem Parmesan und den übrigen Rucolablättchen bestreut servieren. Dazu paßt gebratenes Fischfilet.

Varianten: Steinpilz-Kartoffel-Püree

10 g getrocknete Steinpilze mit 1/8 l heißem Wasser übergießen und 30 Min. quellen lassen, dann abgießen, die Flüssigkeit dabei auffangen. Die Pilze fein hacken und mit 1 klein gewürfelten Schalotte und 1 TL frischen Thymianblättchen in 1 TL Butter andünsten. Den Steinpilzsud angießen und 5 Min. einkochen lassen. 2 EL frisch gehackte Petersilie dazugeben. Die Kartoffeln kochen und zerdrücken. Nach und nach 80 ml heiße Milch und den Steinpilz-Fond unter die Kartoffeln schlagen. Die Pilz-Mischung unterheben. Salzen, pfeffern und mit Petersilie garnieren. Dazu passen Tomatenscheiben.

Mexikanisches Kartoffelpüree

1/2 Zwiebel und 1/2 rote Paprikaschote schälen oder waschen, sehr fein würfeln, zusammen in 1 TL Olivenöl andünsten. 2 EL Maiskörner (aus der Dose) dazugeben. Mit 1 TL gehacktem Oregano, 1/2 TL scharfem Paprika und 1 Prise Cayennepfeffer würzen. Kartoffeln wie beschrieben kochen und zerdrücken. Erst 1/8 l heiße Milch unterrühren, dann die Gemüsemischung unterheben. Mit Salz und Pfeffer abschmecken. Das Püree anrichten und mit 2 EL Schnittlauchröllchen bestreuen. Dazu gebratenes Rindfleisch servieren.

Pellkartoffeln mit gelbem Paprikaquark

Zutaten für 2 Personen:
400 g neue Kartoffeln · Salz
1 gelbe Paprikaschote (etwa 150 g) · 1 Knoblauchzehe
150 g Magerquark
Salz · schwarzer Pfeffer
1/2 TL Curry
1/2 TL gemahlener Kurkuma
Cayennepfeffer · 1 Schalotte
1/2 Bund Schnittlauch
60 g Lachsschinken

Zubereitungszeit: 25 Min.
Pro Portion: 1085 kJ/260 kcal
24 g E · 2 g F · 33 g K

Gelingt leicht · Preiswert

➡ Die Kartoffeln waschen, in der Schale in Salzwasser in 20 Min. gar kochen.
➡ Die Paprika waschen, halbieren und putzen. Mit der gewölbten Seite nach oben auf den Rost legen und unter dem vorgeheizten Grill (Mitte) 8 Min. rösten.
➡ Die Paprika etwas abkühlen lassen, dann häuten und klein würfeln. Die Knoblauchzehe schälen und hacken. Paprika und Knoblauch mit dem Quark in einen Rührbecher geben. Mit dem Pürierstab glatt pürieren. Die Sauce mit Salz, Pfeffer, Curry, Kurkuma und Cayennepfeffer würzen. Die Schalotte abziehen und fein würfeln, untermischen. Schnittlauch abbrausen, in feine Röllchen schneiden und bis auf 1 EL dazugeben.
➡ Die Kartoffeln abgießen, heiß schälen. Mit Paprikaquark und Schinken anrichten. Übrigen Schnittlauch darüber streuen.

Italienische Kartoffelpfanne

Zutaten für 2 Personen:
500 g festkochende Kartoffeln
1 Fleischtomate
2 Knoblauchzehen
2 Zwiebeln · 1 TL Olivenöl
1/4 l Fleischbrühe
250 g Tomatenpüree (aus der Packung)
1 Lorbeerblatt
Salz · schwarzer Pfeffer
2 Zweige Salbei
50 g schwarze Oliven

Zubereitungszeit: 35 Min.
Pro Portion: 1220 kJ/290 kcal
9 g E · 5 g F · 55 g K

Preiswert · Gelingt leicht

➡ Die Kartoffeln schälen, waschen, in 1/2 cm dicke Scheiben schneiden und auf Küchenpapier abtrocknen.
➡ Tomate überbrühen, häuten, leicht ausdrücken und würfeln. Knoblauch schälen und fein hacken, Zwiebeln schälen und vierteln.
➡ Eine weite beschichtete Pfanne mit Olivenöl einpinseln, heiß werden lassen und die Kartoffelscheiben darin unter Wenden anbraten. Knoblauch und Zwiebelviertel dazugeben. Tomatenstücke untermischen. Brühe mit Tomatenpüree verrühren und über die Kartoffel-Tomaten-Mischung gießen. Lorbeerblatt und je 1 Prise Salz und Pfeffer hinzufügen und alles zugedeckt bei schwacher Hitze 20–25 Min. schmoren, bis die Kartoffeln bißfest sind.
➡ Vor dem Servieren die Salbeiblätter abzupfen und mit den Oliven unter die Kartoffeln mischen.

Bäckerofen mit Putenfleisch

Zutaten für 2 Personen:
250 g Putenbrustfilet
100 g Schalotten
2 Knoblauchzehen
1 Lorbeerblatt
Salz · schwarzer Pfeffer
1/4 l Geflügelfond (aus dem Glas)
1/8 l trockener Weißwein (ersatzweise Geflügelfond)
350 g festkochende Kartoffeln
150 g Möhren · 1/2 Bund Petersilie
300 g Spitzkohl
1 TL Butterschmalz
1 TL frisch gehackter Majoran

Zubereitungszeit: 30 Min.
(+ 12 Std. Marinieren + 1 1/2 Std. Garen)
Pro Portion: 1540 kJ/365 kcal
37 g E · 3 g F · 38 g K

Gut vorzubereiten

➨ Das Fleisch würfeln. 1 Schalotte schälen und vierteln, Knoblauch schälen und in Scheiben schneiden. Alles mit dem Lorbeer, Salz und Pfeffer in eine Schüssel geben. Fond und Wein darüber gießen. Fleisch zugedeckt über Nacht marinieren.
➨ Römertopf 10 Min. in kaltes Wasser legen. Kartoffeln und Möhren schälen und in Scheiben schneiden. Übrige Schalotten schälen und längs vierteln. Petersilie abbrausen, die Blätter grob hacken.
➨ Kohl waschen, putzen und in Streifen schneiden. Im Schmalz bei mittlerer Hitze 3 Min. anbraten. Mit Kartoffeln, Möhren, Schalotten und Petersilie vermischen.
➨ Die Hälfte vom Gemüse in den Römertopf geben. Mit Salz, Pfeffer und Kräutern bestreuen. Das Fleisch über das Gemüse füllen. Mit dem übrigen Gemüse bedecken, würzen. Marinade durch ein Sieb darüber gießen. Topf verschließen.
➨ Den Römertopf in den kalten Ofen (Mitte) stellen. Die Temperatur auf 225° (Umluft 200°) hochschalten, das Gericht 1 1/2 Std. garen.

Gefüllte Gurke mit Paprikasauce

Zutaten für 2 Personen:
Für die Gurken:
100 g frisch geschroteter Dinkel
1/4 l Gemüsebrühe (Instant)
1 Tomate
1 Frühlingszwiebel
1 kleines Ei
1 EL saure Sahne (10 % Fett)
Salz · schwarzer Pfeffer
1 Prise Curry
1 Stück Salatgurke (20 cm lang)
Für die Sauce:
2 kleine rote Paprikaschoten
5 EL Gemüsebrühe
Salz · schwarzer Pfeffer
1 Prise Zucker
1–2 TL Aceto Balsamico
2 Zweige Petersilie

Zubereitungszeit: 40 Min.
Pro Portion: 1125 kJ/270 kcal
11 g E · 7 g F · 39 g K

Vegetarisch

➡ Den Dinkelschrot mit der Brühe aufkochen und zugedeckt in 15 Min. bei schwacher Hitze ausquellen, danach etwas abkühlen lassen. Den Stielansatz der Tomate entfernen. Tomate kurz überbrühen, häuten, etwas auspressen und klein würfeln. Die Frühlingszwiebel waschen, putzen und in feine Ringe schneiden.

➡ Die etwas abgekühlte Dinkelgrütze mit dem Ei, der sauren Sahne, Tomatenwürfeln und Frühlingszwiebel mischen, mit Salz, Pfeffer und Curry würzen.

➡ Die Gurke schälen, längs halbieren und die Kerne mit einem Löffel herausschaben. Die Dinkelmasse in die Gurke füllen.

➡ In einen Dämpftopf etwas Wasser gießen. Den Dämpfeinsatz mit den gefüllten Gurken hineingeben und die Gurken über dem heißen Dampf bei mittlerer Hitze zugedeckt 20 Min. garen.

➡ Inzwischen für die Sauce die Paprikaschoten waschen, halbieren, putzen, würfeln und in der Gemüsebrühe 5 Min. kochen lassen. Dann mit dem Pürierstab pürieren. Die Sauce mit Salz, Pfeffer, Zucker und Aceto Balsamico pikant abschmecken.

➡ Die Petersilie waschen, trockentupfen, die Blättchen in Streifen schneiden und über Gurken und Sauce streuen. Dazu schmeckt Kartoffelpüree, mit gemischten gehackten Kräutern und Möhrenraspeln vermengt.

Tip!
Das Gurkenstück sollte eher dick sein, damit die Füllung auch Platz hat. Die Gurkenhälften nur so aushöhlen, daß sie auch vorne und hinten einen Rand haben. Wenn Sie keinen Dämpfeinsatz für den Kochtopf haben, erhitzen Sie 50 ml Gemüsebrühe und dünsten die Gurken darin.

Kohlrüben-Curry

Zutaten für 2 Personen:
600 g Kohlrüben (Steckrüben)
2 Möhren
1 Zwiebel · 1 Knoblauchzehe
1 TL Maiskeimöl
1 TL milder Curry
1 TL gemahlener Kurkuma
1 Lorbeerblatt
3/4 l Gemüsebrühe (Instant)
100 g rote Linsen
1/2 Bund Petersilie
Salz · schwarzer Pfeffer

Zubereitungszeit: 45 Min.
Pro Portion: 1610 kJ/385 kcal
16 g E · 8 g F · 59 g K

Gelingt leicht

➡ Die Kohlrüben schälen und würfeln. Die Möhren ebenfalls schälen, längs halbieren und in Stücke schneiden. Die Zwiebel und den Knoblauch schälen und klein würfeln.
➡ Eine beschichtete Pfanne mit Öl auspinseln und heiß werden lassen. Zwiebelwürfel darin glasig dünsten. Knoblauch, Curry und Kurkuma dazugeben und unter Wenden kurz mitbraten. Rübenwürfel, Möhrenstücke und Lorbeerblatt hinzufügen.
➡ Die Brühe angießen und das Gemüse zugedeckt bei mittlerer Hitze 20 Min. garen. Linsen einstreuen, alles noch 10 Min. garen.
➡ Die Petersilie waschen, trockenschleudern, von den groben Stielen befreien und die Blätter fein schneiden. Das Curry mit Salz und Pfeffer abschmecken, mit der Petersilie bestreuen.

Zarte Honigmöhren mit Mohn

Zutaten für 2 Personen:
400 g Bundmöhren
1 Schalotte
2 TL Butter
2 TL Akazienhonig
Salz · schwarzer Pfeffer
50 ml Gemüsefond (aus dem Glas)
1 EL gemahlener Mohn

Zubereitungszeit: 25 Min.
Pro Portion: 455 kJ/110 kcal
3 g E · 3 g F · 16 g K

Gelingt leicht · Schnell

➡ Die Möhren putzen, schälen und den Stiel bis auf 1 cm abschneiden. Die Schalotte schälen und in feine Würfel schneiden.
➡ Die Butter in einem breiten Topf erhitzen. Möhren und Schalotte darin bei mittlerer Hitze 3 Min. andünsten. Mit dem Honig, Salz und Pfeffer würzen. Mit dem Fond begießen und zugedeckt bei schwacher Hitze 10 Min. dünsten, dabei den Topf hin und wieder rütteln, damit die Möhren nicht ansetzen.
➡ Inzwischen den Mohn in einer beschichteten Pfanne bei mittlerer Hitze ohne Fett 5 Min. anrösten.
➡ Die Möhren offen noch 5 Min. garen, bis die Flüssigkeit verdunstet ist. Mit dem Mohn bestreuen. Dazu paßt gebratenes Lamm- oder Schweinefilet.

Schwarzwurzelpfanne mit Hähnchenfilet

Zutaten für 2 Personen:
Salz · 2 EL Essig
500 g Schwarzwurzeln
250 g Hähnchenbrustfilet
1 Bund Frühlingszwiebeln
1 TL Öl · schwarzer Pfeffer
1/8 l Hühnerbrühe

Zubereitungszeit: 40 Min.
Pro Portion: 1065 kJ/255 kcal
33 g E · 8 g F · 6 g K

Raffiniert

➨ In einem breiten Topf Wasser mit Salz und dem Essig bereitstellen.
➨ Die Schwarzwurzeln gründlich waschen und abbürsten, dann schälen und sofort in den Topf geben. Zugedeckt in 15–20 Min. gar kochen, anschließend abtropfen lassen und in Stücke schneiden.
➨ Das Hähnchenbrustfilet kalt abwaschen, mit Küchenpapier abtrocknen und in gleichmäßig dünne Streifen schneiden.
➨ Die Frühlingszwiebeln waschen und putzen. Die weißen Teile fein würfeln, das Grün der Zwiebeln in schräge Ringe schneiden.
➨ Das Öl in einer breiten Pfanne erhitzen, das Hähnchenfilet darin rundherum ganz kurz scharf anbraten. Salzen und pfeffern, aus der Pfanne nehmen.
➨ Die weißen Zwiebelteile in die Pfanne geben und unter Rühren anschwitzen. Dann die Schwarzwurzeln dazugeben und leicht anbraten. Die grünen Zwiebelringe einrühren, mit der Brühe ablöschen und kurz durchkochen. Das Fleisch wieder dazugeben und noch einmal erhitzen, dann alles abschmecken.

Tip!
Außerhalb der winterlichen Schwarzwurzelsaison Gemüse aus der Dose oder frischen Spargel nehmen.

Kartoffel-Sauerkraut-Gratin mit Schmand

Zutaten für 2 Personen:
300 g Kartoffeln · Salz
1 kleine Zwiebel · 1 TL Öl
300 g Sauerkraut
1 TL Zucker · 1 Lorbeerblatt
6 EL Weißwein (ersatzweise Apfelsaft) · schwarzer Pfeffer
1 kleiner säuerlicher Apfel
1 EL Zitronensaft
2 EL Schmand (ersatzweise saure Sahne) · 1 Ei
1 TL Paprika, edelsüß
1/2 TL Paprika, rosenscharf
1/2 Bund Petersilie
Butter zum Einfetten

Zubereitungszeit: 50 Min.
(+ 30 Min. Backen)
Pro Portion: 1150 kJ/265 kcal
8 g E · 6 g F · 37 g K

Gut vorzubereiten

➡ Die Kartoffeln schälen und in 1/2 cm dünne Scheiben schneiden. In kochendem Salzwasser 5 Min. garen, abtropfen lassen.
➡ Die Zwiebel schälen, würfeln und im heißen Öl andünsten. Sauerkraut dazugeben, mit Zucker und Lorbeer würzen. Den Wein und 1/8 l Wasser angießen, aufkochen. Zugedeckt bei schwacher Hitze 25 Min. dünsten. Salzen, pfeffern.
➡ Den Backofen auf 175° vorheizen. Den Apfel waschen, vierteln, vom Kerngehäuse befreien und würfeln. Mit dem Zitronensaft beträufeln und fein pürieren. Das Püree mit Schmand, Ei, beiden Paprikasorten, Salz und Pfeffer verrühren.
➡ Eine feuerfeste Form einfetten, die Kartoffeln darin dachziegelartig anordnen. Kraut daraufgeben und mit dem Apfel-Schmand überziehen. Das Gratin im Ofen (Mitte Umluft 150°) 30 Min backen.
➡ Petersilie abbrausen, abzupfen und die Blättchen über das Gratin streuen.

Broccoli-Kartoffel-Auflauf

Zutaten für 2 Personen:
500 g Kartoffeln
500 g Broccoli · Salz
100 g Romadur-Weichkäse (20 % Fett i.Tr.)
100 ml fettarme Milch (1,5 % Fett i.Tr.)
2 Eier · Salz
frisch geriebene Muskatnuß
Cayennepfeffer
½ TL Öl für die Form
200 g Tomatenstückchen mit Kräutern (Tetrapak)

Zubereitungszeit: 35 Min. (+ 25 Min. Backen)
Pro Portion: 1840 kJ/440 kcal
33 g E · 13 g F · 52 g K

Gelingt leicht · Vegetarisch

➡ Den Backofen auf 200° (Umluft 180°) vorheizen.
➡ Die Kartoffeln schälen, waschen und in Scheiben schneiden. Den Broccoli putzen und in kleine Röschen teilen.
➡ Kartoffelscheiben in reichlich kochendem Salzwasser 5 Min. vorgaren, Broccoli hinzufügen und 3 Min. mitgaren. Das Gemüse gut abtropfen lassen.
➡ Den Käse mit der Rinde fein würfeln. Milch und Eier verquirlen und mit Salz, Muskat und Cayennepfeffer kräftig würzen.
➡ Eine Auflaufform einfetten. Kartoffeln und Broccoli salzen und pfeffern. Mit Tomatenstücken und Käsewürfeln vermischen, in die Auflaufform füllen. Mit der Eiermilch begießen.
➡ Den Auflauf im Ofen (Mitte) 25 Min. überbacken, bis die Masse gestockt ist.

Kartoffeln aus dem Ofen

Zutaten für 2 Personen:
500 g festkochende Kartoffeln
1 Zucchino (etwa 200 g)
2 Fleischtomaten
2 Knoblauchzehen
je 1 Zweig Thymian und Rosmarin
1 getrocknete Chilischote
100 g Silberzwiebeln (aus dem Glas)
2 kleine Lorbeerblätter
Salz · schwarzer Pfeffer
100 ml Gemüsebrühe
2 TL kaltgepreßtes Olivenöl

Zubereitungszeit: 30 Min. (+ 40 Min. Backen)
Pro Portion: 1090 kJ/260 kcal
7 g E · 4 g F · 47 g K

Gut vorzubereiten · Vegetarisch

➡ Den Backofen auf 200° vorheizen.
➡ Kartoffeln, Zucchino und Tomaten waschen, schälen oder putzen und in 1 cm große Würfel schneiden. Knoblauch schälen und vierteln.
➡ Thymian und Rosmarin waschen. Chilischote zerbröseln, entkernen. Silberzwiebeln abtropfen lassen.
➡ Kartoffeln, Gemüse, Zwiebeln, Kräuter, Chilischote und Lorbeer in eine breite feuerfeste Form geben. Salzen und pfeffern. Brühe und Öl darüber verteilen.
➡ Die Kartoffeln im Ofen (Mitte, Umluft 180°) in 40 Min. gar und goldbraun werden lassen, dabei einmal durchrühren. Falls nötig, zum Schluß mit Folie abdecken.

Gewürzkartoffeln mit Joghurtsauce

Zutaten für 2 Personen:
1 TL gemahlener Koriander
1 TL gemahlener Kreuzkümmel
1/4 TL gemahlener Kardamom
2 Msp. gemahlener Ingwer
je 1 Msp. gemahlener Piment, Zimt und Kurkuma (Gelbwurz)
1 Msp. frisch geriebene Muskatnuß · 150 g Joghurt
2 EL Tomatenstückchen (Tetrapak)
3 Zweige Koriandergrün oder Petersilie
Salz · schwarzer Pfeffer
500 g kleine festkochende Kartoffeln · 3 Schalotten
1/2 EL Butterschmalz
Koriandergrün zum Garnieren

Zubereitungszeit: 45 Min.
Pro Portion: 1160 kJ/280 kcal
8 g E · 9 g F · 42 g K

Spezialität aus Indien

➡ Alle Gewürze miteinander vermischen. Für die Sauce den Joghurt, die Tomatenstückchen und ein Viertel der Gewürzmischung verrühren. Das Koriandergrün oder die Petersilie waschen, trockentupfen und die Blättchen fein hacken. Unter die Joghurtsauce mischen. Die Sauce mit Salz und frisch gemahlenem Pfeffer abschmecken, zugedeckt kalt stellen.

➡ Die Kartoffeln unter fließendem Wasser gründlich abbürsten, abtrocknen und ungeschält vierteln. Die Schalotten schälen und längs vierteln.

➡ Das Butterschmalz in einer großen Pfanne erhitzen. Die Kartoffel- und Schalottenviertel hinzufügen und 10 Min. braten. Dann mit der restlichen Gewürzmischung bestreuen. Bei mittlerer Hitze unter Rühren 10 Min. fertigbraten, dabei ab und zu wenden.

➡ Die Kartoffeln mit Salz und frisch gemahlenem Pfeffer abschmecken und mit der gekühlten Joghurtsauce servieren. Mit Korianderblättchen garnieren.

Variante: Scharf gewürzte Pommes frites

Diese Kartoffelversion sollten Sie unbedingt probieren. Dazu die Gewürze, wie im Rezept links beschrieben, vermischen. Die Joghurtsauce zubereiten und kalt stellen. Den Backofen auf 250° (Umluft 230°) vorheizen. 500 g tiefgekühlte Pommes frites (für den Backofen) auf ein mit Backpapier ausgelegtes Blech verteilen. 1 Eiweiß mit 1 EL lauwarmem Wasser verquirlen und die Pommes frites damit gleichmäßig bepinseln. In die restliche Gewürzmischung 1 EL gemahlene Mandeln und 1/2–1 TL Cayennepfeffer rühren, über die Kartoffeln streuen und vermengen. Die Pommes frites im Ofen (Mitte) in 15–20 Min. goldgelb backen und heiß mit der gekühlten Joghurtsauce servieren.

Kartoffelzapfen

Zutaten für 2 Personen:
2 große festkochende Kartoffeln (je etwa 250 g)
2 Zweige Rosmarin
3 Sardellenfilets
2 Knoblauchzehen
20 g Parmesan
Salz · 2 TL Olivenöl

Zubereitungszeit: 25 Min. (+ 1 Std. Backen)
Pro Portion: 1095 kJ/260 kcal
13 g E · 7 g F · 35 g K

Gelingt leicht · Raffiniert

➡ Die Kartoffeln waschen und 10 Min. in kochendem Wasser vorgaren.
➡ Rosmarinnadeln von den Zweigen zupfen und kleinschneiden. Sardellenfilets kurz kalt abspülen und grob schneiden. Knoblauch schälen und würfeln. Parmesan reiben und mit Rosmarin, Sardellen und Knoblauch mischen.
➡ Die Kartoffeln abtropfen und etwas abkühlen lassen. Den unteren Teil der Kartoffeln gerade schneiden.
➡ Den Backofen auf 200° vorheizen. Die Kartoffeln ringsherum so einschneiden, daß sie wie Tannenzapfen aussehen. Die Einschnitte mit etwas Salz bestreuen.
➡ 2 Stücke Alufolie dünn mit Olivenöl bepinseln und die Kartoffeln darauf setzen.
➡ Die Gewürzmischung in die Einschnitte der Kartoffeln füllen. Die Kartoffeln mit dem übrigen Öl bepinseln, locker in die Folienstücke einpacken und im Ofen (Mitte, Umluft 180°) 1 Std. backen. Dazu schmeckt Radieschenquark.

Stampfkartoffeln mit Gurke

Zutaten für 2 Personen:
500 g mehligkochende Kartoffeln
Salz · 1 Zwiebel
50 ml Gemüsebrühe (Instant)
2 Gewürzgurken
30 g durchwachsener Speck in dünnen Scheiben, ohne Schwarte
150 ml Buttermilch
weißer Pfeffer

Zubereitungszeit: 30 Min.
Pro Portion: 1130 kJ/270 kcal
10 g E · 8 g F · 38 g K

Gelingt leicht

➡ Die Kartoffeln schälen, würfeln und in Salzwasser in 20 Min. weich garen.
➡ Die Zwiebel schälen, klein würfeln und in der Brühe 3 Min. dünsten. Gurken ebenfalls klein würfeln.
➡ Die Speckscheiben in einer beschichteten Pfanne knusprig ausbraten, dann herausnehmen, auf Küchenpapier abfetten lassen und zerkrümeln. Die Buttermilch erwärmen.
➡ Die Salzkartoffeln abgießen, mit dem Kartoffelstampfer zerdrücken, mit der warmen Buttermilch, der Zwiebel und der Brühe sowie den Gurkenwürfeln und 1 Prise Pfeffer mischen. Den zerkrümelten Speck darüber streuen. Ein frischer grüner Blattsalat mit Kräuterdressing paßt gut dazu.

Gratinierter Spargel mit Erbsensauce

Zutaten für 4 Personen:
1 kg weißer Spargel · Salz
400 g Tomaten · 30 g Kerbel
2 Schalotten · 1 TL Butter
300 g tiefgekühlte Erbsen
2 TL Mehl · 1/4 l Gemüsefond (aus dem Glas)
2 EL Sahne · schwarzer Pfeffer
frisch geriebene Muskatnuß
50 g geriebener mittelalter Gouda · 1 EL Pinienkerne
Fett für die Form

Zubereitungszeit: 1 Std. (+ 30 Min. Backen)
Pro Portion: 835 kJ/200 kcal
14 g E · 6 g F · 19 g K

Raffiniert · Vegetarisch

➡ Den Spargel putzen und schälen. In Salzwasser in 16–18 Min. bißfest kochen, abtropfen lassen.
➡ Die Stielansätze der Tomaten entfernen. Die Tomaten überbrühen, abschrecken und häuten. In Scheiben schneiden und entkernen. Kerbel abbrausen und verlesen. Einige Blättchen zum Garnieren beiseite legen, den Rest hacken.
➡ Die Schalotten schälen, fein würfeln und in der Butter andünsten. Die Erbsen hinzufügen und 5 Min. mitdünsten. Mit dem Mehl bestäuben, Fond und Sahne angießen und bei schwacher Hitze 5 Min. köcheln lassen, dann die Erbsen fein pürieren und durch ein Sieb streichen. Mit Salz, Pfeffer und Muskat würzen. Den Kerbel unterrühren.
➡ Den Backofen auf 200° vorheizen. Eine ovale Gratinform einfetten. Erst die Tomatenscheiben hineinlegen, leicht salzen und pfeffern, dann die Spargelstangen mit der Erbsensauce übergießen. Mit Käse und Pinienkernen bestreuen.
➡ Das Gratin im Ofen (Mitte, Umluft 175°) 30 Min. backen. Mit dem übrigen Kerbel bestreuen.

Gemüseplatte mit Steinpilz-Creme

Zutaten für 4 Personen:
15 g getrocknete Steinpilze
1 Kohlrabi (etwa 300 g)
1 Fenchelknolle (etwa 300 g)
250 g Blumenkohl
250 g Möhren · 250 g Blattspinat
200 g grüne Bohnen · Salz
200 g kleine Tomaten
1/2 Bund Petersilie · Pfeffer
1 Schalotte · 1 TL Butter
1 TL frische Thymianblättchen
1 EL trockener Sherry nach Belieben
1/4 l Waldpilzfond (aus dem Glas)
2 TL Speisestärke
2 EL Crème fraîche
Olivenöl für die Form

Zubereitungszeit: 1 1/2 Std.
Pro Portion: 565 kJ/135 kcal
8 g E · 4 g F · 16 g K

Gelingt leicht · Vegetarisch

➡ Die Steinpilze kalt abbrausen, mit 200 ml lauwarmem Wasser übergießen und 30 Min. quellen lassen.
➡ Inzwischen alle Gemüsesorten vorbereiten: Kohlrabi schälen, vierteln und in 1/2 cm dicke Scheiben schneiden. Fenchel putzen, längs vierteln und vom Strunk befreien. Blumenkohl waschen, putzen und in Röschen teilen. Möhren schälen und quer halbieren. Die Stücke längs vierteln. Spinat gründlich waschen, verlesen und Stiele entfernen. Bohnen waschen und putzen.
➡ In einem Topf Salzwasser zum Kochen aufsetzen. Nacheinander die Gemüse blanchieren, abschrecken und gut abtropfen lassen: Bohnen und Fenchel 10 Min., Blumenkohl 7 Min., Kohlrabi und Möhren 5 Min., Spinat 1 Min. garen.
➡ Den Backofen auf 150° (Umluft 130°) vorheizen. Tomaten waschen und halbieren. Petersilie abbrausen, Blätter abzupfen und fein hacken.
➡ Eine große Gratinform mit Olivenöl einstreichen. Die Gemüse darin dekorativ anrichten, leicht salzen und pfeffern. Mit der Petersilie bestreuen und im Ofen warm halten.
➡ Die Pilze abgießen, das Einweichwasser dabei auffangen. Pilze fein hakken. Schalotte schälen, sehr klein würfeln und in der Butter in einer Pfanne glasig braten. Steinpilze und Thymian hinzufügen und 1 Min. unter Rühren braten. Pilzeinweichwasser und eventuell den Sherry angießen, bei starker Hitze in 5 Min. auf die Hälfte einkochen lassen. Mit dem Fond bis auf 3 EL auffüllen und noch 3 Min. einkochen lassen.
➡ Übrigen Fond und Stärke verquirlen und die Sauce damit binden. Crème fraîche untermischen. Die Sauce mit Salz und Pfeffer abschmecken und extra zu der Gemüseplatte servieren. Dazu schmecken Pellkartoffeln.

Tip!
Sie können die Gemüse auch dämpfen. Alle Sorten auf einen großen Siebeinsatz legen. Diesen auf einen passenden Topf setzen und das Gemüse zugedeckt bei mittlerer Hitze über 1/2 l kochendem Salzwasser in 20–25 Min. bißfest garen.

Gebratene Knoblauch-Auberginen mit Dal

Zutaten für 4 Personen:
1 kg Auberginen
Salz · 1 Zwiebel
4 Knoblauchzehen
1 walnußgroßes Stück frischer Ingwer · 1 kleine rote Chilischote
1 TL Butterschmalz
1 EL Curry
1 TL gemahlener Kurkuma (Gelbwurz)
1 TL gemahlener Kreuzkümmel
250 g rote Linsen
1 große Dose schälte Tomaten (800 g) · 1/4 l Gemüsebrühe
4 TL Öl · 1–2 EL Zitronensaft
schwarzer Pfeffer
1/2 Bund Koriandergrün (ersatzweise Petersilie)

Zubereitungszeit: 1 1/4 Std.
Pro Portion: 1500 kJ/360 kcal
20 g E · 7 g F · 56 g K

Raffiniert · Vegetarisch

➨ Die Auberginen waschen, putzen und in Scheiben von 1 cm Dicke schneiden. Mit Salz bestreuen, in eine Schüssel legen und 30 Min. Saft ziehen lassen.
➨ Inzwischen die Zwiebel, 1 Knoblauchzehe und den Ingwer schälen und fein würfeln. Die Chilischote waschen, entkernen und winzig klein würfeln.
➨ Das Schmalz in einem Topf erhitzen. Zwiebel, Knoblauch und Ingwer darin 3–4 Min. dünsten. Curry, Kurkuma, Kreuzkümmel und 1 TL Salz dazugeben und kurz anrösten. Linsen und Tomaten samt Saft hinzufügen, die Brühe angießen. Aufkochen, zugedeckt bei schwacher Hitze 30 Min. sanft schmoren lassen.
➨ Die Auberginen unter kaltem Wasser abbrausen, um den Saft und das Salz zu entfernen. Die Auberginenscheiben mit Küchenpapier trockentupfen, dabei leicht drücken, um möglichst viel Saft aufzusaugen. Die übrigen Knoblauchzehen schälen und fein würfeln.
➨ In einer großen beschichteten Pfanne nach und nach das Öl erhitzen, die Auberginen portionsweise bei mittlerer Hitze von jeder Seite in 2–3 Min. braun anbraten, dabei immer etwas gehackten Knoblauch hinzufügen. Mit einer Schaumkelle herausnehmen, in eine feuerfeste Form legen und im Ofen bei 150° (Umluft 125°) warm halten.
➨ Das Linsengemüse mit Zitronensaft, Salz und Pfeffer abschmecken. Den Koriander abbrausen, die Blätter abzupfen und darüber streuen. Mit den Auberginenscheiben anrichten. Dazu schmeckt Reis oder frisches Fladenbrot.

Tips!
Das Linsengemüse können Sie zum Schluß noch mit 1 EL Crème fraîche abrunden und die Auberginen im Rezept durch kräftige Zucchini ersetzen. Dal heißt ein scharf würziges Linsenpüree aus Indien, das als eiweißreiches Gericht fast zu jeder Mahlzeit gehört. Im Norden wird es als dicker Brei, im Süden als Suppe serviert.

Spitzkohlröllchen mit Chilisahne

Zutaten für 4 Personen:
1 Spitzkohl (etwa 1,2 kg) · Salz
1 Zwiebel · Knoblauchzehe
100 g Staudensellerie
1/2 EL Öl · 150 g Patnareis
2 EL Rosinen · 2 EL Pinienkerne
450 ml Gemüsebrühe
150 g saure Sahne (10 % Fett)
Pfeffer · 1 TL gemahlener Ingwer
1–2 EL Zitronensaft
1 EL Tomatenmark
1 TL Sambal oelek

Zubereitungszeit: 1 Std.
Pro Portion: 1035 kJ/250 kcal
7 g E · 8 g F · 37 g K

Gut vorzubereiten · Preiswert

➡ Den Kohl waschen, die äußeren 8 Blätter abtrennen. Die Mittelrippen flachschneiden. Blätter in Salzwasser 1 Min. blanchieren, abtropfen lassen.
➡ Zwiebel und Knoblauch schälen, Sellerie putzen und alles würfeln. In 1 TL Öl 2–3 Min. dünsten. Reis, Rosinen und Pinienkerne einrühren. Mit 200 ml Brühe aufgießen. Zugedeckt bei schwacher Hitze 20 Min. quellen lassen. 1 EL saure Sahne untermischen. Mit Salz, Pfeffer, Ingwer und Zitronensaft würzen. Auf die Kohlblätter verteilen und zu Röllchen drehen.
➡ Im übrigen Öl anbraten. In der restlichen Brühe zugedeckt bei schwacher Hitze 20 Min. schmoren.
➡ Röllchen herausnehmen. Tomatenmark und Sambal oelek unter die Sauce rühren, einkochen lassen. Übrige saure Sahne unterrühren. Salzen, pfeffern, dazu servieren.

Gefüllte Gurken mit Garnelen-Reis

Zutaten für 4 Personen:
4 kleine Gärtnergurken
(etwa 1,2 kg) · Salz
200 g Reis-Wildreis-Mischung
1 Bund Frühlingszwiebeln
100 g gegarte Garnelen
2 Eier · 2 EL Semmelbrösel
schwarzer Pfeffer
Saft und abgeriebene Schale
von 1/2 unbehandelten Zitrone
1/2 l Hühnerbrühe · 2 EL Schmand
2 g Biobin (Reformhaus)
6 Zitronenmelisseblätter

Zubereitungszeit: 1 Std. 40 Min.
Pro Portion: 1295 kJ/310 kcal
20 g E · 7 g F · 48 g K

Raffiniert · Gut vorzubereiten

➡ Gurken waschen oder schälen, längs halbieren. Entkernen, salzen.
➡ Reis in 400 ml kochendes Salzwasser streuen und bei schwacher Hitze zugedeckt 20 Min., dann 5 Min. offen quellen lassen.
➡ Den Backofen auf 200° vorheizen. Die Frühlingszwiebeln waschen, putzen und fein schneiden. Mit Reis, Garnelen, Eiern und Semmelbröseln vermischen. Mit Salz, Pfeffer, Zitronensaft und Schale würzen, in die Gurkenhälften füllen. Diese in eine Gratinform setzen. Brühe angießen. Mit Alufolie abdecken und im Ofen (Mitte, Umluft 175°) 45 Min. schmoren.
➡ Die Gurken warm stellen. Die Brühe in einem Topf 5 Min. einkochen lassen. Den Schmand und das Biobin unter die Sauce rühren. Melisse streifig schneiden und unterrühren.

Spanisches Kartoffelragout

Zutaten für 4 Personen:
2 Zwiebeln
1–2 Knoblauchzehen
1 kg vorwiegend festkochende Kartoffeln
2 Stangen Staudensellerie
1 EL Olivenöl
3–4 eingelegte Sardellenfilets
1 Lorbeerblatt
1 Zweig Thymian
400 ml Fleischbrühe
400 g Tomaten
400 g Geflügel-Fleischwurst am Stück
100 ml Kaffeesahne (10 % Fett)
1–2 EL Kapern
Salz · schwarzer Pfeffer

Zubereitungszeit: 45 Min.
Pro Portion: 1315 kJ/315 kcal
25 g E · 9 g F · 33 g K

Preiswert · Gelingt leicht

➨ Die Zwiebeln und die Knoblauchzehen schälen und fein würfeln. Die Kartoffeln schälen und in große Würfel schneiden. Den Sellerie waschen, putzen und in dünne Scheiben schneiden.
➨ In einem breiten Topf das Öl erhitzen. Die Zwiebeln und den Knoblauch darin glasig dünsten, den Sellerie hinzufügen und bei mittlerer Hitze unter Rühren 3 Min. mitdünsten.
➨ Die Sardellenfilets abspülen, abtrocknen und sehr fein hacken. Zusammen mit den Kartoffeln, dem Lorbeerblatt und dem Thymian in den Topf geben. Die Brühe angießen. Alles aufkochen und bei schwacher Hitze zugedeckt zunächst 25 Min. köcheln lassen.
➨ Inzwischen die Stielansätze der Tomaten entfernen, die Tomaten kurz überbrühen, abschrecken, häuten, quer halbieren und entkernen. Das Tomatenfruchtfleisch in große Stücke schneiden. Die Wurst würfeln. Tomaten, Wurst und die Kaffeesahne unter das Ragout mischen, alles einmal kurz aufkochen und zugedeckt noch 5 Min. ziehen lassen. Eventuell vorhandenes Selleriegrün waschen und fein hacken.
➨ Die abgetropften Kapern und das Selleriegrün unterrühren. Das Kartoffelragout mit Salz, Pfeffer und etwas Kapernsud aus dem Glas abschmecken.

Variante: Lorbeer-Kartoffeln
Dafür 1 kg vorwiegend festkochende Kartoffeln schälen und in 2–3 mm dünne Scheiben schneiden. 200 g Geflügel-Fleischwurst in ebenso dünne Scheiben teilen. 6–8 möglichst frische Lorbeerblätter waschen und trockentupfen. Kartoffeln, Wurst und Lorbeer in einen flachen Topf einschichten. 400 ml fettarme Milch mit 1 TL Salz, 1 TL Paprika edelsüß und frisch gemahlenem Pfeffer verrühren. Über die Kartoffeln in den Topf gießen. Alles zugedeckt bei schwacher Hitze aufkochen und in etwa 30 Min. sanft gar köcheln lassen, bis die Kartoffeln weich sind, dabei ab und zu vorsichtig wenden. Vor dem Servieren 100 g cremige saure Sahne unterheben und die Kartoffeln mit Salz und Pfeffer abschmecken.

Baked Potatoes mit Roastbeeffüllung

Zutaten für 4 Personen:
4 große festkochende Kartoffeln (etwa 1,2 kg)
100 g Roastbeef-Aufschnitt
4 Gewürzgurken
1 Bund Petersilie
1 Bund Basilikum
250 g Magerquark
100 g entrahmte Dickmilch (0,3 % Fett)
Salz · schwarzer Pfeffer
1 TL Senf · 4 Kirschtomaten

Zubereitungszeit: 20 Min. (+ 1 Std. Backen)
Pro Portion: 1180 kJ/280 kcal
21 g E · 2 g F · 45 g K

Gut vorzubereiten

➨ Den Backofen auf 220° vorheizen. Die Kartoffeln sehr gründlich waschen und mit Küchenpapier abtrocknen. Ausreichend große Stücke Alufolie zuschneiden, die Kartoffeln darin locker einwickeln.
➨ Die Kartoffeln auf ein Backblech legen und im vorgeheizten Ofen (Mitte, Umluft 200°) 1 Std. backen.
➨ Inzwischen für die Füllung den Roastbeef-Aufschnitt in feine Streifen und die Gewürzgurken in Scheibchen schneiden. Die Kräuter waschen und abtrocknen. Einige Blättchen beiseite legen, die restlichen Kräuter fein hacken.
➨ Den Quark mit der Dickmilch glattrühren, mit Salz, Pfeffer und dem Senf würzen. Roastbeef, Gurken und gehackte Kräuter unterrühren und die Mischung pikant abschmecken. Die Tomaten waschen und halbieren.
➨ Die Kartoffeln aus dem Ofen nehmen und die Folie aufklappen oder -schneiden. Die Kartoffeln ein wenig auseinanderdrücken und etwas Füllung hineingeben. Mit Tomaten und Kräutern garnieren, die restliche Füllung dazu servieren.

Brasilianischer Gemüsetopf

Zutaten für 4 Personen:
2 Zwiebeln
3 rote Chilischoten
400 g Zucchini
2 Kochbananen
400 g Süßkartoffeln
1 kleine unreife Papaya
1 EL Öl · 1 l Gemüsebrühe
280 g Maiskörner aus der Dose
1 Handvoll frisches Koriandergrün
Salz · schwarzer Pfeffer

Zubereitungszeit: 1 Std.
Pro Portion: 1410 kJ/335 kcal
6 g E · 7 g F · 64 g K

Raffiniert · Vegetarisch

➡ Die Zwiebeln schälen und in Streifen schneiden. Die Chilischoten waschen, aufschlitzen, entkernen und von den Stielansätzen befreien, dann in sehr feine Ringe schneiden.

➡ Die Zucchini waschen und putzen, die Kochbananen schälen, beides in Scheiben schneiden.

➡ Die Süßkartoffeln schälen und waschen, die Papaya halbieren, entkernen und das Fruchtfleisch auslösen, beides würfeln.

➡ Das Öl in einem großen Topf erhitzen, die Zwiebeln und die Chillies darin leicht anbraten. Das übrige vorbereitete Gemüse dazugeben und kurz anbraten, dann die Brühe angießen.

➡ Die Brühe aufkochen lassen und das Gemüse zugedeckt bei schwacher Hitze 20 Min. köcheln lassen.

➡ Den Mais zum Gemüsetopf geben und noch kurz mit erhitzen. Das Koriandergrün waschen und bis auf einige Blättchen zerzupfen, zum Eintopf geben und diesen mit Salz und Pfeffer abschmecken. Mit den übrigen Korianderblättchen garniert servieren.

Tips!
Unreife Papayas erkennen Sie an der kräftig grünen Farbe, reife sind gelblich. Kochbananen sind weniger süß und größer als Obstbananen und lassen sich nicht so leicht schälen. Eventuell die Schale mit einem Messer abschneiden. Süßkartoffeln heißen auch »Bataten« und haben tatsächlich ein leicht süßliches Fruchtfleisch. Sie können aber für diesen Gemüsetopf auch unsere gewohnten Kartoffeln verwenden.

Variante:
Für einen gehaltvollen Eintopf auf brasilianische Art etwa 400 g kleingewürfeltes Putenbrustfilet oder 300 g Fischfilet und 100 g geschälte Garnelen dazugeben. Nur die letzten Minuten mit erhitzen.

Venezianisches Kartoffelrisotto

Zutaten für 4 Personen:
500 g mehligkochende Kartoffeln
1 Schalotte
1–2 Knoblauchzehen
75 g roher Schinken in Scheiben (ohne Fettrand)
1 EL Butter
250 g Risottoreis (Arborio, Carnaroli oder Vialone)
1 l heiße Fleischbrühe
1 kleiner Zweig Rosmarin
Salz · weißer Pfeffer
40 g Grana Padano oder Parmesan am Stück

Zubereitungszeit: 35 Min.
Pro Portion: 1685 kJ/405 kcal
17 g E · 5 g F · 67 g K

Preiswert · Raffiniert

➨ Die Kartoffeln schälen, waschen und auf der Rohkostreibe oder mit dem entsprechenden Einsatz der Küchenmaschine grob reiben.

➨ Die Schalotte und den Knoblauch schälen und fein hacken. Den Schinken ohne Fettrand in feine Streifen schneiden.

➨ In einem breiten Topf 1/2 EL Butter erhitzen, den Schinken darin unter Rühren glasig werden lassen. Dann die Kartoffeln, die Schalotte und den Knoblauch hinzufügen und unter Rühren andünsten. Den Reis hineinstreuen und kurz mitdünsten.

➨ Einen ordentlichen Schuß Fleischbrühe in den Topf geben und den Rosmarin hinzufügen. Den Risotto bei mittlerer Hitze unter gelegentlichem Rühren leise köcheln lassen, dabei nach und nach die Fleischbrühe dazugießen. Die Reiskörner sollen zum Schluß gar sein, aber noch Biß haben.

➨ Den Rosmarinzweig herausfischen und wegwerfen. Den Risotto mit Salz und Pfeffer würzen. Den Käse reiben. Ein wenig Käse mit der übrigen Butter unter den Risotto rühren. Den restlichen Käse in einem Schälchen getrennt dazu reichen.

Variante: Italienische Steinpilzkartoffeln

30 g getrocknete Steinpilze mit 100 ml heißem Wasser übergießen und 30 Min. quellen lassen. 700 g möglichst kleine Kartoffeln waschen und je nach Größe in 20–25 Min. gar kochen. Inzwischen 200 g Blattspinat waschen, putzen und für 1 Min. in kochendes Salzwasser geben. Kalt abschrecken und gut abtropfen lassen. Anschließend grob zerschneiden. Je 1 Zwiebel und Knoblauchzehe schälen, hacken und in 2 EL Öl andünsten. 1 kleinen Zweig Rosmarin und die Pilze samt Einweichwasser dazugeben. 100 ml kräftige Fleischbrühe und 50 ml Kaffeesahne darunterrühren. Die Sauce offen bei schwacher Hitze in 10 Min. einköcheln lassen. Inzwischen die Kartoffeln schälen und je nach Größe halbieren oder vierteln. 50 g Parmaschinken in Stücke zupfen. Beides mit dem Spinat unter die Steinpilzsauce heben. Falls nötig, noch etwas Fleischbrühe hinzufügen. Die Kartoffeln salzen und pfeffern.

Nudelsalat mit Kohlrabi

Zutaten für 1 Person:
50 g Penne
Salz
1 kleiner Kohlrabi
1 kleiner Kopf Radicchio
2 EL Orangensaft
1 ½ EL Aceto Balsamico
schwarzer Pfeffer
1 TL kaltgepreßtes Öl
2 EL saure Sahne
1–2 TL frisch gehackte Petersilienblättchen

Zubereitungszeit: 20 Min.
Pro Portion: 1200 kJ/285 kcal
12 g E · 5 g F · 47 g K

Preiswert · Schnell

➡ Die Nudeln in reichlich kochendem Salzwasser nach Packungsangabe bißfest kochen. Abgießen, kalt abschrecken und in einem Sieb abtropfen lassen.
➡ Den Kohlrabi schälen, vierteln und auf der Gemüsereibe fein hobeln. Radicchio putzen, waschen, abtropfen lassen und in kleinere Stücke zupfen.
➡ Für die Marinade Orangensaft, Essig, Salz, Pfeffer und Öl kräftig verrühren.
➡ Nudeln, Kohlrabi und Radicchio mit der Marinade vermischen. Den Salat auf einem Teller anrichten oder zum Mitnehmen in ein verschließbares Gefäß füllen.
➡ Die saure Sahne mit Salz und Pfeffer abschmecken, die Petersilie unterrühren. Entweder sofort über dem Nudelsalat verteilen oder in einem Gläschen mit an den Arbeitsplatz nehmen und kurz vor dem Essen darübergeben.

Nudelsalat mit Lachs und Tomate

Zutaten für 1 Person:
70 g Nudeln (z. B. Penne oder Muschelnudeln)
Salz
40 g geräucherter Lachs
1 Tomate
1 TL Salatcreme (40 % Fett)
3 EL fettarmer Joghurt (1,5 % Fett)
1 EL fettarme Milch (1,5 % Fett)
1 EL Zitronensaft
1 Prise frisch geriebene Muskatnuß
1 TL Keta-Kaviar
½ Bund Schnittlauch oder 2 Zweige Basilikum

Zubereitungszeit: 15 Min.
Pro Portion: 1690 kJ/405 kcal
22 g E · 11 g F · 57 g K

Raffiniert · Schnell

➡ Nudeln in sprudelnd kochendem Salzwasser nach Packungsangabe bißfest garen, abgießen, kalt abschrecken und abtropfen lassen.
➡ Den Lachs in breite Streifen schneiden. Die Tomate waschen, entkernen und würfeln.
➡ Für die Sauce die Salatcreme mit Joghurt und Milch verrühren, mit Zitronensaft und Muskat würzen.
➡ Die Sauce unter die Nudeln mischen, Lachsstreifen, Tomatenwürfel und Kaviar darüber verteilen.
➡ Schnittlauch in Röllchen schneiden oder Basilikumblätter zerzupfen und über den Salat streuen.

Bandnudeln mit Rucola und Schinken

Zutaten für 2 Personen:
100 g gekochter Schinken
100 g Rucola
2 kleine rote Zwiebeln
1 rote Chilischote
2 TL Olivenöl
1 Knoblauchzehe
400 ml Kalbsfond (aus dem Glas)
Salz
200 g Bandnudeln
schwarzer Pfeffer
2 EL frisch geriebener Parmesan

Zubereitungszeit: 25 Min.
Pro Portion: 2245 kJ/535 kcal
28 g E · 15 g F · 73 g K

Preiswert · Raffiniert

➡ Den Schinken eventuell vom Fettrand befreien, in feine Streifen scheiden. Den Rucola verlesen und grobe Stiele entfernen. Den Rucola in breite Streifen schneiden.
➡ Die Zwiebeln schälen und in feine Spalten oder Ringe schneiden. Die Chilischote aufschlitzen, entkernen und vom Stielansatz befreien, in feine Streifen schneiden.
➡ Das Olivenöl mit einem Backpinsel in einer beschichteten Pfanne verteilen und erhitzen. Die Zwiebelspalten und die Chilistreifen darin anschwitzen. Den Knoblauch schälen und dazupressen, mit dem Kalbsfond ablöschen. Offen bei starker Hitze auf die Hälfte einkochen lassen.
➡ Inzwischen in einem Topf gut 2 l Salzwasser zum Kochen bringen.
➡ Die Bandnudeln in das Wasser geben, darin nach Packungsaufschrift bißfest garen. In ein Sieb abgießen und gut abtropfen lassen.
➡ Den Schinken und den Rucola zur Zwiebelsauce in der Pfanne geben und kurz darin erwärmen. Die Nudeln untermischen, alles mit Salz und Pfeffer abschmecken und mit frisch geriebenem Parmesan bestreuen.

Spaghetti mit Kürbis-Tomaten-Sugo

Zutaten für 2 Personen:
400 g Kürbis
1 grüne Paprikaschote
500 g reife Tomaten
1 Zwiebel · 1 Knoblauchzehe
1 EL Olivenöl
Salz · schwarzer Pfeffer
1 TL Kräuter der Provence
½ TL Paprika, rosenscharf
200 g Spaghetti
40 g frisch geriebener Parmesan
6–8 Basilikumblätter

Zubereitungszeit: 35 Min.
Pro Portion: 2415 kJ/575 kcal
25 g E · 12 g F · 91 g K

Gelingt leicht · Preiswert

➡ Den Kürbis schälen, von den Kernen befreien und in knapp 1 cm große Würfel schneiden. Die Paprika waschen, halbieren, putzen und ebenfalls würfeln. Stielansätze der Tomaten entfernen. Tomaten kurz überbrühen, häuten und hacken.
➡ Zwiebel und Knoblauch schälen, fein hacken und im Öl glasig dünsten. Kürbis- und Paprikawürfel dazugeben, bei mittlerer Hitze 5 Min. andünsten. Tomaten einrühren, mit Salz, Pfeffer, Kräutern und Paprika würzen. Offen bei mittlerer Hitze 15 Min. einkochen lassen.
➡ Inzwischen die Nudeln in reichlich kochendem Salzwasser bißfest garen und kurz abtropfen lassen.
➡ Den Kürbis-Tomaten-Sugo mit Salz und Pfeffer abschmecken. Zu den Spaghetti servieren. Mit Parmesan bestreuen und mit Basilikum garnieren.

Penne mit Broccoli

Zutaten für 2 Personen:
1 Knoblauchzehe
1 kleine rote Chilischote
½ Aubergine (etwa 250 g)
1 TL Olivenöl · Salz
400 g Broccoli · 200 g Penne
20 g Parmesan

Zubereitungszeit: 25 Min.
Pro Portion: 2045 kJ/490 kcal
25 g E · 7 g F · 84 g K

Preiswert

➡ Knoblauch schälen und in Scheibchen schneiden. Die Chilischote entkernen, fein würfeln. Aubergine waschen und 1 cm groß würfeln.
➡ Eine große beschichtete Pfanne mit dem Olivenöl bepinseln und heiß werden lassen. Die Auberginenwürfel darin bei mittlerer Hitze braun braten. Knoblauch und Chilischote hinzufügen, zugedeckt bei sehr schwacher Hitze ziehen lassen.
➡ 2 l Salzwasser zum Kochen bringen. Den Broccoli waschen und putzen. Die Röschen in kleine Stücke teilen, Strünke schälen und in Scheibchen schneiden.
➡ Nudeln in das kochende Wasser geben, 3 Min. kochen lassen. Broccoli dazugeben und alles in weiteren 5 Min. bißfest garen.
➡ Nudeln und Broccoli abgießen, dabei etwa ⅛ l Kochwasser auffangen.
➡ Nudelmischung mit Kochwasser zu den Auberginenwürfeln geben und 2–3 Min. bei schwacher Hitze erwärmen. In vorgewärmte Teller verteilen, Parmesan über die Nudeln hobeln.

Grüne Bandnudeln mit Putenragout

Zutaten für 2 Personen:
150 g grüne Bandnudeln · Salz
200 g Putenschnitzel
150 g Champignons
100 g tiefgekühlte Erbsen
1 EL Öl · weißer Pfeffer
1 TL Butter
4 EL trockener Weißwein (ersatzweise Hühnerbrühe)
1/8 l Hühnerbrühe
1 EL Crème fraîche
1–2 EL Zitronensaft

Zubereitungszeit: 20 Min.
Pro Portion: 2100 kJ/500 kcal
39 g E · 11 g F · 61 g K

Gelingt leicht

➨ Die Nudeln in Salzwasser bißfest garen, abgießen.
➨ Inzwischen das Fleisch kurz kalt abbrausen, trockentupfen und in 1 cm breite Streifen schneiden. Champignons putzen und in Scheibchen schneiden. Erbsen antauen lassen.
➨ Das Öl in einer beschichteten Pfanne erhitzen und das Fleisch darin unter Wenden kräftig anbraten, dann auf Küchenpapier abfetten, salzen und pfeffern.
➨ Butter in die Pfanne geben und die Champignons darin braten. Das Fleisch wieder hinzufügen, mit Wein, Brühe und Crème fraîche aufgießen. Das Ragout 5 Min. zugedeckt bei mittlerer Hitze köcheln lassen. Die Erbsen dazugeben und aufkochen lassen.
➨ Das Ragout mit Salz, Pfeffer und Zitronensaft abschmecken. Mit den heißen Nudeln servieren.

Nudelpfanne mit Lamm und Zucchini

Zutaten für 2 Personen:
150 g Vollkornnudeln
Salz · 1 Aubergine
2 kleine Zucchini
schwarzer Pfeffer
1 EL Mehl · 1 EL Olivenöl
150 g mageres Lammhackfleisch
1/8 l Lammfond (aus dem Glas)
250 g Tomatenpüree (aus der Packung)
1 Prise gemahlene Nelken
1 Prise gemahlener Kreuzkümmel
2 EL frisch gehackte Petersilie

Zubereitungszeit: 25 Min.
Pro Portion: 1895 kJ/455 kcal
31 g E · 10 g F · 58 g K

Gelingt leicht · Preiswert

➨ Die Nudeln in sprudelnd kochendem Salzwasser bißfest garen, abgießen.
➨ Inzwischen die Aubergine und die Zucchini waschen, putzen. Aubergine in Würfel, Zucchini in Scheiben schneiden. Salzen und pfeffern, in Mehl wenden.
➨ Eine große beschichtete Pfanne mit dem Olivenöl erhitzen. Das Gemüse darin bei mittlerer Hitze goldbraun braten, auf Küchenpapier abfetten.
➨ Das Lammhack in die Pfanne geben und bei mittlerer Hitze unter Wenden krümelig braten. Lammfond und Tomatenpüree hinzufügen, mit Salz, Pfeffer, Nelkenpulver und Kreuzkümmel würzen. Offen 5 Min. köcheln lassen, dann das gebratene Gemüse und die abgetropften Nudeln untermischen. Mit der Petersilie bestreuen und möglichst sofort servieren.

Bündner Spargelnudeln

Zutaten für 2 Personen:
250 g grüner Spargel
Salz · 200 g breite Bandnudeln
1 TL Butter · 2 TL Mehl
150 ml fettarme Milch (1,5 % Fett)
1 EL Buttermilch-Frischkäse (8 % Fett)
½ TL abgeriebene unbehandelte Zitronenschale
weißer Pfeffer
frisch geriebene Muskatnuß
50 g Bündner Fleisch

Zubereitungszeit: 30 Min.
Pro Portion: 1880 kJ/450 kcal
24 g E · 5 g F · 76 g K

Raffiniert · Gelingt leicht

➡ Den Spargel waschen, nur das untere Drittel schälen. Die Spargelstangen schräg in 4 cm große Stücke schneiden. In kochendem Salzwasser in 7–9 Min. bißfest garen. Aus dem Wasser heben, kalt abschrecken und gut abtropfen lassen.
➡ Die Nudeln im Spargelkochwasser bißfest garen. Abtropfen lassen.
➡ Butter aufschäumen lassen, Mehl einrühren und kurz anschwitzen. Unter Rühren nach und nach die Milch dazugießen und die Sauce bei mittlerer Hitze 10 Min. köcheln lassen. Den Frischkäse hinzufügen. Die Sauce mit Zitronenschale, Salz, Pfeffer und Muskat kräftig würzen.
➡ Das Bündner Fleisch in Streifen schneiden. Die Bandnudeln und den Spargel unter die Sauce heben. Bündner Fleisch locker unterziehen.

Tagliatelle mit Austernpilzen

Zutaten für 2 Personen:
1 Msp. Safranfäden
100 ml Gemüsebrühe
300 g Austernpilze · 1 Möhre
1 Schalotte · 1 TL Butter
Salz · schwarzer Pfeffer
50 ml fettarme Milch (1,5 % Fett)
250 g frische Tagliatelle (aus dem Kühlregal)
½ Bund Petersilie
50 g roher Schinken
50 ml Kaffeesahne (10 % Fett)
1–2 TL Zitronensaft

Zubereitungszeit: 30 Min.
Pro Portion: 2125 kJ/510 kcal
28 g E · 7 g F · 79 g K

Für Gäste · Gelingt leicht

➡ Den Safran mit der Brühe verrühren. Die Austernpilze putzen, in Stücke schneiden. Die Möhre und die Schalotte schälen, Möhre in feine Streifen schneiden, Schalotte klein würfeln.
➡ In einer großen beschichteten Pfanne die Butter zerlassen, Schalotte und Möhren darin 1 Min. andünsten. Pilzstücke 5 Min. mitdünsten. Salzen, pfeffern.
➡ Safranbrühe und Milch angießen und die Pilze bei schwacher Hitze offen 5 Min. sanft köcheln lassen.
➡ Nudeln in Salzwasser bißfest kochen. Petersilie waschen, die Blättchen fein hacken. Den Schinken in feine Streifen schneiden.
➡ Kaffeesahne und Petersilie unter die Pilze rühren. Mit Salz, Pfeffer und Zitronensaft abschmecken.
➡ Tagliatelle abtropfen lassen, mit Pilzen und Schinken anrichten.

Petersilienspätzle mit Safransauce

Zutaten für 2 Personen:
1 Bund Petersilie · 2 Eier
150 g + 2 TL Mehl
Salz · weißer Pfeffer
100 g Schalotten
1 TL Butter
400 ml Geflügelfond (aus dem Glas)
1 Döschen gemahlener Safran
100 g saure Sahne (10 % Fett)

Zubereitungszeit: 40 Min.
Pro Portion: 1685 kJ/405 kcal
16 g E · 12 g F · 57 g K

Gelingt leicht

➨ Die Petersilie waschen und trockenschütteln. Einige zarte Blättchen zum Bestreuen beiseite legen, die restlichen Stiele mit den Blättchen sehr fein hacken. Mit den Eiern, 150 g Mehl und 6–7 EL Wasser zu einem dicken, glatten Teig verrühren. Mit Salz und Pfeffer würzen und zugedeckt 30 Min. ruhen lassen.
➨ Inzwischen für die Safransauce die Schalotten schälen und sehr fein würfeln. Die Butter in einer Pfanne schmelzen, die Schalotten darin glasig werden lassen. 2 TL Mehl darüber stäuben und goldgelb anschwitzen, dann unter Rühren mit dem Geflügelfond ablöschen. Die Sauce bei starker Hitze auf etwa ein Viertel einkochen lassen.
➨ Den Safran und die saure Sahne zur Sauce geben, gut verrühren und die Sauce warm halten, aber nicht mehr kochen lassen.
➨ Für die Spätzle reichlich Salzwasser aufkochen lassen. Den Spätzleteig vom nassen Brett oder mit einem Spätzlehobel hineinschaben. Aufkochen lassen, dann die Spätzle abgießen und sehr gut abtropfen lassen.
➨ Die Safransauce abschmecken und mit den Spätzle servieren. Mit der übrigen Petersilie bestreuen.

Spaghetti mit Curry-Gemüse

Zutaten für 2 Personen:
1 EL Sesamsamen
1 mittelgroße Möhre
1 kleiner Zucchino
2 Frühlingszwiebeln
Salz · 200 g Spaghetti
1 TL Sonnenblumenöl
1 TL Sesamöl · 2 TL milder Curry
50 ml Gemüsebrühe
100 g saure Sahne · weißer Pfeffer
1–2 TL Zitronensaft

Zubereitungszeit: 20 Min.
Pro Portion: 2100 kJ/500 kcal
16 g E · 12 g F · 83 g K

Schnell · Vegetarisch

➨ Sesamsamen in einer beschichteten Pfanne ohne Fett bei mittlerer Hitze goldgelb rösten. Herausnehmen und beiseite stellen.
➨ Möhre, Zucchino und Frühlingszwiebeln waschen, putzen und in lange, dünne Streifen schneiden. Gemüsestreifen in kochendem Salzwasser 1 Min. blanchieren. Kalt abschrecken und abtropfen lassen.
➨ Die Spaghetti in Salzwasser nach Packungsangabe bißfest kochen.
➨ Inzwischen beide Ölsorten in einer beschichteten Pfanne erhitzen, das Gemüse darin unter Rühren andünsten. Curry untermischen. Mit Gemüsebrühe ablöschen. Die Pfanne vom Herd nehmen und die saure Sahne unter das Gemüse mischen. Mit Salz, Pfeffer und Zitronensaft abschmecken.
➨ Die Nudeln kurz abtropfen lassen. Mit dem Curry-Gemüse vermischen und mit Sesam bestreuen.

Rigatoni mit glasierten Auberginen

Zutaten für 2 Personen:
1 kleine Aubergine
Salz
1 TL Butter
1 EL Zuckerrübensirup
200 g Rigatoni
1 Fleischtomate
schwarzer Pfeffer
10–12 Basilikumblättchen

Zubereitungszeit: 30 Min.
Pro Portion: 1780 kJ/430 kcal
15 g E · 2 g F · 87 g K

Gelingt leicht · Vegetarisch

➨ Die Aubergine waschen, unzerkleinert von Salzwasser bedeckt 10 Min. köcheln lassen, dann in Würfel schneiden.
➨ Eine beschichtete Pfanne heiß werden lassen, mit Butter auspinseln, den Sirup hineingeben. Die Auberginenwürfel darin unter Wenden bei mittlerer Hitze anbraten und karamelisieren, dann warm halten.
➨ Die Nudeln nach Packungsangabe in Salzwasser bißfest garen.
➨ Den Stielansatz der Tomate entfernen. Die Tomate kurz überbrühen, häuten, den Saft etwas auspressen und die Tomate in kleine Stücke schneiden.
➨ Nudeln abgießen und mit Auberginenwürfeln und rohen Tomatenstücken mischen. Das Gericht salzen und pfeffern, Basilikumblätter darüber streuen und die Nudeln sofort servieren.

Kräuter-Quark-Klößchen mit Tomatensugo

Zutaten für 2 Personen:
250 g Magerquark
etwa 180 ml Gemüsebrühe
100 g Hartweizengrieß
1 Handvoll Kerbel
½ Bund Petersilie
1 Ei · Salz · schwarzer Pfeffer
150 g Frühlingszwiebeln
1 Knoblauchzehe
1 EL Olivenöl
1 kleine Dose geschälte Tomaten in großen Stücken (400 g)
1 getrocknete rote Chilischote
1 Prise Zucker

Zubereitungszeit: 45 Min.
Pro Portion: 1730 kJ/415 kcal
30 g E · 11 g F · 53 g K

Vegetarisch

➨ Quark in einem Sieb gut abtropfen lassen. Brühe aufkochen, Grieß einrieseln lassen und bei schwacher Hitze in 1–2 Min. zu einem Brei kochen.
➨ Vom Herd nehmen. Kräuter abbrausen, die Blätter abzupfen und bis auf einige fein hacken. Mit Quark und Ei unter den Grieß mischen, salzen und pfeffern und noch 10 Min. quellen lassen.
➨ Frühlingszwiebeln waschen, putzen und fein schneiden. Knoblauch schälen und durchpressen. Die Frühlingszwiebeln und den Knoblauch im heißen Öl andünsten. Die Tomaten samt Saft und die Chilischote dazugeben und offen bei mittlerer Hitze in 20 Min. dicklich einkochen lassen.
➨ In einem breiten Topf Salzwasser zum Kochen bringen. Aus der Quarkmasse 10–12 Nocken mit zwei angefeuchteten Teelöffeln abstechen. In das kochende Wasser geben, 10–12 Min. ziehen lassen.
➨ Den Sugo mit Salz, Pfeffer und Zucker würzen.
➨ Die Klöße herausheben, mit dem Tomatensugo und den übrigen Kräutern anrichten.

Kohlrabiquiche

Zutaten für 2 Personen:
Für den Kartoffelteig:
2 mittelgroße mehligkochende Kartoffeln
100 g Weizenmehl Type 1050
1 gestr. TL Backpulver
10 g Halbfettbutter oder -margarine
1 Prise Salz · 2 EL Milch
etwas Fett für die Form
Mehl zum Ausrollen
Für den Belag:
300 g junge Kohlrabi
Salz · weißer Pfeffer
30 g Gorgonzola
100 g Joghurt
1 kleines Ei
Petersilienblättchen zum Garnieren

Zubereitungszeit: 45 Min.
(+ 30 Min. Backen)
Pro Portion: 1675 kJ/400 kcal
16 g E · 13 g F · 54 g K

Für Gäste · Raffiniert

➨ Für den Teig die Kartoffeln waschen und ungeschält in wenig Wasser gar kochen. Abgießen, ausdämpfen lassen und schälen. Von den Kartoffeln 100 g abwiegen, noch warm durch die Presse drücken und abkühlen lassen.

➨ Den Backofen auf 180° vorheizen. Eine Backform von 24 cm Ø leicht einfetten. Mehl und Backpulver vermischen. Durchgedrückte Kartoffeln mit Mehl, Fett, Salz und Milch schnell zu einem Teig verkneten. Auf leicht bemehlter Arbeitsfläche oder zwischen Klarsichtfolie 1/2 cm dick ausrollen.

➨ Den Boden der Form damit auskleiden und einen 3 cm hohen Rand formen. Den Teigboden mit einer Gabel mehrmals ein-, aber nicht durchstechen.

➨ Für den Belag die Kohlrabiknollen schälen, vierteln, in hauchdünne Scheiben schneiden, leicht salzen und pfeffern. Vom Kohlrabigrün 3–4 zarte Blättchen waschen und fein hacken. Eventuell einige zum Garnieren beiseite legen.

➨ Den Gorgonzola mit einer Gabel zerdrücken, dann mit Joghurt, Ei und gehacktem Kohlrabigrün zu einem Guß verrühren. Mit Pfeffer würzen. Kohlrabischeiben auf den Teigboden schichten, den Gorgonzolaguß darüber verteilen. Die Quiche im Ofen (unten, Umluft 160°) in 30 Min. goldgelb backen. Die Quiche in Stücke schneiden und mit Petersilie und/oder zarten Kohlrabiblättchen garniert heiß oder lauwarm servieren.

Tip!
Die Quiche können Sie zur Abwechslung auch mit anderem Gemüse zubereiten. Besonders gut eignen sich Zucchini, Lauch, Möhren oder Fenchel. Zucchini werden dafür gewaschen und in dünne Scheiben geschnitten. Lauch oder Möhren werden geputzt, gewaschen, ebenfalls in dünne Scheiben geschnitten und in Salzwasser 1 Min. blanchiert. Danach schreckt man sie kalt ab und läßt das Gemüse gut abtropfen. Fenchel am besten so vorbereiten: waschen, putzen, achteln und quer in dünne Scheiben schneiden. Dann 1 Min. blanchieren, abschrecken und abtropfen lassen.

Apulische Zwiebelpizza

Zutaten für 2 Personen:
Für den Teig:
10 g frische Hefe · 1 Prise Zucker
200 g Mehl · ½ TL Salz
Für den Belag:
250 g weiße Zwiebeln
1 TL getrockneter Oregano
Salz · schwarzer Pfeffer
1 EL Olivenöl
3 EL frisch geriebener Parmesan
2 TL Olivenöl für die Form
Mehl für die Arbeitsfläche

Zubereitungszeit: 20 Min.
(+ 1 Std. Ruhen
+ 25 Min. Backen)
Pro Portion: 2070 kJ/495 kcal
17 g E · 11 g F · 82 g K

Vegetarisch

➡ Aus Hefe, etwa 160 ml lauwarmem Wasser, Zucker, Mehl und Salz einen glatten Hefeteig kneten. Zugedeckt an einem warmen Ort 1 Std. ruhen lassen.

➡ Inzwischen für den Belag die Zwiebeln schälen und in sehr feine Scheiben schneiden, in Ringe zerteilen.

➡ Den Backofen auf 225° vorheizen. Eine Pizzaform oder Quicheform von 28 cm Ø mit Olivenöl fetten.

➡ Den Hefeteig noch einmal durchkneten und auf wenig Mehl zu einem dünnen Kreis ausrollen. Die Form damit auskleiden. Den Rand etwas dicker formen.

➡ Die Zwiebeln auf dem Teig verteilen, mit Oregano, Salz und Pfeffer bestreuen. Das Öl darüber träufeln und den Parmesan darüber streuen. Die Pizza im Ofen (unten, Umluft 200°) 25 Min. backen.

Fenchelpizza

Zutaten für 2 Personen:
1 Fenchelknolle (etwa 400 g)
1 Zucchino (150 g)
1 Schalotte
200 ml Gemüsebrühe
1 EL Rosinen
Salz · schwarzer Pfeffer
Cayennepfeffer
1 fertig ausgerollter Pizzaboden (aus der Kühltheke)
30 g Edamer-Käse (30 % Fett)
30 g Parmesan
1 TL Olivenöl

Zubereitungszeit: 20 Min.
(+ 20 Min. Backen)
Pro Portion: 1435 kJ/345 kcal
19 g E · 10 g F · 44 g K

Schmeckt nur ganz frisch

➡ Den Backofen samt Backblech auf 250° (Umluft 230°) vorheizen. Gemüse putzen. Fenchel längs vierteln und in feine Streifen schneiden, Zucchino in dünne Scheiben schneiden. Schalotte schälen und in dünne Streifen schneiden.

➡ Die Brühe aufkochen. Gemüse und Rosinen darin 1 Min. köcheln, herausheben und gut abtropfen lassen. Mit Salz, Pfeffer und Cayennepfeffer kräftig würzen.

➡ Den Pizzaboden auf das heiße Backblech legen und die Gemüse-Rosinen-Mischung darauf verteilen. Beide Käsesorten reiben und über das Gemüse streuen. Mit Öl beträufeln.

➡ Die Pizza im Ofen (unten) in 20 Min. goldbraun backen. Fenchelgrün waschen, trockentupfen, abzupfen und über die Pizza streuen.

Möhren-Kohlrabi-Tarte mit Sesam-Joghurt

Zutaten für 2 Personen:
1 Scheibe frischer dünner Blätterteig aus dem türkischen Laden
1 zarter Kohlrabi (etwa 250 g)
250 g junge Möhren · Salz
je ½ Bund Petersilie und Basilikum
1 Zweig Estragon
1 Knoblauchzehe
schwarzer Pfeffer
100 g Joghurt (3,5 % Fett)
2 EL Milch
1 EL Sesampaste (Tahin)
1 Ei · 1–2 TL Zitronensaft
1 EL Sesamsamen
Olivenöl für die Form und zum Bestreichen

Zubereitungszeit: 35 Min. (+ 30 Min. Backen)
Pro Portion: 2115 kJ/505 kcal
16 g E · 15 g F · 71 g K

Vegetarisch · Gut vorzubereiten

➠ Eine Tarte- oder Springform von 24–26 cm Ø einfetten. Die Blätterteigplatte auf 35 cm Ø rund zurechtschneiden, die Form damit auslegen.
➠ Den Kohlrabi putzen, schälen und vierteln, in dünne Scheiben schneiden. Die Möhren schälen und schräg in dünne Scheiben hobeln. Kohlrabi und Möhren in kochendem Salzwasser 1 Min. blanchieren. Abgießen, abschrecken und gut abtropfen lassen.
➠ Die Kräuter kurz abbrausen, die Blätter abzupfen, einige ganze zum Garnieren auf die Seite legen. Das übrige Basilikum in feine Streifen schneiden, Petersilie und Estragon fein hacken.
➠ Die Knoblauchzehe schälen und zerdrücken, mit dem Gemüse und den Kräutern vermischen, salzen und pfeffern. Auf dem Teig verteilen.
➠ Den Backofen auf 200° vorheizen. Für den Guß den Joghurt mit der Milch, der Sesampaste, dem Ei, Zitronensaft, Salz und Pfeffer gründlich verquirlen. Mit dem Guß bedecken und mit dem Sesam bestreuen. Die überstehenden Teigränder nach innen über die Füllung schlagen, mit Olivenöl bestreichen.
➠ Im Ofen (Mitte, Umluft 180°) in 30 Min. goldbraun backen. Mit den übrigen Kräutern garnieren.
Dazu schmeckt ein frischer grüner Salat in Zitronen-Vinaigrette.

Tip!
Statt dem frischen Blätterteig können Sie auch tiefgekühlten Blätterteig nehmen. Die Blätterteigplatten nebeneinander auslegen und in 15 Min. auftauen lassen. Dann die Teigplatten aufeinanderstapeln und auf der bemehlten Arbeitsfläche dünn ausrollen, etwas größer als die Form. Die Backform kalt ausspülen und mit dem Teig auskleiden, dabei einen 3 cm breiten Rand hochziehen. Den Teigboden mit einer Gabel mehrmals einstechen und wie beschrieben vorbacken und belegen. Aus Teigresten können Sie Ornamente ausstechen und vor dem Backen auf das Gemüse legen.

Endivien-Spaghetti mit Shiitake-Pilzen

Zutaten für 4 Personen:
300 g Endiviensalat
200 g Shiitake-Pilze
60 g Bacon (Frühstücksspeck)
1 Schalotte · 1 Knoblauchzehe
350 g Spaghetti · Salz
schwarzer Pfeffer
½ TL frisch gehackter Oregano
1–2 TL Zitronensaft
50 g gehackte Walnüsse
50 g frisch geriebener Parmesan

Zubereitungszeit: 30 Min.
Pro Portion: 2685 kJ/640 kcal
26 g E · 19 g F · 97 g K

Gelingt leicht · Raffiniert

➡ Die Salatblätter waschen, putzen und in 1 cm breite Streifen schneiden. Die Pilze mit Küchenpapier abreiben und in dünne Scheibchen teilen. Den Bacon klein würfeln. Die Schalotte und den Knoblauch schälen und fein hacken.
➡ Die Nudeln in reichlich kochendem Salzwasser nach Packungsangabe bißfest garen.
➡ Eine große Pfanne stark erhitzen, den Bacon darin bei mittlerer Hitze kroß ausbraten und wieder herausnehmen. Schalotte und Knoblauch im heißen Speckfett glasig dünsten. Endivienstreifen und Pilze dazugeben und bei mittlerer Hitze 2–3 Min. dünsten. Mit Salz, Pfeffer, Oregano und Zitronensaft kräftig würzen.
➡ Die Spaghetti abgießen, abtropfen lassen und in der Pfanne mit den Pilzen und Walnüssen vermischen. Mit Parmesan und den Speckwürfeln bestreuen.

Spaghetti mit Steinpilzsauce und Filet

Zutaten für 4 Personen:
200 g Steinpilze
250 g Rinderfilet
1 große Zwiebel · Salz
400 g Spaghetti · 1 TL Öl
schwarzer Pfeffer
1 TL Butter
150 ml Rinderfond (aus dem Glas)
½ Bund Basilikum

Zubereitungszeit: 30 Min.
Pro Portion: 1970 kJ/470 kcal
27 g E · 5 g F · 78 g K

Schnell · Gelingt leicht

➡ Die Steinpilze mit Küchenpapier abreiben, putzen und in Streifen schneiden. Das Rinderfilet ebenfalls in Streifen schneiden. Zwiebel schälen und würfeln.
➡ In einem Topf mindestens 4 l Salzwasser zum Kochen bringen. Die Spaghetti darin bißfest garen.
➡ Gleichzeitig das Öl in einer beschichteten Pfanne erhitzen. Das Rinderfilet darin ganz kurz scharf anbraten, wieder herausnehmen, salzen und pfeffern.
➡ Die Butter in der Pfanne zerlassen. Die Zwiebel darin glasig werden lassen, dann die Pilze darin anbraten. Salzen und pfeffern, mit dem Fond ablöschen und offen 3 Min. köcheln lassen.
➡ Das Basilikum abzupfen. Das Rinderfilet zu den Pilzen geben und noch einmal aufkochen lassen. Die Sauce abschmecken.
➡ Die Spaghetti abtropfen lassen und mit der Steinpilzsauce anrichten, mit Basilikum bestreuen.

Scharfe Rindfleisch-nudeln mit Mangold

Zutaten für 4 Personen:
300 g Rinderfilet
4 EL helle Sojasauce
2 EL trockener Sherry (ersatzweise Rinderfond)
½ TL Zucker · 2 TL Speisestärke
2 EL Sonnenblumenöl
1 Staude Mangold (etwa 500 g)
200 g Champignons
1 Zwiebel
1–2 Knoblauchzehen
2 frische rote Chilischoten
Salz · 400 g Spiralnudeln
100 ml Fleischbrühe

Zubereitungszeit: 45 Min.
Pro Portion: 2280 kJ/545 kcal
33 g E · 9 g F · 82 g K

Raffiniert · Gelingt leicht

➡ Das Filet in feine Streifen schneiden. 2 EL Sojasauce, Sherry, Zucker, Speisestärke und 1 EL Öl verrühren. Über das Fleisch gießen, 30 Min. marinieren.

➡ Inzwischen Mangold waschen, das Grün in Streifen schneiden. 2 Stiele sehr klein würfeln, die restlichen anderweitig verwenden.

➡ Champignons putzen und in Scheiben schneiden. Zwiebel und Knoblauch schälen, fein hacken. Chilischoten waschen, entkernen, in feine Streifen schneiden.

➡ Nudeln in Salzwasser nach Packungsangabe bißfest kochen.

➡ Übriges Öl in einem Wok erhitzen, Zwiebel und Knoblauch darin hellgelb andünsten. Das Fleisch samt Marinade 1 Min. unter Rühren mitbraten.

➡ Chillies, Champignons und Mangold untermischen und garen, bis der Mangold zusammengefallen ist. Die Brühe angießen und aufkochen lassen. Mit restlicher Sojasauce, Salz und Pfeffer abschmecken.

➡ Nudeln abtropfen lassen und unter die Rindfleisch-Mangold-Sauce heben.

Schlanker Heringssalat

Zutaten für 1 Person:
100 g Bismarckhering
2 Cornichons
1 kleine Zwiebel
1 kleiner Apfel
2 EL Magerquark
75 g fettarmer Joghurt (1,5 % Fett)
1 Spritzer Weißweinessig
Salz · 1 Prise Zucker
weißer Pfeffer
½ Bund Schnittlauch
2 dicke Scheiben Vollkornbrot (200 g)

Zubereitungszeit: 10 Min.
Pro Portion: 2170 kJ/520 kcal
29 g E · 17 g F · 61 g K

Preiswert · Schnell

➡ Den Hering in feine Streifen schneiden. Die Cornichons in Scheibchen teilen. Die Zwiebel schälen und in hauchdünne Ringe schneiden. Den Apfel vierteln, vom Kerngehäuse befreien, schälen und würfeln. Diese vorbereiteten Zutaten locker in einer Schüssel mischen.

➡ Quark mit Joghurt verquirlen, mit Essig, Salz, Zucker und Pfeffer würzen.

➡ Die Heringsmischung mit der Quarksauce verrühren. Schnittlauch waschen, trockentupfen, in Röllchen schneiden und darüber streuen. Dazu das Brot servieren.

Tip!
Ein roter Heringssalat wird daraus, wenn Sie zusätzlich 2 EL gewürfelte rote Beten aus dem Glas und ein paar EL Einlegeflüssigkeit untermischen.

Thunfischsalat

Zutaten für 1 Person:
100 g naturell eingelegter Thunfisch aus der Dose
2 Schalotten
1 Stück Salatgurke (150 g)
½ rote Chilischote
¼ Kopf- oder Eisbergsalat
1 TL Estragonsenf
1–2 EL Rotweinessig
1–2 EL Mineralwasser
1 Prise Salz · 1 Prise Zucker
1 TL Distelöl
½ Bund Schnittlauch
2 dicke Scheiben Vollkornbrot (200 g)

Zubereitungszeit: 15 Min.
Pro Portion: 1650 kJ/500 kcal
28 g E · 17 g F · 49 g K

Schnell

➡ Den Thunfisch abtropfen lassen und in Stücke zupfen. Schalotten schälen und in hauchdünne Ringe, schneiden. Die Gurke waschen, abtrocknen, längs halbieren, die Kerne herauskratzen und die Gurke in Stifte schneiden. Chilihälfte waschen, von Kernen und Stielansatz befreien und klein würfeln. Kopfsalat waschen und in Stücke zupfen oder den Eisbergsalat in breite Streifen schneiden. Alle diese vorbereiteten Zutaten locker mischen.

➡ Den Senf mit Essig, Mineralwasser, Salz und Zucker verrühren, tropfenweise das Öl untermischen. Die Sauce unter die Thunfischmasse rühren, den Salat abschmecken.

➡ Zuletzt den Schnittlauch waschen, in Röllchen schneiden und unter den Salat heben. Dazu das Vollkornbrot servieren.

Kabeljau-Quark-Buletten mit Gemüse

Zutaten für 1 Person:
125 g Kabeljaufilet
1 Frühlingszwiebel
2 EL Semmelbrösel
1 EL Quark (20 % Fett)
1 kleines Ei
etwas abgeriebene Schale von 1/2 unbehandelten Zitrone
Salz · schwarzer Pfeffer
3 TL Olivenöl · 200 g Zucchini
1 Fleischtomate (etwa 200 g)
1 kleine Zwiebel
1 kleine Knoblauchzehe
1 TL getrocknete Kräuter der Provence · 1 EL Aceto Balsamico
Mehl zum Wenden

Zubereitungszeit: 40 Min. (+ 30 Min. Kühlen)
Pro Portion: 1805 kJ/430 kcal
39 g E · 13 g F · 37 g K

Gut vorzubereiten · Preiswert

➨ Den Kabeljau kalt waschen, trockentupfen und würfeln. Die Frühlingszwiebel waschen, putzen und in kleine Würfel schneiden. Fisch und Frühlingszwiebel mit Semmelbröseln in der Küchenmaschine fein zerkleinern, dann mit Quark, Ei und Zitronenschale verkneten. Mit Salz und Pfeffer würzen. 30 Min. in den Kühlschrank stellen, dann noch einmal durchkneten. Aus der Masse mit nassen Händen 2 Frikadellen formen. Eine beschichtete Pfanne mit 2 TL Öl ausstreichen und erhitzen. Die Buletten darin bei mittlerer Hitze von jeder Seite 5–6 Min. braten. Die Frikadellen auf einen Teller legen und auskühlen lassen.

➨ Für das Gemüse die Zucchini waschen, putzen und in 1/2 cm kleine Würfel schneiden. Den Stielansatz der Tomate entfernen. Tomate kurz überbrühen, häuten, entkernen und würfeln.

➨ Die Zwiebel und die Knoblauchzehe schälen, fein hacken und in dem übrigen Öl glasig dünsten. Die Zucchini dazugeben und bei mittlerer Hitze 5 Min. anbraten. Die Tomate untermischen, Mit Salz, Pfeffer, Kräutern und Essig würzen.

➨ Das Gemüse in ein Gefäß füllen und gut verschließen. Die Buletten in Folie verpacken. Im Büro Gemüse und Frikadellen in der Mikrowelle erwärmen.

Tip!

Im Sommer können Sie das abgekühlte Gemüse als Salat zu den Frikadellen servieren. Gut schmeckt es auch, wenn Sie die Buletten als Sandwich reichen – kombiniert mit Eisbergsalat, Senf, Kirschtomaten und Basilikum.

Variante: Garnelen-Frikadellen mit süß-saurem Zucchinigemüse

Die Buletten wie beschrieben vorbereiten, aber statt dem Kabeljau feingehackte Garnelen nehmen. Die Hackmasse zusätzlich mit gemahlenem Ingwer und Cayennepfeffer würzen. Die Buletten in Erdnußöl sanft braten. Das Gemüse wie beschrieben vorbereiten und in neutralem Öl anbraten. Mit 1 TL Zucker, 2 TL Obstessig, 2 TL Sojasauce und 1 TL trockenem Sherry würzen. Mit gehacktem Koriandergrün bestreuen.

Kabeljau-Gemüse-Wok

Zutaten für 2 Personen:
300 g Kabeljaufilet
1 EL Zitronensaft
3 EL helle Sojasauce
Salz · schwarzer Pfeffer
150 g grüne Bohnen
150 g Möhren
100 g frische Sojasprossen
1 Knoblauchzehe
1 haselnußgroßes Stück frischer Ingwer
100 ml Fischfond (aus dem Glas)
1 TL Speisestärke
1–2 TL Mehl zum Wenden
3 TL Öl
1 TL gemahlener Koriander

Zubereitungszeit: 50 Min.
Pro Portion: 1115 kJ/265 kcal
29 g E · 7 g F · 19 g K

Gelingt leicht · Raffiniert

➡ Den Fisch würfeln, mit Zitronensaft, 2 EL Sojasauce, Salz und Pfeffer würzen.
➡ Bohnen waschen, putzen und halbieren. Möhren schälen und in Stifte schneiden. Sprossen abbrausen. Knoblauch und Ingwer schälen und fein hacken. Fisch abtropfen lassen. Marinade auffangen und mit der übrigen Sojasauce, dem Fond und der Stärke verquirlen. Fisch mit Mehl bestäuben.
➡ In einem Wok 2 TL Öl erhitzen. Fisch, Ingwer, Knoblauch und Koriander unter Rühren bei starker Hitze 2–3 Min. braten, alles herausnehmen. Dann Bohnen, Möhren und Sprossen mit dem übrigen Öl 3 Min. pfannenrühren. Die Würzsauce angießen, 10 Min. dünsten. Fisch untermischen, abschmecken.

Fischspieße

Zutaten für 2 Personen:
300 g Rotbarschfilet · Salz
250 g Broccoli
100 g kleine Cocktailtomaten
½ unbehandelte Zitrone
1 Bund Petersilie
100 g Schnellkochreis
1 EL Butter · weißer Pfeffer
75 ml Gemüsebrühe

Zubereitungszeit: 20 Min.
Pro Portion: 1700 kJ/405 kcal
35 g E · 10 g F · 46 g K

Preiswert · Gelingt leicht

➡ Das Fischfilet in gleich große Würfel schneiden und salzen. Broccoli putzen, in Röschen teilen und in kochendem Salzwasser 3 Min. blanchieren. Abschrecken, abtropfen lassen und salzen. Tomaten waschen.
➡ Fischwürfel, Broccoliröschen und Tomaten abwechselnd auf Spieße stecken.
➡ Die Hälfte der Zitronenschale fein abreiben, den Saft auspressen. Die Petersilie waschen, fein hacken.
➡ Den Reis nach Packungsangabe garen.
➡ In einer beschichteten Pfanne die Butter zerlassen. 1 EL Zitronensaft einrühren und etwas Pfeffer hinzufügen. Die Fischspieße rundherum in der Zitronen-Pfeffer-Butter 3 Min. braten. Brühe angießen, Zitronenschale einrühren und die Spieße in 3–4 Min. bei mittlerer Hitze offen garen.
➡ Die Petersilie unter den Reis mischen. Die Sauce von den Spießen mit Salz, Pfeffer und Zitronensaft abschmecken. Alles zusammen servieren.

Scharfes Fischcurry mit Kokosmilch

Zutaten für 2 Personen:
3 kleine grüne Chilischoten
2 Knoblauchzehen
½ TL gemahlener Kreuzkümmel
½ TL gemahlener Koriander
1–2 TL Garam Masala (indische Gewürzmischung)
1 TL Zucker
300 g Fischfilet (z. B. Brasse)
1 Bund Frühlingszwiebeln
100 g feste Kokoscreme am Stück
1 Dose Maiskölbchen (330 g)
1 TL Öl · Sojasauce
Koriandergrün zum Garnieren

Zubereitungszeit: 45 Min.
Pro Portion: 1890 kJ/455 kcal
37 g E · 14 g F · 47 g K

Spezialität aus Indien

➨ Die Chilischoten putzen und waschen, entkernen und sehr fein hacken. Den Knoblauch schälen und ebenfalls fein hacken. Beides mit Kreuzkümmel, Koriander, Garam Masala und Zucker gründlich mischen.
➨ Das Fischfilet kalt abwaschen und abtrocknen, dann grob würfeln. Mit den Gewürzen mischen.
➨ Die Frühlingszwiebeln waschen, putzen und in schräge Ringe schneiden. Die Kokoscreme raspeln und in einem kleinen Topf in 200 ml Wasser erwärmen. Den Mais abtropfen lassen.
➨ Das Öl mit einem Backpinsel in einer beschichteten Pfanne verteilen, dann erhitzen. Die Frühlingszwiebeln darin bei mittlerer Hitze leicht anbraten.
➨ Den Fisch und die Maiskölbchen dazugeben und mit den Frühlingszwiebeln verrühren, dann die Kokosmilch angießen. Alles offen bei schwacher Hitze 5 Min. garen, dabei nur vorsichtig umrühren, damit der Fisch nicht zerfällt.
➨ Das Curry mit Sojasauce nach Geschmack würzen. Mit Korianderblättchen garnieren.

Schellfisch auf Lauch-Ananas-Gemüse

Zutaten für 2 Personen:
1 Stück Schellfisch (etwa 500 g)
1 EL Limetten- oder Zitronensaft
Salz · schwarzer Pfeffer
500 g Lauch · 200 g Ananas
2 Fleischtomaten (etwa 500 g)
1/2 Bund Koriandergrün
2 Frühlingszwiebeln
1 Stück frischer Ingwer (1 cm)
1 Knoblauchzehe
1 rote Chilischote · 1 EL Öl
1 Stück Bratfolienschlauch

Zubereitungszeit: 30 Min.
(+ 25 Min. Backen)
Pro Portion: 1545 kJ/370 kcal
52 g E · 7 g F · 24 g K

Gelingt leicht

➠ Die Haut vom Fisch schräg einschneiden, mit Limetten- oder Zitronensaft, Salz und Pfeffer würzen. Lauch waschen, putzen und 1 cm dick, Ananas schälen und in Stücke schneiden. Tomaten häuten und würfeln. Koriander abzupfen.
➠ Frühlingszwiebeln, Ingwer, Knoblauch und Chilischote putzen und waschen oder schälen, sehr fein würfeln, dann im Öl andünsten. Lauch 2–3 Min. mitbraten. Ananas und Tomaten untermischen, salzen, pfeffern.
➠ Die Gemüsemischung im Folienschlauch verteilen, Schellfisch darauf legen und mit der Hälfte des Korianders bestreuen. Die Bratfolie nach Vorschrift verschließen und auf den Rost (Mitte) in den kalten Ofen schieben. Temperatur auf 200° (Umluft 180°) anheizen und den Fisch 25 Min. garen. Mit Koriander bestreuen.

Erdnuß-Fisch in Grapefruitsauce

Zutaten für 2 Personen:
300 g Dorsch- oder Kabeljaufilet
1 EL Zitronensaft
Salz · schwarzer Pfeffer
50 g geschälte ungesalzene Erdnüsse · 1 rosa Grapefruit
1 Schalotte · 1 Knoblauchzehe
1/8 l Gemüsefond (aus dem Glas)
1 TL Honig · Cayennepfeffer
1 g Biobin (Reformhaus)
1 TL Öl
2 EL Mehl · 1 kleines Ei
1 Büschel Kresse

Zubereitungszeit: 40 Min.
Pro Portion: 1400 kJ/335 kcal
36g E · 11 g F · 9 g K

Preiswert · Raffiniert

➠ Den Fisch kalt waschen, trockentupfen und in 4 cm breite Streifen schneiden. Mit Zitronensaft, Salz und Pfeffer würzen.
➠ Die Erdnüsse fein hacken. Grapefruit samt der weißen Haut schälen, Filets herausschneiden und abtropfenden Saft auffangen. Die übrigen Trennwände ausdrücken.
➠ Schalotte und Knoblauch schälen, fein hacken und mit Grapefruitsaft und Gemüsefond bei starker Hitze 5 Min. einkochen lassen. Mit Salz, Honig und Cayennepfeffer würzen. Biobin einrühren. Grapefruitfilets dazugeben.
➠ Eine beschichtete Pfanne mit dem Öl einstreichen und erhitzen. Fisch in Mehl, verquirltem Ei und Erdnüssen wenden. Bei schwacher Hitze 5–6 Min. pro Seite braten.
➠ Fisch und Sauce anrichten. Mit Kresse garnieren.

Forellen im Gemüsebett

Zutaten für 2 Personen:
1 Möhre
100 g Knollensellerie
1 dünne Stange Lauch
2 Zweige Dill · 2 TL weiche Butter
2 küchenfertige Forellen
Salz · schwarzer Pfeffer
2 EL Zitronensaft
2 Zweige Petersilie
Alufolie zum Einwickeln

Zubereitungszeit: 15 Min.
(+ 25–30 Min. Garen)
Pro Portion: 975 kJ/235 kcal
39 g E · 7 g F · 4 g K

Gelingt leicht

➡ Die Möhre und den Sellerie schälen, den Lauch waschen und putzen. Das Gemüse in dünne Streifen (Juliennes) schneiden. Den Dill waschen, die Spitzen abzupfen und mit dem Gemüse mischen.

➡ Den Backofen auf 220° vorheizen. Zwei große Stücke Alufolie (10 cm länger als die Fische) mit der Butter bepinseln.

➡ Die Forellen kalt abbrausen, mit Küchenpapier trockentupfen, innen und außen mit Salz und Pfeffer bestreuen und mit Zitronensaft beträufeln. Die Fische mit den Petersilienzweigen füllen und in die Mitte der Folienstücke legen. Die Gemüsestreifen darauf streuen. Die Folien oben und an den Seiten zusammenfalten.

➡ Die Päckchen auf dem Rost in den Ofen (Mitte, Umluft 200°) schieben und die Forellen je nach Größe 25–30 Min. garen.

Fischgulasch mit Gemüse

Zutaten für 2 Personen:
300 g gemischtes tiefgekühltes Gemüse
250 g Fischfilet (z. B. Rotbarsch, Kabeljau, Seelachs)
1 ½ EL Zitronensaft · Salz
weißer Pfeffer · Paprika, edelsüß
1 Bund Dill oder Schnittlauch
150 g Joghurt
1 TL Sonnenblumenöl
½ TL mittelscharfer Senf
Cayennepfeffer

Zubereitungszeit: 20 Min.
Pro Portion: 1595 kJ/380 kcal
30 g E · 5 g F · 19 g K

Preiswert · Gelingt leicht

➡ Das tiefgekühlte Gemüse mit 100 ml Wasser in einem breiten Topf aufkochen lassen. Zugedeckt bei schwacher Hitze in 10 Min. knapp bißfest köcheln lassen.

➡ Inzwischen das Fischfilet trockentupfen und in 2 cm große Würfel schneiden. Mit 1 EL Zitronensaft beträufeln und mit Salz, Pfeffer und etwas Paprikapulver würzen.

➡ Die Fischwürfel auf das Gemüse legen und zugedeckt bei starker Hitze in 4 Min. garen. Die Flüssigkeit soll dann fast vollständig verdampft sein.

➡ Währenddessen Dill oder Schnittlauch waschen und fein schneiden. Joghurt, Öl, Senf, etwas Salz und die Hälfte der Kräuter verrühren, mit etwas Cayennepfeffer abschmecken.

➡ Die Joghurtsauce vorsichtig unter Fisch und Gemüse heben. Abschmecken und mit den restlichen Kräutern bestreuen.

Rotbarsch auf Sahnewirsing

Zutaten für 2 Personen:
500 g Wirsing
1 Zwiebel · 1 Knoblauchzehe
350 g Rotbarschfilet
2 TL Zitronensaft
Salz · weißer Pfeffer
1 Prise Chilipulver
1 TL Öl · 1/8 l Gemüsebrühe
frisch geriebene Muskatnuß
1 Bund Schnittlauch
2 EL saure Sahne

Zubereitungszeit: 35 Min.
Pro Portion: 1045 kJ/255 kcal
36 g E · 8 g F · 10 g K

Preiswert · Gelingt leicht

➡ Den Wirsing waschen, putzen und in feine und kurze Streifen schneiden. Zwiebel und Knoblauch schälen, fein hacken.
➡ Das Fischfilet trockentupfen und in mundgerechte Stücke schneiden. Mit Zitronensaft beträufeln und mit Salz, Pfeffer und etwas Chilipulver würzen.
➡ Öl in einer großen Pfanne erhitzen. Zwiebel und Knoblauch darin andünsten. Wirsing und Brühe in die Pfanne geben, mit Salz, Pfeffer und etwas Muskat würzen und zugedeckt einmal aufkochen lassen.
➡ Die Fischstücke auf den Wirsing legen und alles zugedeckt bei schwacher Hitze 4–5 Min. garen. Den Fisch herausheben und warm stellen.
➡ Schnittlauch waschen und in Röllchen schneiden. Mit der sauren Sahne unter das Gemüse rühren, abschmecken und mit dem Fisch anrichten.

Gegrillte Kräuter-Rotbarben

Zutaten für 2 Personen:
1 TL neutrales Öl
je 1/2 Bund Rosmarin, Thymian und Salbei
4 küchenfertige Rotbarben (je 150–200 g, frisch oder tiefgekühlt und aufgetaut)
1 TL Olivenöl
2 TL Zitronensaft
Salz · schwarzer Pfeffer

Zubereitungszeit: 30 Min.
Pro Portion: 1030 kJ/250 kcal
38 g E · 8 g F · 9 g K

Raffiniert · Gelingt leicht

➡ Den Backofengrill oder den Elektrogrill vorheizen. Ein Grillrost mit Alufolie auslegen und mit dem neutralen Öl bepinseln.
➡ Rosmarin, Thymian und Salbei waschen und gut trockentupfen.
➡ Die frischen oder aufgetauten Rotbarben innen und außen waschen und gründlich trockentupfen. Das Olivenöl mit dem Zitronensaft verrühren, die Fische damit von beiden Seiten dünn einpinseln. Anschließend rundherum mit Salz und frisch gemahlenem Pfeffer bestreuen.
➡ Jeweils ein paar Kräuterzweige um jeden Fisch legen und mit Küchengarn festbinden. Die Fische nebeneinander auf den Grillrost legen, mit einem Abstand von mindestens 20, besser 30 cm unter den Grill schieben und von jeder Seite 6 Min. grillen.
➡ Die Rotbarben mit den Kräutern servieren. Dazu passen Brot und Blattsalat.

Spanische Fisch-Kartoffel-Pfanne

Zutaten für 2 Personen:
400 g Kabeljaufilet
2 EL Zitronensaft
400 g kleine gekochte Kartoffeln
1 rote Paprikaschote
1 große Zwiebel
1 EL Olivenöl · Salz
2 TL süßer Senf · 1 Ei
4 EL trockener Weißwein oder Wasser · schwarzer Pfeffer
1 TL Paprika, edelsüß
2 EL frisch gehackte Petersilie
1 EL schwarze Oliven
4 Zitronenachtel zum Garnieren

Zubereitungszeit: 25 Min.
Pro Portion: 1570 kJ/375 kcal
42 g E · 8 g F · 31 g K

Preiswert · Gelingt leicht

➨ Fischfilet kalt waschen, trockentupfen und mit Zitronensaft beträufeln.
➨ Kartoffeln schälen, Paprikaschote waschen, vierteln, putzen und in breite Streifen schneiden. Zwiebel schälen und würfeln.
➨ Zwiebel im Öl glasig braten, Kartoffeln einige Minuten mitbraten, die Paprikaschote untermischen.
➨ Fischfilet in mundgerechte Stücke schneiden, salzen und mit Senf bestreichen. In die Pfanne geben und 5 Min. zugedeckt bei mittlerer Hitze dünsten.
➨ Das Ei mit Wein oder Wasser, Salz, Pfeffer und Paprika verquirlen und in die Pfanne gießen. Zugedeckt bei schwacher Hitze in 4 Min. stocken lassen.
➨ Petersilie mit den Oliven über die Fischpfanne streuen. Mit Zitronenachteln garniert servieren.

Muschelragout mit Zucchinireis

Zutaten für 2 Personen:
150 g gegartes Muschelfleisch (tiefgekühlt oder aus dem Glas)
1 kleine Zwiebel
1 Knoblauchzehe
1 Zucchino (etwa 150 g)
2 TL Öl
200 g Schnellkochreis
300 ml Gemüsebrühe
Salz · schwarzer Pfeffer
75 ml Fischfond (aus dem Glas, ersatzweise Gemüsebrühe)
100 g Surimistäbchen (Krebsfleischersatz/Crabmeat)
100 g saure Sahne
1 EL Petersilienblättchen

Zubereitungszeit: 30 Min.
Pro Portion: 1760 kJ/420 kcal
26 g E · 13 g F · 49 g K

Raffiniert · Gelingt leicht

➨ Muschelfleisch antauen oder abtropfen lassen. Zwiebel und Knoblauch schälen, hacken. Zucchino waschen und klein würfeln.
➨ Öl erhitzen. Zwiebel und Knoblauch darin andünsten. Die Hälfte davon in einer Pfanne beiseite stellen.
➨ Reis und Zucchini im Rest der Zwiebelmischung kurz dünsten. Brühe angießen, salzen, pfeffern. Garen, bis der Reis weich ist.
➨ Fond in die Pfanne gießen, aufkochen lassen. Muschelfleisch darin zugedeckt bei schwacher Hitze 5 Min. köcheln lassen. Surimi schräg in Stücke schneiden, untermischen und heiß werden lassen. Saure Sahne und Petersilie einrühren.
➨ Das Ragout salzen und pfeffern, mit dem Zucchinireis anrichten.

Tintenfischragout in scharfer Tomatensauce

Zutaten für 2 Personen:
400 g tiefgekühlte unpanierte Tintenfischringe
Saft von 1 Zitrone
1 Zwiebel · 2 Knoblauchzehen
1 kleiner Zucchino
1 Packung gehackte Tomaten (500 g)
Salz · 1 Prise Cayennepfeffer
1 EL Olivenöl
1 EL Kräuterlikör nach Belieben
2 Zweige Basilikum

Zubereitungszeit: 25 Min.
(+ 20 Min. Garen)
Pro Portion: 985 kJ/235 kcal
34 g E · 6 g F · 14 g K

Gelingt leicht

➨ Tintenfischringe aus der Packung nehmen, mit Zitronensaft beträufeln und in 15 Min. auftauen lassen.
➨ Einen kleinen Römertopf nach Vorschrift wässern.
➨ Die Zwiebel schälen und in dünne Ringe schneiden. Knoblauch schälen und klein würfeln. Zucchino waschen, putzen und in Scheiben schneiden.
➨ Zwiebelringe, Knoblauch und Zucchinoscheiben unter die gehackten Tomaten mischen. Das Gemüse in den Römertopf füllen und mit Salz und 1 Prise Cayennepfeffer würzen.
➨ Die Tintenfischringe darüber verteilen, alles mit Olivenöl, übrigem Zitronensaft und nach Geschmack mit Kräuterlikör beträufeln. Basilikumblätter zerzupfen und darüber streuen.
➨ Den Römertopf in den kalten Ofen (Mitte) schieben. Auf 200° (Umluft 180°) schalten, den Tintenfisch in 20 Min. garen.

Tip!
Schnell ist dieses Gericht vor allem durch die wenig aufwendige Vorbereitung.

Schellfisch mit Senfgurkensauce

Zutaten für 2 Personen:
300 g mehligkochende Kartoffeln
1 Glas Senfgurken (330 g)
1 TL gekörnte Brühe
400 g Schellfischfilet · Salz
½ Bund Dill
1–2 TL mittelscharfer Senf
1 Prise Zucker

Zubereitungszeit: 30 Min.
Pro Portion: 1235 kJ/295 kcal
41 g E · 2 g F · 26 g K

Gelingt leicht

➡ Die Kartoffeln schälen und würfeln. Die Senfgurken in ein Sieb gießen und die Flüssigkeit dabei auffangen.
➡ Die Kartoffelwürfel mit 150 ml Gurkenflüssigkeit und 150 ml Wasser sowie der gekörnten Brühe zum Kochen bringen und 10 Min. zugedeckt kochen lassen.
➡ Inzwischen das Fischfilet kalt abspülen, trockentupfen und leicht salzen. Auf die Kartoffelwürfel legen, alles weitere 10 Min. bei schwacher Hitze zugedeckt köcheln lassen. Fischfilet herausnehmen und warm halten.
➡ Dillspitzen abzupfen, die Gurkenstücke grob zerkleinern und mit dem Dill zu den Kartoffeln geben. Alles mit dem Pürierstab pürieren.
➡ Die Sauce mit Senf und Zucker abschmecken und den Fisch nochmals kurz darin erwärmen. Dazu schmeckt Vollkornbrot und ein frischer grüner Blattsalat.

Kabeljaukoteletts mit Tomaten

Zutaten für 2 Personen:
½ Bund Frühlingszwiebeln
300 g kleine feste Tomaten
400 g Kabeljaukoteletts
2 EL Zitronensaft
Salz · weißer Pfeffer
2 TL weiche Butter
3 EL trockener Weißwein oder Fischfond · ½ Bund Basilikum
extrastarke Alufolie zum Garen

Zubereitungszeit: 20 Min.
(+ 35 Min. Garen)
Pro Portion: 930 kJ/220 kcal
38 g E · 4 g F · 9 g K

Raffiniert · Gelingt leicht

➡ Frühlingszwiebeln waschen und in Ringe schneiden. Tomaten waschen, in Scheiben schneiden.
➡ Die Kabeljaukoteletts mit dem Zitronensaft beträufeln, salzen und pfeffern.
➡ Den Backofen auf 200° vorheizen. Ein großes, langes Stück Alufolie dünn mit der Butter bepinseln. Die Tomatenscheiben überlappend auf einer Hälfte auslegen, mit den Frühlingszwiebeln bestreuen, salzen und pfeffern. Den Fisch darauf legen.
➡ Den Folienrand hochbiegen, den Wein oder den Fond über den Fisch träufeln. Das Basilikum waschen und die Blättchen darüber streuen.
➡ Die zweite Hälfte des Alufolienstreifens über den Fisch legen, die Ränder zusammenfalten. Vorsichtig auf ein Backblech heben und den Fisch im Ofen (Mitte, Umluft 180°) 35 Min. garen.

Heilbuttkoteletts mit Kräutermöhren

Zutaten für 2 Personen:
300 g Bundmöhren
etwa 400 ml Gemüsebrühe
½ unbehandelte Zitrone
2 Heilbuttkoteletts (je etwa 200 g)
schwarzer Pfeffer
je ½ Bund Petersilie und Basilikum
Salz

Zubereitungszeit: 45 Min.
Pro Portion: 1075 kJ/255 kcal
20 g E · 6 g F · 11 g K

Raffiniert · Gelingt leicht

➡ Von den Möhren das Grün bis auf etwa 2 cm abschneiden. Die Möhren gründlich waschen und schälen, ganz lassen. In einen Siebeinsatz legen. Einen breiten Topf etwa 3 cm hoch mit der Gemüsebrühe füllen.

➡ Die Zitronenhälfte heiß abwaschen, abtrocknen und die Schale fein abreiben, den Saft auspressen. Die Möhren mit der Zitronenschale bestreuen. Den Siebeinsatz in den Topf setzen und die Brühe aufkochen lassen. Möhren zugedeckt bei starker Hitze zunächst 15 Min. dämpfen.

➡ Inzwischen die Fischkoteletts kurz abspülen und gut trockentupfen. Rundherum mit frisch gemahlenem Pfeffer und 1 EL Zitronensaft würzen. Den Fisch nebeneinander auf die Möhren legen. Alles zusammen noch 10–12 Min. garen, bis die Möhren gar sind.

➡ Währenddessen die Kräuter waschen und trockenschütteln. Einige Petersilien- und Basilikumblättchen zum Garnieren beiseite legen, den Rest fein hacken.

➡ Fischkoteletts aus dem Topf nehmen und zugedeckt warm stellen. Die Butter in einer beschichteten Pfanne zerlassen.

➡ Die Möhren in die Pfanne geben und in der Butter wenden, dann die gehackten Kräuter darüber streuen. 100 ml von der Gemüsebrühe angießen, einmal kurz aufkochen lassen und die Möhren mit Salz und Pfeffer abschmecken. (Die übrige Gemüsebrühe anderweitig, z.B. für eine Suppe, verwenden.)

➡ Heilbuttkoteletts salzen, mit den Möhren auf vorgewärmten Tellern anrichten, mit den übrigen Kräutern garnieren. Als Beilage paßt eine Wildreis-Mischung.

Tips!
Bundmöhren gibt es nur in der warmen Jahreszeit. Wenn Sie keine bekommen, nehmen sie einfach Möhren ohne Grün. Das Gemüse dann putzen und längs halbieren. Statt Basilikum schmeckt auch Dill gut in der Kräutermischung. Statt Heilbuttkoteletts können Sie andere Fischkoteletts kaufen. Zum Beispiel vom Kabeljau, Schellfisch oder Lachs.

Cornflakes-Fisch mit Erbsengemüse

Zutaten für 2 Personen:
2 Dorschfilets (je etwa 150 g)
Salz · schwarzer Pfeffer
2 TL mittelscharfer Senf
25 g Cornflakes
2 EL Mehl · 1 großes Ei
150 g Zuckerschoten
150 g tiefgekühlte Erbsen
2 Tomaten (etwa 200 g)
1 Schalotte · 1 TL Butter
1 TL Öl
Zitronenspalten zum Garnieren

Zubereitungszeit: 30 Min.
Pro Portion: 1500 kJ/360 kcal
37 g E · 6 g F · 39 g K

Schnell · Gelingt leicht

➡ Die Filets salzen, pfeffern und mit Senf bestreichen. Cornflakes mit der Teigrolle zerbröseln und in einen Teller geben. Mehl und verquirltes Ei in zwei weiteren Tellern bereitstellen. Fisch erst im Mehl, dann im Ei wenden, zum Schluß in den Cornflakes panieren.
➡ Die Zuckerschoten waschen und putzen, Erbsen antauen lassen. Tomaten waschen und klein würfeln.
➡ Schalotte schälen, fein würfeln und in der Butter andünsten. Zuckerschoten und Erbsen hinzufügen, bei schwacher Hitze 5 Min. zugedeckt dünsten. Mit Salz und Pfeffer würzen. Die Tomaten untermischen.
➡ Eine beschichtete Pfanne mit dem Öl auspinseln und erhitzen. Fisch darin bei schwacher Hitze von jeder Seite 4 Min. braten. Mit Gemüse und Zitronenspalten anrichten.

Schollenfilets auf Schmorgurken

Zutaten für 2 Personen:
500 g Gärtner- oder Salatgurken
100 ml Gemüsebrühe
1/2 TL gemahlener Koriander
250 g Schollenfilets (frisch oder tiefgekühlt)
2 EL Zitronensaft · 1 TL Butter
Salz · weißer Pfeffer
1 Bund Dill · 4 EL saure Sahne
1 TL körniger Senf

Zubereitungszeit: 25 Min.
Pro Portion: 760 kJ/185 kcal
25 g E · 5 g F · 17 g K

Schnell · Gelingt leicht

➡ Die Gurken schälen, längs halbieren, entkernen und in etwa 1/2 cm dicke Scheiben schneiden.
➡ In einem breiten Topf 75 ml Brühe mit dem Koriander zum Kochen bringen. Die Gurkenstücke darin zugedeckt bei schwacher Hitze 6 Min. garen.
➡ Inzwischen den Fisch trockentupfen und mit 1 EL Zitronensaft beträufeln.
➡ Die Butter in einer beschichteten Pfanne zerlassen, Schollenfilets darin bei mittlerer Hitze von beiden Seiten kurz anbraten. Mit Salz und Pfeffer würzen. Die übrige Brühe dazugeben und die Filets zugedeckt bei schwacher Hitze in 2–3 Min. gar ziehen lassen.
➡ Den Dill waschen und hacken, unter das Gemüse mischen. Mit Salz, Pfeffer und übrigem Zitronensaft abschmecken und mit den Schollenfilets auf vorgewärmten Tellern anrichten.
➡ Saure Sahne mit Senf verrühren, darüber träufeln.

Rotbarschfilet im Wirsingmantel

Zutaten für 2 Personen:
300 g Rotbarschfilet
3 EL Zitronensaft
Salz · weißer Pfeffer
Cayennepfeffer
1 kleiner Wirsing (etwa 600 g)
1/4 l Fischfond (aus dem Glas)

Zubereitungszeit: 40 Min.
Pro Portion: 975 kJ/235 kcal
36 g E · 7 g F · 5 g K

Raffiniert · Gelingt leicht

➡ Das Rotbarschfilet in 6 Stücke schneiden, mit dem Zitronensaft beträufeln und mit Salz, Pfeffer und etwas Cayennepfeffer würzen. Zugedeckt kalt stellen.
➡ Den Wirsing waschen und putzen. Vorsichtig die 6 größten Blätter ablösen. Den Rest des Wirsingkopfes in Streifen schneiden.
➡ In einem breiten Topf reichlich Salzwasser aufkochen lassen. Die Wirsingblätter hineingeben und 3–4 Min. kochen, bis sie sich gut biegen lassen. Abgießen und unter kaltem Wasser abspülen, dann auf der Arbeitsfläche ausbreiten.
➡ Den harten Mittelstrunk der Blätter keilförmig herausschneiden. Die Blätter salzen und pfeffern, jeweils 1 Stück Fischfilet darauf legen. Das Blatt aufrollen, die Seiten nach innen einschlagen.
➡ Den Fond in einem Topf mit den Wirsingstreifen mischen, aufkochen lassen, die Fischpäckchen darauf legen und alles fest zugedeckt bei schwacher Hitze 20 Min. garen.

Rotbarsch-Auflauf mit Curry-Joghurt

Zutaten für 2 Personen:
200 g Rotbarschfilet
1 EL Zitronensaft
Salz · schwarzer Pfeffer
200 g gekochte Kartoffeln
250 g Lauch · 1 kleiner Apfel
1 Zwiebel
3 TL Curry · 1/2 EL Öl
150 g fettarmer Joghurt (1,5 % Fett)
1 Ei · 2 TL Speisestärke
1/2 Bund Petersilie
1 EL Semmelbrösel
Fett für die Form

Zubereitungszeit: 20 Min. (+ 25–30 Min. Backen)
Pro Portion: 1480kJ/355 kcal
30 g E · 11 g F · 34 g K

Gut vorzubereiten

➡ Fisch würfeln, mit Zitronensaft, Salz und Pfeffer würzen. Kartoffeln schälen und in Scheiben, Lauch putz-en und in Ringe schneiden. Apfel vierteln, schälen, in Spalten schneiden. Zwiebel schälen und würfeln.
➡ Fisch mit 1 TL Curry bestäuben, im heißen Öl 1 Min. anbraten, herausnehmen. Zwiebel und Knoblauch in der Pfanne im Öl andünsten. Lauch 2 Min. mitdünsten, Apfel untermischen, salzen und pfeffern.
➡ Den Backofen auf 200° vorheizen. Joghurt, Ei und Stärke mit Salz, Pfeffer und dem restlichen Curry verquirlen. Petersilienblätter fein hacken und unterrühren.
➡ Fisch, Kartoffeln und Lauch in eine gefettete Form geben, Sauce und Brösel darauf verteilen. Im Ofen (Mitte, Umluft 180°) 25–30 Min. überbacken.

Petersilien-Forellen aus dem Bratschlauch

Zutaten für 2 Personen:
200 g Tomaten
2 Frühlingszwiebeln
1 Bund Petersilie
Salz · weißer Pfeffer
2 Forellen (je 300–350 g)
2 EL Zitronensaft
1 Stück Bratschlauch

Zubereitungszeit: 20 Min.
(+ 20 Min. Garen)
Pro Portion: 920 kJ/220 kcal
39 g E · 6 g F · 4 g K

Gelingt leicht

➨ Ein ausreichend langes Stück Bratschlauch (die Forellen müssen nebeneinander hineinpassen) an einem Ende mit einem Clip aus der Packung verschließen. Den Backofen auf 200° (Umluft 180°) vorheizen.
➨ Die Stielansätze der Tomaten entfernen. Die Tomaten kurz überbrühen, häuten, entkernen und klein würfeln.
➨ Die Frühlingszwiebeln waschen, putzen und in feine Ringe schneiden. Die Petersilie waschen und trockenschütteln. Einige Blättchen zum Garnieren beiseite legen. Noch ein paar Blättchen abzupfen, mit den Tomaten und den Frühlingszwiebeln mischen, mit Salz und Pfeffer würzen.
➨ Die Forellen waschen und abtrocknen. Die restliche Petersilie (auch die Stiele) in die Bauchhöhlen geben. Die Forellen mit Zitronensaft beträufeln, mit Salz und Pfeffer einreiben.
➨ Die Tomatenmischung in den Bratschlauch geben, die Forellen darauf betten. Den Schlauch auch am anderen Ende verschließen, auf den kalten Rost legen und die Forellen im Ofen (Mitte) 20 Min. garen.
➨ Den Bratschlauch aufschneiden, die Forellen und das Gemüse herausnehmen und alles mit der übrigen Petersilie bestreut anrichten.

Pochierte Forelle mit Gemüsesauce

Zutaten für 2 Personen:
2 Forellen (je etwa 250 g)
3 EL Zitronensaft
Salz · 1 kleine Zwiebel
1 Bund Suppengrün
2 Zweige Petersilie
1 Lorbeerblatt
3 schwarze Pfefferkörner
6 EL Weißweinessig
150 g Möhren
150 g Knollensellerie
200 g Lauch
1/8 l Gemüsefond (aus dem Glas)
schwarzer Pfeffer
1/4 l trockener Weißwein (ersatzweise 1–2 EL Weinessig)
2 Eigelbe · 2 EL Schmand (24 % Fett, ersatzweise saure Sahne)
1/4 TL abgeriebene unbehandelte Zitronenschale
2 Zweige Dill

Zubereitungszeit: 1 Std. 10 Min.
Pro Portion: 1830 kJ/440 kcal
44 g E · 14 g F · 14 g K

Raffiniert · Für Gäste

➡ Die Forellen waschen, die Schuppen und die schleimige Schicht nicht entfernen. Mit 2 EL Zitronensaft beträufeln und innen salzen.
➡ In einem länglichen, flachen Topf 1 1/4 l Wasser zum Kochen aufsetzen. Die Zwiebel schälen und in Scheiben schneiden. Das Suppengrün waschen, putzen und würfeln. Zusammen mit Petersilie, Lorbeer, Pfefferkörnern, Essig und 1 EL Salz in den Topf geben. Ohne Deckel langsam zum Kochen bringen, bei schwacher Hitze 20 Min. ziehen lassen.
➡ Inzwischen die Möhren und den Sellerie putzen, schälen und in streichholzgroße Stifte hobeln oder schneiden. Lauch putzen, waschen und die weißen und hellgrünen Teile in etwa 5 cm lange Streifen schneiden.
➡ Vom Sud 1/4 l abmessen und durch ein feines Sieb in einen kleinen Topf gießen. Den Gemüsefond angießen und alles aufkochen lassen. Möhren und Sellerie hineingeben und 2 Min. köcheln, den Lauch dazugeben und 1 Min. mitgaren. Das Gemüse in einem Sieb gut abtropfen lassen, den Sud dabei auffangen. Gemüse leicht salzen und pfeffern. Im Ofen bei 100° warm halten.
➡ Den Gemüsesud in den Topf zurückgießen und bei starker Hitze in 7 Min. auf die Hälfte einkochen lassen.
➡ Den Wein zum Fischsud in den großen Topf gießen und alles erneut aufkochen lassen. Forellen einlegen, zugedeckt bei schwacher Hitze in 10 Min. pochieren.
➡ Inzwischen die Eigelbe, den eingekochten Gemüsefond und den übrigen Zitronensaft in einer runden Schlagschüssel verrühren. Die Eigelbmasse im warmen Wasserbad mit dem Schneebesen aufschlagen, bis eine cremige Sauce entstanden ist. Den Schmand unterrühren. Die Sauce mit Salz, Pfeffer und Zitronenschale abschmecken und warm stellen.
➡ Forellen aus dem Sud nehmen, gut abtropfen lassen und mit den Gemüsestreifen auf Tellern anrichten. Mit dem Dill garnieren, mit der Sauce servieren.

Lachsforelle im Salzmantel

Zutaten für 4 Personen:
1 Lachsforelle (etwa 1,2 kg)
2 Bund Petersilie
5 Zweige Thymian
1 Knoblauchzehe
2 EL Zitronensaft
schwarzer Pfeffer
2 kg grobes Meersalz
200 g fettarmer Joghurt (1,5 % Fett)
80 g Schmand (24 % Fett, ersatzweise Crème fraîche)
1 unbehandelte Orange
1 EL körniger Senf
Salz · 2–3 Spritzer Tabascosauce
1 Limette
200 g Dickmilch (3,5 % Fett)
100 g Joghurt (3,5 % Fett)
1 EL Pesto (aus dem Glas)
Zucker · 1 Handvoll Kerbel
2 Zweige Estragon
1 Zitrone in Scheiben

Zubereitungszeit: 30 Min. (+ 1 Std. Backen)
Pro Portion: 1415kJ/340 kcal
42 g E · 11 g F · 8 g K

Gelingt leicht · Raffiniert

➨ Die Forelle innen und außen kalt abspülen und trockentupfen. 1 Bund Petersilie und den Thymian abbrausen, die Blätter abzupfen und grob hacken. Die Knoblauchzehe schälen und dazupressen, mit 1 EL Zitronensaft vermischen, in die Bauchhöhle der Lachsforelle füllen. Den Fisch außen pfeffern und mit dem übrigen Zitronensaft beträufeln.

➨ Den Backofen auf 200° vorheizen. 500 g Meersalz leicht anfeuchten, den Fisch damit umhüllen. Restliches Salz darüber häufen.

➨ Im heißen Ofen (Mitte, Umluft 180°) 1 Std. backen.

➨ Inzwischen für den Orangen-Senf-Dip Joghurt und Schmand verrühren. Die Orange heiß waschen, 1 TL Schale fein abreiben und die Orange mitsamt der weißen Haut schälen. Die Filets herausschneiden und den abtropfenden Saft auffangen. Die übrigen Trennwände ausdrücken. Die Schale und 2 EL Orangensaft mit dem Senf unterrühren. Die Sauce mit Salz, Pfeffer und Tabasco würzen. 2 Orangenfilets beiseite legen, den Rest kleinschneiden und unterrühren. Die Sauce in ein Schälchen füllen, mit den Orangenfilets garnieren und kalt stellen.

➨ Für die Kräutersauce die Limettenschale fein abreiben, den Saft auspressen. Die Dickmilch mit dem Sahnejoghurt, Pesto, Limettenschale, 1 EL Limettensaft, Salz, Pfeffer und Zukker verrühren. Den zweiten Bund Petersilie, den Kerbel und Estragon abbrausen, die Blätter abzupfen. Einige zum Garnieren beiseite legen, die übrigen Kräuter fein hacken und unter die Dickmilch rühren. Die Sauce in eine kleine Schüssel füllen, mit den übrigen Kräutern garnieren und bis zum Servieren kalt stellen.

➨ Die fertige Forelle auf dem Rost 10 Min. ruhen lassen. Dann die Salzkruste mit einem Sägemesser rund um den Fisch aufschneiden und abheben. Den Fisch auf einer vorgewärmten Platte anrichten und mit Zitronenscheiben garnieren. Die Saucen extra dazu reichen.

Seeteufelspießchen

Zutaten für 4 Personen:
2 rote Paprikaschoten
600 g Seeteufelfilet
8 Holz- oder Metallspieße
6 EL trockener Sherry
(ersatzweise Fischfond)
2 EL Zitronensaft · 2 EL Olivenöl
2 Knoblauchzehen
Salz · schwarzer Pfeffer
1 TL getrockneter Thymian
3 Zweige Basilikum
1/2 Bund Petersilie
Zitronenachtel und Basilikum zum Garnieren

Zubereitungszeit: 45 Min.
(+ 1 Std. Marinieren)
Pro Portion: 795 kJ/190 kcal
23 g E · 5 g F · 5 g K

Raffiniert · Braucht etwas Zeit

➡ Den Backofen auf 250° (Umluft 225°) oder den Grill vorheizen. Paprikaschoten waschen, abtrocknen und im Backofen (Mitte) unter Wenden 10–20 Min. grillen oder backen, bis die Haut Blasen wirft. Die Paprikaschoten dann etwas abkühlen lassen, häuten, putzen und längs in 2 cm breite Streifen schneiden und aufrollen.
➡ Den Fisch in 2 cm große Würfel schneiden, abwechselnd mit den Paprikaröllchen auf Spieße stecken.
➡ Aus Sherry, Zitronensaft, 1 EL Öl, geschältem und durchgepreßtem Knoblauch, Salz, Pfeffer und Thymian eine Marinade rühren, Spieße darin wenden und 1 Std. marinieren.
➡ Die Spieße im übrigen Öl unter Wenden 7 Min. braten.
➡ Kräuter waschen, in Streifen schneiden und unter die Marinade rühren. Spieße warm halten und die Marinade kurz in der Pfanne erwärmen. Die Spieße damit beträufeln und mit Zitrone und Basilikum garniert servieren.

Pochiertes Zanderfilet mit Dill-Kartoffel-Sauce

Zutaten für 4 Personen:
1 kleine Zwiebel
200 g mehligkochende Kartoffeln
400 ml Fischfond (aus dem Glas)
4 Zanderfilets (je etwa 175 g)
4 EL Zitronensaft
Salz · weißer Pfeffer
1 Bund Dill
2 EL saure Sahne (10 % Fett)
1 TL Senf

Zubereitungszeit: 40 Min.
Pro Portion: 1010 kJ/240 kcal
36 g E · 4 g F · 12 g K

Raffiniert · Gelingt leicht

➡ Die Zwiebel schälen und fein würfeln. Die Kartoffeln schälen, waschen und ebenfalls klein würfeln.
➡ Den Fischfond in einem breiten Topf aufkochen lassen und bei starker Hitze um ein Drittel einkochen lassen. Die Zwiebel- und die Kartoffelwürfel hineingeben. Die Hitze reduzieren, die Kartoffeln zugedeckt 12 Min. köcheln lassen.
➡ Inzwischen die Zanderfilets kalt abwaschen und abtrocknen, mit Zitronensaft beträufeln, mit Salz und Pfeffer würzen.
➡ Die Zanderfilets in den Topf auf die Kartoffeln legen. Zugedeckt bei schwacher Hitze je nach Dicke 5–7 Min. pochieren.
➡ Den Dill waschen und trockenschütteln. Einige Spitzen zum Bestreuen abzupfen und beiseite legen, den restlichen Dill hacken.
➡ Die Zanderfilets aus dem Topf heben und zugedeckt im Backofen bei 50° auf einer hitzefesten Platte warm halten. Die Kartoffeln mit dem Fond mit dem Pürierstab direkt im Topf pürieren. Wieder aufkochen und eventuell bei starker Hitze noch etwas einkochen lassen, dann den gehackten Dill und die saure Sahne einrühren, die Sauce mit Salz, Pfeffer und Senf abschmecken.
➡ Die Sauce zusammen mit den Zanderfilets auf vorgewärmten Tellern anrichten, mit Dillspitzen bestreuen und möglichst rasch servieren.

Tip!
Zander hat sehr festes, vor allem aber sehr mageres Fleisch. Der feine Süßwasserfisch eignet sich also bestens für die Low fat-Küche. Wenn Sie ihn nicht frisch bekommen, ersetzen Sie ihn durch einen anderen mageren Fisch, etwa Flußbarsch oder Seelachs.

Variante: Pochiertes Zanderfilet mit Fenchelsauce
Hierfür zusätzlich 1 kleine Fenchelknolle waschen, putzen und kleinschneiden. Zusammen mit den Kartoffeln garen und später auch pürieren. Die Sauce nach Belieben mit etwas Anislikör verfeinern.

Gefüllte Seezungenröllchen

Zutaten für 4 Personen:
50 g mittelalter Gouda (30 % Fett i.Tr.)
2 Schalotten · 300 g Spinat
½ EL Crème fraîche
Salz · schwarzer Pfeffer
1 Prise frisch geriebene Muskatnuß
5 Orangen · 250 g Möhren
12 Seezungenfilets (je etwa 50 g)
Holzspießchen zum Feststecken
1 Stück Bratschlauch
½ Bund Petersilie

Zubereitungszeit: 1 Std.
Pro Portion: 1050 kJ/250 kcal
33 g E · 7 g F · 13 g K

Raffiniert · Gelingt leicht

➠ Für die Füllung den Käse fein reiben. Die Schalotten schälen und fein würfeln. Den Spinat in stehendem Wasser waschen, verlesen und dabei die Stiele abzupfen. Den Spinat tropfnaß in einen Topf geben und zugedeckt bei starker Hitze in 1–2 Min. zusammenfallen lassen. Dann abtropfen lassen, auspressen und mit Schalottenwürfeln, Crème fraîche und dem geriebenen Käse mischen. Mit Salz, Pfeffer und Muskat würzen.

➠ 3 Orangen mit einem scharfen Messer so schälen, daß die weiße Haut mit entfernt wird. Die geschälten Orangen in Scheiben schneiden, die Scheiben halbieren. Die übrigen Orangen auspressen.

➠ Die Möhren schälen und in 4 cm lange Stücke schneiden. Die Möhrenstücke in dünne Streifen schneiden.

➠ Die Fischfilets kurz kalt abspülen, mit Küchenpapier trockentupfen, mit etwas Orangensaft beträufeln und salzen. Die Filets mit der Hautseite nach oben auf die Arbeitsfläche legen. Die Spinatfüllung darauf verteilen, glattstreichen, die Filets aufrollen und mit Holzspießchen feststecken.

➠ Den Backofen auf 200° (Umluft 180°) vorheizen. Vom Bratschlauch 40 cm abschneiden. Eine Seite mit einem Clip nach Vorschrift auf der Packung verschließen. Die Schlauchhülle weit öffnen und auf den kalten Bratrost legen. Die Orangenscheiben, den übrigen Orangensaft und die Möhrenstreifen hineingeben und die gefüllten Seezungenröllchen darauf setzen. Die zweite Seite des Bratschlauchs verschließen. Den Bratschlauch mit einer Nadel dreimal einstechen.

➠ Den Bratschlauch auf dem Rost in den Ofen (Mitte) schieben, dabei darauf achten, daß der Bratschlauch die heißen Backofenwände nicht berührt. Die Seezungenröllchen 15 Min. im Ofen garen.

➠ Inzwischen die Petersilie waschen, trockenschleudern und die Blättchen grob hacken. Den Bratschlauch oben mit einer Schere aufschneiden. Die Seezungenröllchen und das Möhren-Orangen-Gemüse vorsichtig herausheben, auf vorgewärmten Tellern anrichten und mit der Petersilie bestreut servieren. Dazu schmeckt Wildreis.

Kräuterlachs mit Spargel

Zutaten für 4 Personen:
1 kg weißer Spargel
Salz · 1 Stück Würfelzucker
700 g frischer Lachs im Stück
1 großes Bund gemischte Kräuter
weißer Pfeffer · 1 Zitrone
Alufolie zum Garen
250 g Langkornreis

Zubereitungszeit: 1 Std.
Pro Portion: 2565 kJ/615 kcal
43 g E · 22 g F · 55 g K

Raffiniert · Gelingt leicht

➡ Spargel schälen und die holzigen Enden abschneiden. Spargel in kochendem Wasser mit 1 TL Salz und Würfelzucker in 15–20 Min. zugedeckt bißfest garen. Dann auf vorgewärmte Teller verteilen, im Backofen bei 75° zugedeckt warm halten.

➡ Inzwischen Lachs mit einem scharfen Messer in der Mitte quer halbieren. Kräuter abbrausen, fein hacken und auf einer Lachshälfte verteilen. Salzen und pfeffern, zusammensetzen und auf ein Stück Alufolie legen. Ein zweites Stück Alu-folie darauf legen, die Ränder mehrmals zusammenfalten und gut zusammendrücken.

➡ In einem weiten Topf reichlich Wasser zum Kochen bringen, das Lachspaket darin 15 Min. bei schwacher Hitze köcheln lassen. Reis in Salzwasser garen.

➡ Die Zitrone achteln. Den Kräuterlachs in dicke Scheiben schneiden und mit Spargel, Reis und Zitronenspalten servieren.

Gedämpfte Seezunge mit Senf-Wein-Creme

Zutaten für 4 Personen:
8 Seezungenfilets (etwa 500 g)
2–3 EL Zitronensaft
Salz · schwarzer Pfeffer
300 g zarte Zucchini
300 g Möhren
400 ml Fischfond (aus dem Glas)
2 Schalotten · 1 TL Butter
6 EL trockener Weißwein
50 g Sahne · 1 g Biobin · 50 g Senf
2 EL frisch gehackte Petersilie
Butter zum Einfetten

Zubereitungszeit: 1 Std.
Pro Portion: 920 kJ/220 kcal
25 g E · 7 g F · 8 g K

Raffiniert · Gelingt leicht

➡ Fisch mit Zitronensaft, Salz und Pfeffer würzen. Mit der Hautseite nach innen aufrollen. Zucchini waschen und putzen, Möhren schälen und beides der Länge nach in 2 mm dünne Scheiben schneiden. In einen Dämpfeinsatz legen, salzen und pfeffern. Die Seezungenröllchen nebeneinander darauf setzen.

➡ Den Fischfond in einem Topf aufkochen lassen, den Dämpfeinsatz hineinstellen. Zugedeckt bei mittlerer Hitze 20 Min. dämpfen. Warm stellen.

➡ Inzwischen die Schalotten schälen, sehr fein würfeln und in der Butter glasig dünsten. 1/4 l Dämpffond durch ein Sieb dazugießen. Mit Wein und Sahne auffüllen und mit Biobin bei mittlerer Hitze in 5 Min. leicht cremig einkochen lassen. Senf unterrühren. Sauce salzen und pfeffern. Petersilie untermischen.

Spanische Fischpfanne mit Fenchel

Zutaten für 4 Personen:
500 g Rotbarsch- oder Kabeljaufilets
1 EL Zitronensaft
Salz · weißer Pfeffer
500 g Fenchel
1 Bund Frühlingszwiebeln
1–2 Knoblauchzehen
½ EL Öl
150 ml Gemüsebrühe
3 Orangen (davon 1 unbehandelt)
1 EL Zucker
75 ml Kaffeesahne (10 % Fett)
2 EL halbtrockener Sherry nach Belieben

Zubereitungszeit: 30 Min.
Pro Portion: 955 kJ/230 kcal
27 g E · 7 g F · 13 g K

Raffiniert · Gelingt leicht

➨ Die Fischfilets kurz kalt abspülen, trockentupfen, in große Stücke schneiden und mit Zitronensaft, Salz und Pfeffer würzen.

➨ Den Fenchel putzen, längs halbieren und in dünne Scheiben schneiden, das zarte Grün beiseite legen. Die Frühlingszwiebeln waschen, putzen und schräg in etwa 2 cm lange Stücke schneiden. Den Knoblauch schälen und in hauchdünne Scheibchen schneiden.

➨ Öl in einer Pfanne erhitzen und die Fischstücke darin von beiden Seiten bei starker Hitze anbraten, aus der Pfanne heben und warm stellen.

➨ Fenchel, Frühlingszwiebeln und Knoblauch im verbliebenen Bratfett anbraten, mit Brühe ablöschen und in 4–5 Min. bei mittlerer Hitze zugedeckt bißfest garen. Mit Salz und Pfeffer würzen.

➨ Die unbehandelte Orange heiß waschen, abtrocknen und 2 TL Schale fein abreiben. Anschließend schälen und filetieren. Die beiden anderen Orangen auspressen.

➨ Den Zucker in einer zweiten Pfanne schmelzen und goldgelb karamelisieren lassen, den Orangensaft, die abgeriebene Orangenschale und die Kaffeesahne dazugeben. Die Sauce etwas einköcheln lassen. Mit Salz, Pfeffer und eventuell Sherry abschmecken.

➨ Fischstücke und Orangenfilets in der Sauce erwärmen. Auf das Gemüse geben und mit Fenchelgrün bestreuen. Als Beilage körnig gekochten Reis oder Kartoffeln servieren.

Tip!
Eine rustikale Variante wird aus der Fischpfanne, wenn Sie statt des Fenchels 300 g tiefgekühlte grüne Bohnen und statt der Orangen 4 mittelgroße Tomaten verwenden. Dann aber den Zucker zum Karamelisieren weglassen und alle Zutaten in einer großen Pfanne zubereiten. Als Würze können Sie zusätzlich 1 Zweig frischen Thymian mitgaren.

Mariniertes Rinderfilet mit Champignons

Zutaten für 1 Person:
100 g Rinderfilet
1 kleine Knoblauchzehe
2 TL Aceto Balsamico
schwarzer Pfeffer
½ TL frische Thymianblättchen
½ EL Olivenöl
1 TL Sesamsamen
75 g zarter Spinat
50 g Champignons
50 g rote Paprikaschote
1 Frühlingszwiebel
1 Schalotte · Salz
50 ml Rinderfond (aus dem Glas)
1 EL Weißweinessig

Zubereitungszeit: 45 Min.
(+ 12 Std. Marinieren)
Pro Portion: 990 kJ/235 kcal
27 g E · 7 g F · 8 g K

Raffiniert · Gut vorzubereiten

➨ Das Filet in ½ cm dünne Scheiben schneiden (oder schon vom Metzger schneiden lassen). Den Knoblauch schälen und durch die Presse drücken, mit Aceto Balsamico, Pfeffer, Thymian und 1 EL Öl verrühren, über das Fleisch träufeln und zugedeckt 30 Min. marinieren.
➨ Inzwischen den Sesam in einer beschichteten Pfanne bei mittlerer Hitze ohne Fett goldbraun rösten. Spinat verlesen, waschen und abtropfen lassen. Pilze mit Küchenpapier abreiben und in feine Scheibchen, Paprika waschen, putzen und in kleine Würfel schneiden. Die Frühlingszwiebel waschen, putzen, in feine Ringe schneiden. Schalotte schälen und fein würfeln.
➨ Eine Grillpfanne mit dem übrigen Olivenöl bestreichen und erhitzen. Filetscheiben abtropfen lassen und bei mittlerer Hitze unter Wenden 2–3 Min. braten, herausnehmen und salzen.
➨ Die Schalotte und die Frühlingszwiebel kurz andünsten. Pilze und Paprika hinzufügen und bei mittlerer Hitze unter Wenden 3 Min. mitdünsten. Salzen und pfeffern, herausnehmen.
➨ Fond, Fleischmarinade und Essig in die Pfanne gießen, einmal aufkochen lassen, mit Salz abschmekken. Den Spinat darin wenden, mit dem Pilz-Gemüse in eine flache Vorratsschale geben. Die Filetscheiben darauf legen und mit der übrigen Sauce beträufeln. Mit dem Sesam bestreuen. Das Gefäß verschließen und über Nacht in den Kühlschrank stellen.

Variante: Marinierte Hähnchenbrust

1 Hähnchenbrustfilet (etwa 120 g) mit 1 EL Obstessig, 1 EL Sojasauce, Pfeffer und 1 TL Sesamöl beträufelt 20 Min. marinieren. Dann trockentupfen und in einer Pfanne mit 1 TL Erdnußöl bei mittlerer Hitze in 5–6 Min. braten. Schräg in dünne Scheiben schneiden. Die Champignons durch frische Shiitake-Pilze ersetzen, putzen und in dünne Scheibchen schneiden. Schalotte, Frühlingszwiebel und Paprika andünsten und würzen. Zusätzlich 1 TL feingehackten Ingwer mitdünsten. Den Bratsatz mit 50 ml Gemüsefond, der Fleischmarinade und 2 EL Sojasauce loskochen. Spinat darin wenden. Alles mit Sesam bestreuen.

Putenfrikadellen mit mariniertem Gemüse

Zutaten für 1 Person:
300 g gemischtes Gemüse (etwa Möhre, Zucchino, Kohlrabi)
1/2 unbehandelte Zitrone
4 Zweige Petersilie
1/4 l Gemüsebrühe
1/8 l trockener Weißwein (ersatzweise Gemüsebrühe)
1 Lorbeerblatt
Salz · schwarzer Pfeffer
150 g Putenschnitzel
1 kleine Schalotte
1/2 TL scharfer Senf
1 Eigelb
1–2 EL Semmelbrösel
2 TL Öl

Zubereitungszeit: 45 Min.
Pro Portion: 2115 kJ/505 kcal
44 g E · 16 g F · 26 g K

Gelingt leicht · Raffiniert

➡ Das Gemüse waschen und putzen. Möhre und Zucchino längs vierteln und in 3 cm lange Stücke schneiden. Kohlrabi halbieren und in Scheiben schneiden.
➡ Die Zitronenhälfte heiß waschen und abtrocknen, etwas Schale fein abreiben, Zitrone in Scheiben schneiden. Die Petersilie waschen und die Blättchen von den Stielen zupfen.
➡ In einem breiten Topf Brühe, Weißwein, Zitronenscheiben, Petersilienstiele, Lorbeerblatt, 1/2 TL Salz und etwas frisch gemahlenen Pfeffer zum Kochen bringen.
➡ Das Gemüse in den Sud geben und zugedeckt bei schwacher Hitze in 10–15 Min. bißfest garen. Von der Kochstelle nehmen und im Sud abkühlen lassen.
➡ Inzwischen für die Frikadellen das Fleisch im elektrischen Zerhacker zerkleinern. Die Schalotte schälen und sehr fein würfeln. Die Petersilienblättchen hacken.
➡ Putenfleisch, Senf, Schalotte, Zitronenschale, gehackte Petersilie, Eigelb und Semmelbrösel zu einem Teig vermischen. Mit Salz und frisch gemahlenem Pfeffer kräftig würzen. Aus dem Teig mit nassen Händen 3 Frikadellen formen.
➡ Eine Grillpfanne mit dem Öl einpinseln. Die Frikadellen darin bei mittlerer Hitze von jeder Seite in 5–6 Min. goldbraun braten.
➡ Das Gemüse aus dem Sud heben, gut abtropfen lassen und mit den Putenfrikadellen anrichten. Oder beides getrennt einpacken und mitnehmen. Das Gemüse eventuell am Arbeitsplatz in der Mikrowelle leicht erwärmen.

Tip!
Die Frikadellen können Sie ebensogut aus Hähnchenbrustfilet, Kalbfleisch, Rinderhack, aber auch aus Lammfleisch (von Brust und Keule) herstellen. Wer gerne Fisch mag, kann aus Fischfilet und den angegebenen Zutaten natürlich auch Fischfrikadellen zubereiten.

Kaninchen-Wok

Zutaten für 2 Personen:
250 g Kaninchenrückenfilets
2 EL Sojasauce · 1 EL trockener Sherry nach Belieben
150 g Kohlrabi · 100 g Möhren
100 g Shiitake-Pilze
1 Schalotte · 1 Knoblauchzehe
1 Stück frischer Ingwer (1 cm)
100 ml Geflügelfond (aus dem Glas)
1/2 TL Speisestärke · Salz
schwarzer Pfeffer · 2 TL Erdnußöl
2 EL frisch gehackte Petersilie

Zubereitungszeit: 45 Min.
Pro Portion: 1755 kJ/420 kcal
33 g E · 13 g F · 46 g K

Raffiniert · Gelingt leicht

➡ Fleisch in 1/2 cm dünne Scheiben schneiden. Mit Sojasauce und eventuell Sherry 20 Min. marinieren.

➡ Inzwischen Kohlrabi und Möhren putzen, schälen und in Stifte schneiden. Pilze abreiben, in Scheiben schneiden. Schalotte, Knoblauch und Ingwer schälen, fein würfeln.

➡ Das Fleisch in ein Sieb geben, eventuell übrige Marinade auffangen und mit dem Fond, Stärke, Salz und Pfeffer verrühren.

➡ In einem Wok 1 TL Öl stark erhitzen, Filet darin portionsweise in 2–3 Min. anbraten. Herausnehmen, salzen und pfeffern.

➡ Schalotte, Knoblauch und Ingwer im übrigen Öl kurz anbraten. Kohlrabi, Möhren und Pilze hinzufügen, bei mittlerer Hitze 3 Min. pfannenrühren. Würzsauce und Fleisch dazugeben, alles 2 Min. köcheln lassen. Mit Petersilie bestreuen.

Japanischer Rindfleischtopf

Zutaten für 2 Personen:
400 g Rinderfilet
100 g Shiitake-Pilze
1 Zwiebel · 2 Möhren
1 dünne Stange Lauch
50 g Bambussprossen (aus der Dose)
2 Blätter Chinakohl
100 ml dunkle Sojasauce
1/8 l Reiswein oder trockener Sherry (ersatzweise Rinderfond)
2 EL Zucker

Zubereitungszeit: 20 Min.
Pro Portion: 2650 kJ/635 kcal
55 g E · 9 g F · 72 g K

Für Gäste · Etwas teurer

➡ Das Filet 10–15 Min. anfrieren lassen.

➡ Inzwischen die Shiitake-Pilze putzen, mit Küchenpapier abreiben, die Stiele entfernen. Die Zwiebel schälen, halbieren und in Streifen schneiden. Möhren schälen und schräg in dünne Scheiben schneiden. Lauch waschen, vom Wurzelansatz befreien und schräg in Ringe schneiden. Bambussprossen stifteln. Chinakohl waschen, trockenschleudern und in 3 cm breite Streifen schneiden.

➡ Das Fleisch in dünne Scheiben schneiden.

1/2 l Wasser mit Sojasauce, Reiswein oder Sherry und Zucker aufkochen lassen. Zwiebelstreifen, Möhrenscheiben, Lauchringe, Bambusstifte und Pilze hineingeben und 5 Min. garen. Fleischscheiben und Chinakohl untermischen und alles weitere 2–3 Min. köcheln lassen.

Lammschnitzel mit Paprikaquark

Zutaten für 2 Personen:
je 1 kleine rote und gelbe Paprikaschote
250 g Quarkzubereitung (0,2 % Fett)
1 TL getrockneter Oregano
evtl. 1–2 EL Mineralwasser
Salz · schwarzer Pfeffer
1–2 EL Zitronensaft
2 Lammschnitzel (aus der Keule, je etwa 100 g)
1 TL Olivenöl
5 EL Fleischbrühe

Zubereitungszeit: 30 Min.
Pro Portion: 1060 kJ/255 kcal
37 g E · 8 g F · 8 g K

Gelingt leicht · Raffiniert

➡ Die Paprikaschoten waschen, halbieren, putzen und in kleine Würfel schneiden.
➡ Quark, Paprikawürfel und Oregano cremig verrühren, falls nötig, Mineralwasser untermischen. Den Quark mit Salz, frisch gemahlenem Pfeffer und Zitronensaft abschmecken.
➡ Die Lammschnitzel trockentupfen und von beiden Seiten pfeffern. Das Öl in einer beschichteten Pfanne erhitzen, die Schnitzel darin auf beiden Seiten kurz anbraten. Brühe angießen und das Fleisch zugedeckt bei schwacher Hitze 5 Min. sanft schmoren.
➡ Die Lammschnitzel aus dem Sud heben, leicht salzen und mit dem Paprikaquark anrichten. Das Fleisch mit dem Sud begießen. Dazu passen Kartoffeln oder kräftiges Bauernbrot.

Koriander-Lammkoteletts mit Mangold

Zutaten für 2 Personen:
4 sehr magere Lammkoteletts (je etwa 125 g; oder 2 doppelte)
Salz · schwarzer Pfeffer
2 TL gemahlener Koriander
300 g Mangold
2 Tomaten
1 kleine Zwiebel
1 Knoblauchzehe
1 TL Öl · 2 TL scharfer Curry
100 ml Geflügelfond (aus dem Glas)

Zubereitungszeit: 35 Min.
Pro Portion: 1225 kJ/295 kcal
38 g E · 9 g F · 6 g K

Raffiniert · Gelingt leicht

➡ Die Koteletts trockentupfen und mit Salz, Pfeffer und Koriander einreiben.
➡ Mangold putzen und waschen, Stiele und Blätter getrennt in feine Streifen schneiden. Tomaten häuten, vierteln und entkernen.
➡ Zwiebel und Knoblauch schälen und sehr fein würfeln. In 1 TL heißem Öl andünsten. Mangoldstiele dazugeben, mit Salz, Pfeffer und Curry würzen. Geflügelfond angießen und den Mangold zugedeckt bei mittlerer Hitze 5 Min. dünsten. Mangoldblätter und Tomaten untermischen, zugedeckt 3 Min. dünsten.
➡ Eine Grillpfanne mit dem übrigen Öl ausstreichen und stark erhitzen. Die Koteletts darin auf jeder Seite 5 Min. braten.
➡ Gemüse salzen und pfeffern und zu den Koteletts servieren.

Kalbsleber mit Balsamicosauce

Zutaten für 2 Personen:
300 g Kalbsleber
3 Frühlingszwiebeln
2 rotschalige Äpfel
1 EL Zitronensaft · 1 EL Butter
8 EL Gemüsebrühe
1 TL getrockneter Majoran
Salz · weißer Pfeffer
etwas Mehl zum Bestäuben
2 EL Aceto Balsamico

Zubereitungszeit: 20 Min.
Pro Portion: 1335 kJ/320 kcal
30 g E · 10 g F · 29 g K

Gelingt leicht · Für Gäste

➡ Kalbsleber kurz waschen, trockentupfen und in 1 cm breite Streifen schneiden. Die Frühlingszwiebeln waschen, putzen, längs halbieren und schräg in 2 cm große Stücke schneiden. Die Äpfel waschen, abtrocknen, vierteln und vom Kerngehäuse befreien. Apfelviertel in Spalten schneiden und sofort im Zitronensaft wenden.
➡ Die Hälfte der Butter in einem Topf zerlassen, die Frühlingszwiebeln darin andünsten. 4 EL Brühe und den Majoran dazugeben, die Zwiebeln zugedeckt bei schwacher Hitze zunächst 2 Min. garen. Dann die Äpfel dazugeben und alles weitere 2 Min. dünsten. Mit Salz und frisch gemahlenem Pfeffer würzen.
➡ Restliche Butter in einer beschichteten Pfanne erhitzen. Die Leberstreifen leicht mit Mehl bestäuben und unter Rühren bei mittlerer Hitze 2–3 Min. in der Butter braten. Mit Salz und Pfeffer würzen. Leber mit übriger Brühe und Essig ablöschen, abschmecken.
➡ Die Kalbsleber samt Sauce und Apfel-Zwiebel-Gemüse auf vorgewärmten Tellern anrichten. Nach Belieben mit Kartoffelpüree oder Stangenweißbrot servieren.

Gebratenes Kasseler mit Apfelchutney

Zutaten für 2 Personen:
Für den Braten:
500 g Kasseler mit Knochen
6 Gewürznelken
200 g kleine Zwiebeln
2 säuerliche Äpfel (z. B. Cox Orange)
Für das Chutney:
1 rote Zwiebel · ½ Mango
2 säuerliche Äpfel (z. B. Cox Orange)
50 g Vollrohrzucker
1 EL Sultaninen
2 EL Weißweinessig
1 EL Zitronensaft
1 TL süßer Senf
½ TL gemahlener Ingwer
Salz

Zubereitungszeit: 1 Std.
Pro Portion: 3130 kJ/750 kcal
39 g E · 24 g F · 74 g K

Raffiniert

➡ Den Römertopf nach Vorschrift wässern. Den Backofen auf 200° vorheizen.
➡ Das Fleisch kurz kalt abbrausen, trockentupfen und mit den Nelken spicken, Zwiebeln und Äpfel schälen und vierteln, Äpfel vom Kerngehäuse befreien. Das Fleisch mit Zwiebel- und Apfelvierteln im Römertopf oder in einem Bräter mit Deckel verteilen (wenn Sie den Bräter nehmen, noch 50 ml Wasser seitlich angießen).
➡ Das Kasseler im Backofen (Mitte, Umluft 180°) 45 Min. braten.
➡ Inzwischen für das Chutney die Zwiebel schälen und klein würfeln. Mango schälen, das Fruchtfleisch in Spalten vom Stein schneiden und klein würfeln. Die Äpfel vierteln, vom Kerngehäuse befreien, schälen und ebenfalls fein würfeln.
➡ Die Zwiebel mit Mango, Äpfeln, Zucker, Sultaninen, Essig, Zitronensaft, Senf, Ingwer und Salz in einem Topf mischen und zum Kochen bringen. Das Chutney dann zugedeckt bei schwacher Hitze 20 Min. köcheln lassen.
➡ Das Chutney mit Salz und Zucker abschmecken und abkühlen lassen.
➡ Die Nelken und die Fettschicht vom Kasseler entfernen. Das Fleisch vom Knochen lösen und in Scheiben schneiden, mit Zwiebel- und Apfelstücken anrichten. Das Chutney dazu servieren. Ein knackiger grüner Blattsalat und Kartoffelpüree, mit fettarmer Milch zubereitet, schmecken gut dazu.

Tips!
Die Fettschicht vom Kasseler entfernt man erst nach dem Braten, weil das Fett Aroma vermittelt und das Fleisch beim Braten vor dem Austrocknen schützt. Vom Chutney brauchen Sie für das Gericht eventuell nur die Hälfte. Die übrige Hälfte können Sie gut in ein Schraubverschlußglas füllen und bis zu 2 Wochen im Kühlschrank aufbewahren. Es schmeckt ausgezeichnet zu geräucherter Putenbrust, Roastbeef oder gekochtem Schinken. Oder Sie bereiten gleich die doppelte Menge zu. In hübsche Gläser gefüllt ist das immer ein originelles Mitbringsel für liebe Freunde.

Rindergulasch mit Äpfeln und Möhren

Zutaten für 2 Personen:
400 g Rindergulasch
1 TL Butterschmalz
Salz · schwarzer Pfeffer
1 TL Paprika, edelsüß
1 Prise getrockneter Majoran
1 Lorbeerblatt
200 ml Fleischbrühe
100 ml Apfelsaft
2 Möhren · 125 g Schalotten
2 säuerliche Äpfel (Boskop)
1 EL Honig

Zubereitungszeit: 20 Min.
(+ 1 Std. Garen)
Pro Portion: 1875 kJ/450 kcal
47 g E · 13 g F · 40 g K

Raffiniert

➨ Das Fleisch eventuell in etwas kleinere Würfel schneiden.

➨ Das Schmalz in einer tiefen beschichteten Pfanne erhitzen und die Fleischwürfel darin rundherum anbraten. Das Fleisch mit Salz, Pfeffer, Paprika und Majoran würzen, Lorbeer, Brühe und Apfelsaft hinzufügen und das Gulasch zugedeckt bei mittlerer Hitze 40 Min. schmoren.

➨ Inzwischen die Möhren schälen und in Stücke schneiden. Schalotten schälen. Äpfel vierteln, schälen, vom Kerngehäuse befreien und quer halbieren.

➨ Möhrenstücke und Schalotten zum Gulasch geben und weitere 10 Min. garen. Die Apfelstücke hinzufügen und alles noch einmal 10 Min. schmoren. Das Gulasch mit Honig, Salz und Pfeffer pikant abschmecken.

Schweinemedaillons mit Zwiebelgemüse

Zutaten für 2 Personen:
1 Stange Lauch · 2 große rote Zwiebeln · 1 Knoblauchzehe
6 getrocknete Aprikosen
1/8 l Gemüsebrühe
Salz · schwarzer Pfeffer
2 TL frischer Thymian
4 Schweinemedaillons (etwa 250 g)
2 TL Öl · Paprika, edelsüß
1 kleiner säuerlicher Apfel

Zubereitungszeit: 30 Min.
Pro Portion: 1100 kJ/265 kcal
29 g E · 6 g F · 25 g K

Schnell · Gelingt leicht

➨ Den Lauch putzen, waschen und in Streifen schneiden. Die Zwiebeln schälen, halbieren und in Streifen schneiden. Den Knoblauch schälen und hacken.

➨ Die Aprikosen in Streifen schneiden, mit dem Lauch, den Zwiebeln, dem Knoblauch und Brühe mischen, mit Salz, Pfeffer und dem Thymian würzen. Aufkochen und zugedeckt bei mittlerer Hitze 10 Min. dünsten.

➨ Inzwischen die Medaillons mit Pfeffer einreiben.

➨ Das Öl in einer beschichteten Pfanne erhitzen. Die Medaillons darin von beiden Seiten scharf anbraten, dann mit Salz und Paprika würzen und bei reduzierter Hitze noch 6 Min. braten.

➨ Den Apfel schälen, entkernen und in Scheiben schneiden. Zum Zwiebelgemüse geben und kurz mit erhitzen. Mit den Medaillons servieren.

Joghurt-Hähnchen

Zutaten für 2 Personen:
2 Knoblauchzehen
25 g frischer Ingwer
100 g Magermilch-Joghurt (0,3 % Fett) · 1 EL Zitronensaft
4 TL Tandoori-Gewürzpulver
1 Brathähnchen (etwa 1,2 kg)
Salz
150 g Langkornreis
1 TL gemahlener Kreuzkümmel
einige Zweige Koriandergrün
Backpapier für das Blech

Zubereitungszeit: 45 Min. (+ 12 Std. Marinieren + 30 Min. Schmoren)
Pro Portion: 2570 kJ/615 kcal
47 g E · 19 g F · 61 g K

Spezialität aus Indien

➨ Knoblauch und Ingwer schälen und hacken. Mit Joghurt, Zitronensaft und Tandoorigewürz verrühren.
➨ Das Hähnchen waschen und häuten. Keulen und Flügel abtrennen, Körper in 4 Teile schneiden. Die Teile mit der Joghurtmarinade einreiben und zugedeckt 12 Std. kühl stellen.
➨ Den Backofen auf 225° vorheizen. Auf der zweiten Schiene von unten ein mit Backpapier ausgelegtes Backblech einschieben.
➨ Die Hähnchenteile aus der Marinade nehmen, mit Küchenpapier abtrocknen und auf einen Rost legen. Im Ofen (Mitte, Umluft 200°) über dem Blech 15 Min. braten. Wenden und salzen, weitere 15 Min. braten. Inzwischen Reis in Salzwasser garen,
➨ Die Hähnchenteile mit Kreuzkümmel und Koriandergrün bestreuen.

Putenstreifen mit Wirsinggemüse

Zutaten für 2 Personen:
1 kleiner Wirsing (etwa 500 g)
300 g Putenbrustfilet
2 TL Butter
Salz · schwarzer Pfeffer
1/8 l Hühnerbrühe
1 TL getrockneter Majoran
1/2 Bund Radieschen

Zubereitungszeit: 30 Min.
Pro Portion: 945 kJ/225 kcal
43 g E · 4 g F · 6 g K

Schnell · Gelingt leicht

➨ Den Wirsing waschen und putzen, die äußeren Blätter entfernen, den Strunk abschneiden. Den Kopf vierteln und die Viertel quer in feine Streifen schneiden.
➨ Das Putenbrustfilet kalt abwaschen und abtrocknen, in nicht zu feine Streifen schneiden.
➨ In einer beschichteten Pfanne 1 TL Butter erhitzen, das Putenbrustfleisch darin unter Rühren goldgelb anbraten, dann mit Salz und Pfeffer würzen und wieder aus der Pfanne nehmen.
➨ Die restliche Butter in der Pfanne erhitzen, den Wirsing darin anschwitzen. Mit der Brühe ablöschen, mit Salz, Pfeffer und Majoran würzen und bei mittlerer Hitze gut 5 Min. unter häufigem Rühren köcheln lassen.
➨ Die Radieschen waschen, putzen und vierteln oder achteln. Mit dem Putenfleisch unter den Wirsing mischen und kurz erhitzen. Alles pikant abschmecken.

Puten-Sauerbraten mit Semmelknödeln

Zutaten für 2 Personen:
500 g Putenbrustfilet am Stück
etwa 1/8 l Weißweinessig
1 Lorbeerblatt
2 TL schwarze Pfefferkörner
schwarzer Pfeffer
1 Zwiebel · 2 TL Öl
1/8 l Hühnerbrühe
Petersilie zum Garnieren
Für die Semmelknödel:
2 große oder 3 kleine altbackene Semmeln (Brötchen) · Salz
1/8 l Magermilch (0,3 % Fett)
2 Zweige Petersilie
1 kleine Schalotte
1 TL Butter
1 Ei · evtl. etwas Mehl

Zubereitungszeit: 1 1/2 Std.
(+ 12 Std. Marinieren)
Pro Portion: 2260 kJ/540 kcal
71 g E · 11 g F · 42 g K

Raffiniert

➡ Das Putenbrustfilet kalt abwaschen und in eine schmale, hohe Schüssel legen. So viel Essig angießen, daß der Braten bedeckt ist. Das Lorbeerblatt und die Pfefferkörner dazugeben, den Braten zugedeckt im Kühlschrank über Nacht marinieren.

➡ Für die Knödel die Semmeln in sehr dünne Scheiben und dann in kleine Würfel schneiden, in eine Schüssel geben und mit etwas Salz bestreuen. Die Milch aufkochen lassen, über die Semmeln gießen und diese zugedeckt 30 Min. quellen lassen.

➡ Das Fleisch aus der Marinade nehmen, die Marinade durchsieben und beiseite stellen. Den Braten mit Küchenpapier abtrocknen und rundherum mit Pfeffer einreiben. Die Zwiebel schälen und klein würfeln.

➡ Das Öl in einem Topf erhitzen, den Putenbraten darin rundherum anbraten. Die Zwiebel dazugeben und etwas Farbe annehmen lassen, dann mit der Brühe ablöschen. 3–4 EL Essigmarinade dazugeben, das Fleisch zugedeckt bei schwacher Hitze 30 Min. schmoren.

➡ Inzwischen für die Knödel die Petersilie waschen, abtrocknen und fein hacken. Die Schalotte schälen und klein würfeln. Die Butter in einer kleinen beschichteten Pfanne erhitzen, die Schalottenwürfel darin glasig werden lassen. Die Schalotte, die Petersilie und das Ei zu den Semmeln geben und alles sehr gründlich verkneten.

➡ Reichlich Salzwasser in einem breiten Topf aufkochen lassen. Die Hitze reduzieren, bis das Wasser gerade eben köchelt. Einen kleinen Probeknödel garen, falls er nicht zusammenhält, etwas Mehl unter die Knödelmasse kneten.

➡ Mit nassen Händen 4 Knödel aus der Masse formen. Die Knödel in das siedende Wasser geben und in 20 Min. gar ziehen, aber nicht kochen lassen.

➡ Den Braten in Scheiben schneiden. Den Bratenfond abschmecken und dazugeben, die Semmelknödel abtropfen lassen und daneben anrichten. Mit Petersilienblättchen garnieren.

Hackfleisch-Quark-Buletten

Zutaten für 2 Personen:
350 g kleine runde festkochende Kartoffeln
½ altbackenes Brötchen
125 g mageres Rinderhackfleisch
75 g Magerquark
1 Frühlingszwiebel
½ Bund Petersilie
1 TL scharfer Senf
1 Ei · 1 EL Semmelbrösel
Salz · schwarzer Pfeffer
1 EL Olivenöl

Zubereitungszeit: 40 Min.
Pro Portion: 1275 kJ/305 kcal
26 g E · 9 g F · 31 g K

Gut vorzubereiten

➡ Die Kartoffeln waschen, in der Schale kochen, dann schälen und vierteln.
➡ Inzwischen das Brötchen in lauwarmem Wasser 10 Min. einweichen. Hackfleisch und Quark in eine Schüssel geben. Frühlingszwiebel waschen, putzen und in sehr feine Ringe schneiden. Petersilie abbrausen, Blätter abzupfen und einige zum Garnieren beiseite legen. Den Rest fein hacken. Brötchen ausdrükken und zerpflücken. Mit der Frühlingszwiebel, Petersilie, Senf, Ei und Bröseln zum Hackfleisch geben. Alles gut verkneten, salzen und pfeffern.
➡ Den Elektrogrill anheizen. Aus dem Teig mit nassen Händen 8 kleine Frikadellen formen. Auf Alufolie auf den Rost legen, mit etwas Öl bestreichen. Unter dem vorgeheizten Grill (Mitte) 9 Min. braten, dann wenden, weitere 5 Min. grillen.
➡ Inzwischen das restliche Olivenöl in einer beschichteten Pfanne erhitzen, die Kartoffeln darin bei mittlerer Hitze 10 Min. braten, dann salzen. Zu den Buletten servieren und mit Petersilie garnieren. Als Beilage paßt ein Tomatensalat.

Zitronenhähnchen mit Knoblauch

Zutaten für 2 Personen:
1 Brathähnchen (etwa 800 g)
1 unbehandelte Zitrone
1 EL Rosmarinnadeln
1 TL Olivenöl
Kräutersalz · schwarzer Pfeffer
750 g festkochende Kartoffeln
3–6 Knoblauchzehen
1 Bratbeutel

Zubereitungszeit: 20 Min.
(+ 45–55 Min. Braten)
Pro Portion: 2975 kJ/715 kcal
49 g E · 26 g F · 56 g K

Raffiniert · Gelingt leicht

➡ Den Backofen auf 220° vorheizen. Das Hähnchen waschen und trockentupfen.
➡ Die Zitrone heiß waschen, die Schale fein abreiben. Zitrone dick schälen und die Filets herausschneiden. Vom Rosmarin 1 TL Nadeln sehr fein hacken.
➡ Zitronenschale, Rosmarin, Öl, 1/4 TL Salz und etwas Pfeffer mischen. Das Hähnchen damit einreiben.
➡ Kartoffeln schälen, klein würfeln, leicht salzen und pfeffern. Knoblauch schälen, unzerteilt lassen.
➡ Hähnchen, Kartoffeln, Knoblauch, Zitronenfilets und übrigen Rosmarin in den Bratbeutel füllen. Nach Packungsangabe verschließen und oben einstechen.
➡ Bratbeutel auf den kalten Rost legen, Fettpfanne darunter schieben. Hähnchen im Ofen (2. Schiene von unten, Umluft 200°) in 45–55 Min. goldbraun braten.
➡ Bratbeutel aufschneiden, das Hähnchen herausheben und anrichten.

Entenbrust mit Rotweinzwiebeln

Zutaten für 2 Personen:
2 kleine Bund Frühlingszwiebeln
1 unbehandelte Orange
1 Entenbrust (etwa 270 g)
Salz · weißer Pfeffer
1/2 EL Öl · 1 EL brauner Zucker
1/8 l kräftiger Rotwein
1 Msp. gemahlener Piment
1–2 TL Rotweinessig
Petersilie zum Garnieren

Zubereitungszeit: 30 Min.
Pro Portion: 1175 kJ/280 kcal
31 g E · 8 g F · 11 g K

Für Gäste · Raffiniert

➡ Den Backofen auf 200° (Umluft 180°) vorheizen. Die Frühlingszwiebeln waschen und quer halbieren. Orangenschale abreiben, den Saft auspressen.
➡ Die Entenbrust auf der Hautseite rautenförmig einschneiden, salzen und pfeffern. Die Hautseite bei starker Hitze 3–4 Min. braun braten, umdrehen und noch 1 Min. braten. Das Fleisch in Alufolie wickeln und 8 Min. in den Ofen legen.
➡ Frühlingszwiebeln im Öl andünsten. Zucker, Wein, Orangenschale, -saft und Piment hinzufügen. Salzen und pfeffern. Zugedeckt 5–8 Min. sanft köcheln lassen.
➡ Entenbrust aus der Folie nehmen, den Saft zu den Zwiebeln gießen. Die Haut entfernen, das Fleisch entfetten, schräg in Scheiben schneiden. Die Zwiebeln mit Essig abschmecken und mit der Entenbrust anrichten. Mit Petersilie garnieren.

Kalbsbraten in Orangensauce

Zutaten für 6 Personen:
8 Orangen (davon 2 unbehandelt)
1 Zwiebel
2 TL Butterschmalz
2 eingelegte grüne Pfefferkörner
2 TL Zucker
3 EL Rum nach Belieben
1 kg Kalbsschulter · Salz
1 TL getrockneter Majoran
weißer Pfeffer
100 g blaue Weintrauben

Zubereitungszeit: 20 Min.
(+ 1 1/4 Std. Braten)
Pro Portion: 865 kJ/210 kcal
35 g E · 4 g F · 6 g K

Raffiniert

➨ Die Schale der unbehandelten Orangen abreiben. 6 Orangen halbieren, den Saft auspressen und mit der Schale verrühren.
➨ Zwiebel schälen, würfeln und in 1 TL Butterschmalz glasig braten. Pfefferkörner, Zucker, eventuell Rum und Orangensaft hinzufügen.
➨ Den Backofen auf 220° vorheizen. Fleisch mit Salz, Majoran und Pfeffer einreiben. Im übrigen Schmalz von allen Seiten anbraten. Das Fleisch im Ofen (Mitte, Umluft 200°) 1 1/4 Std. braten. Nach und nach die Orangensauce dazugießen und das Fleisch immer wieder beschöpfen.
➨ Übrige Orangen filetieren. Trauben waschen, halbieren und entkernen.
➨ Den Braten warm stellen. Die Sauce durchsieben, die Trauben kurz darin erwärmen. Mit Orangenfilets garniert servieren.

Roastbeef mit Preiselbeersauce

Zutaten für 4 Personen:
750 g Roastbeef
Salz · schwarzer Pfeffer
250 g frische Preiselbeeren
1 Zwiebel · 1 TL Öl
50 g Zucker
1 Spritzer Tabascosauce
Öl für den Rost

Zubereitungszeit: 25 Min.
(+ 50 Min. Braten)
Pro Portion: 1395 kJ/335 kcal
42 g E · 9 g F · 21 g K

Etwas teurer · Gelingt leicht

➨ Den Backofen auf 250° vorheizen.
➨ Das Fleisch trockentupfen und die Fettschicht rautenförmig einritzen. Das Roastbeef ringsherum mit Salz und Pfeffer einreiben.
➨ Den Grillrost des Backofens mit Öl bepinseln, das Fleisch darauf legen und über der Fettpfanne im Backofen (Mitte, Umluft 230°) 30 Min. braten. Den Backofen auf 200° (Umluft 180°) schalten, das Roastbeef weitere 20 Min. braten.
➨ Den Backofen ausschalten und das Fleisch darin noch 10 Min. ruhen lassen.
➨ Inzwischen Preiselbeeren waschen und abtrocknen. Zwiebel schälen und in Ringe schneiden, im Öl glasig braten. Preiselbeeren mit dem Zucker und 50 ml Wasser dazugeben, zugedeckt bei schwacher Hitze 20 Min. kochen lassen. Mit Tabasco und Salz abschmecken.
➨ Vom Roastbeef die Fettschicht entfernen und das Fleisch mit Sauce servieren.

Tafelspitz mit Rucola-Senfsauce

Zutaten für 4 Personen:
300 g Rinderknochen
1 Bund Suppengrün
1 mittelgroße Zwiebel
1 Lorbeerblatt · 5 schwarze Pfefferkörner · 2 Gewürznelken
3 Zweige Petersilie · Salz
800 g Tafelspitz (aus dem Schwanzstück vom Rind)
100 g Rucola
1 1/2 altbackene Brötchen
1 Knoblauchzehe
2 EL kaltgepreßtes Olivenöl
2 TL scharfer Senf
schwarzer Pfeffer
1–2 TL Zitronensaft

Zubereitungszeit: 30 Min. (+ 2 Std. Garen)
Pro Portion: 1520 kJ/365 kcal
47 g E · 12 g F · 11 g K

Raffiniert · Gelingt leicht

➡ Die Knochen abbrausen und in einem großen Topf mit 1 1/2 l kaltem Wasser zum Kochen bringen. Das Suppengrün waschen, putzen und grob zerteilen. Mit der ungeschälten gewaschenen Zwiebel, dem Lorbeerblatt, Pfefferkörnern, Nelken, Petersilienzweigen und 2 TL Salz hinzufügen.
➡ Den Tafelspitz in die kochende Brühe geben und zugedeckt bei schwacher Hitze 2 Std. ziehen, aber nicht kochen lassen.
➡ 30 Min. vor Ende der Garzeit 1/4 l Fleischbrühe abschöpfen und durch ein Sieb gießen, etwas abkühlen lassen und entfetten.
➡ Den Rucola waschen, grob hacken. Die Brötchen fein reiben. Die Knoblauchzehe schälen und zerdrücken. Rucola und Knoblauch mit der Fleischbrühe pürieren. Erst die Brösel dazugeben, dann das Olivenöl und den Senf unterschlagen. Die Sauce mit Salz, Pfeffer und Zitronensaft abschmecken, bis zum Servieren kalt stellen.
➡ Den Tafelspitz aus der Brühe nehmen und quer zur Faser in Scheiben schneiden. Mit der Rucola-Senfsauce anrichten. Dazu schmecken Kartoffeln.

Tip!
Als zusätzliche Beilage können Sie Bouillon-Möhren reichen: 400 g Möhren putzen, schälen, längs vierteln, mit Küchengarn zusammenbinden und 10 Min. in Fleischbrühe ziehen lassen.

Variante: Putenbrust mit Tomaten-Kapern-Sauce
1 l Hühnerbrühe mit 1/2 l trockenem Weißwein (ersatzweise Hühnerbrühe) aufkochen lassen. 1 Bund zerteiltes Suppengrün, 1 ungeschälte Zwiebel, 5 Thymianzweige, 5 Pfefferkörner, 1 Lorbeerblatt und 800 g Putenbrust einlegen. Zugedeckt bei schwacher Hitze 1 Std. ziehen lassen. 2 feingewürfelte Schalotten und 1 zerdrückte Knoblauchzehe in 1 EL Olivenöl andünsten. 1 Dose Tomaten (400 g) samt Saft und 1/8 l Brühe dazugeben. 15 Min. einköcheln lassen. Die Sauce mit Salz, Pfeffer, Zucker und 1–2 EL Kapernsud abschmecken. 1 EL Kapern unterrühren. Fleisch in Scheiben schneiden, mit Sauce anrichten.

Hähnchenbrust im Wirsingmantel

Zutaten für 4 Personen:
8 große Wirsingblätter · Salz
50 g getrocknete, in Öl eingelegte Tomaten
2 Bund Petersilie
1 EL Kapern
2 Schalotten · 1 TL Olivenöl
2 EL Tomatenmark · Pfeffer
4 Hähnchenbrustfilets (je etwa 120 g) · 1/2 l Hühnerbrühe
200 g kleine Champignons
1 TL Butter · 2 TL Mehl
100 ml Magermilch (0,3 % Fett)

Zubereitungszeit: 1 Std.
Pro Portion: 995 kJ/240 kcal
31 g E · 7 g F · 6 g K

Raffiniert · Gut vorzubereiten

➡ Wirsingblätter in Salzwasser 3 Min. blanchieren, abtropfen lassen, dicke Rippen flach schneiden. Jeweils 2 Blätter aufeinander legen.
➡ Tomaten klein würfeln. Petersilie abbrausen, fein hacken. Kapern hacken. Schalotten schälen, fein würfeln, in dem Öl glasig dünsten. Mit Tomaten, Petersilie, Kapern und Tomatenmark vermischen. Salzen und pfeffern.
➡ Die Hälfte der Masse auf die Wirsingblätter streichen, je 1 Filet darauf legen und mit der übrigen Masse bestreichen. Blätter zusammenrollen. In einem Dämpfeinsatz zugedeckt über der Brühe 15 Min. dämpfen.
➡ Pilze putzen, fein schneiden, in der Butter andünsten. Mit Mehl bestäuben. 1/8 l Dämpfbrühe und die Milch angießen, 5 Min. köcheln lassen. Mit Salz und Pfeffer würzen.

Kaninchensaté mit Erdnuß-Joghurt

Zutaten für 4 Personen:
1 kg Kaninchenrücken (etwa 600 g entbeintes Rückenfleisch)
12 lange Holzspieße
10 EL süße indonesische Sojasauce (Ketjap Manis)
1 Stück frischer Ingwer (4 cm)
2 Knoblauchzehen · Pfeffer
2 Schalotten · 1 TL Öl
1/4 l Hühnerbrühe
50 g Erdnußcreme mit Stückchen
1 TL Sambal oelek
1–2 EL Zitronensaft
100 g Magermilch-Joghurt (0,3 % Fett) · Salz
1 TL Öl für die Pfanne

Zubereitungszeit: 1 Std.
(+ 2 Std. Marinieren)
Pro Portion: 1030 kJ/260 kcal
40 g E · 8 g F · 3 g K

Gut vorzubereiten · Raffiniert

➡ Das Fleisch vom Rückenknochen lösen, in Streifen schneiden und auf 12 Holzspieße ziehen.
➡ In eine flache Schale 8 EL Sojasauce geben. Ingwer schälen und fein dazureiben, Knoblauch schälen und dazudrücken, pfeffern. Spieße darin 2 Std. marinieren.
➡ Schalotten schälen und fein würfeln, im heißen Öl glasig dünsten. Brühe angießen. Erdnußcreme, übrige Sojasauce, Sambal oelek und Zitronensaft dazugeben. Aufkochen und bei mittlerer Hitze 10 Min. köcheln lassen. Vom Herd nehmen, Joghurt unterrühren. Sauce salzen und kalt stellen.
➡ Eine Grillpfanne trocken erhitzen, dann leicht mit Öl einpinseln. Die Spießchen darin bei mittlerer Hitze 3 Min. pro Seite braten.

Putenmedaillons mit Kirschsauce

Zutaten für 4 Personen:
400 g süße Kirschen
1 Zwiebel
1 Paket Kartoffelkrönchen (tiefgekühlt, 300 g)
2 TL Butter · 2 TL Zucker
100 ml Hühnerbrühe
100 ml trockener Rotwein (ersatzweise Hühnerbrühe)
Salz · schwarzer Pfeffer
1/4 TL gemahlener Koriander
8 Putenmedaillons (je etwa 70 g)
1 Prise gemahlener Ingwer
Petersilie zum Garnieren

Zubereitungszeit: 35 Min.
Pro Portion: 1320 kJ/315 kcal
31 g E · 6 g F · 27g K

Raffiniert · Schnell

➨ Den Backofen auf 225° (Umluft 200°) vorheizen.
➨ Kirschen waschen und entsteinen. Die Zwiebel schälen und fein hacken.
➨ Die Kartoffelkrönchen nach Packungsangabe im Ofen in 10–20 Min. goldbraun backen.
➨ In einem Topf 1 TL Butter aufschäumen lassen, die Zwiebel darin andünsten. Mit Zucker bestreuen und diesen unter Rühren karamelisieren lassen.
➨ Zwei Drittel der Kirschen, die Brühe und den Rotwein hinzufügen. Mit Salz, Pfeffer und Koriander würzen. Die Kirschen bei schwacher Hitze offen 10 Min. köcheln lassen. Dann pürieren.
➨ Putenmedaillons trockentupfen. In einer beschichteten Pfanne die restliche Butter erhitzen. Die Medaillons darin pro Seite bei mittlerer Hitze 2 Min. braten, salzen und pfeffern.
➨ Die ganzen Kirschen in der Sauce erhitzen, die Sauce mit Salz, Pfeffer und Ingwer abschmecken.
➨ Putenmedaillons mit Kirschsauce und Kartoffelkrönchen anrichten und mit Petersilie garnieren.

Griechische Kaninchenkeulen mit Wein

Zutaten für 4 Personen:
4 Kaninchenkeulen (je etwa 250 g)
Salz · schwarzer Pfeffer
150 g Schalotten
2 Knoblauchzehen
8 Kirschtomaten
1 Lorbeerblatt
1 Gewürznelke
¼ Zimtstange · 1 Prise Zucker
200 ml griechischer Rotwein (z. B. Naoussa, Nemea, Goumenissa)
100 ml Fleischbrühe
1 Bratbeutel oder 1 Stück Bratschlauch

Zubereitungszeit: 20 Min. (+ 45 Min. Braten)
Pro Portion: 1185 kJ/285 kcal
32 g E · 9 g F · 4 g K

Gelingt leicht · Raffiniert

➨ Den Rost aus dem Backofen nehmen und den Ofen auf 200° vorheizen.
➨ Kaninchenkeulen kurz waschen, abtrocknen und mit Salz und frisch gemahlenem Pfeffer würzen. Schalotten und Knoblauchzehen schälen, die Schalotten längs vierteln. Tomaten waschen, abtrocknen und mit einer Nadel mehrmals einstechen.
➨ Kaninchenkeulen in einen Bratbeutel oder einen an einer Seite verschlossenen Bratschlauch legen. Schalotten, Knoblauch, Tomaten, Lorbeerblatt, Gewürznelke, Zimtstange, Zucker, Wein und Brühe hinzufügen. Den Beutel nach Packungsangabe verschließen und oben einstechen.
➨ Den gefüllten Bratbeutel auf den kalten Rost legen, auf die zweitunterste Schiene in den heißen Ofen (Umluft 180°) schieben. Die Fettpfanne darunterschieben. Die Kaninchenkeulen 45 Min. garen.
➨ Den Bratbeutel vorsichtig aus dem Ofen nehmen, auf eine Platte setzen und öffnen. Keulen, Tomaten, Schalotten und Knoblauch herausheben, auf vorgewärmten Tellern anrichten und warm stellen.
➨ Die Sauce durch ein Sieb in einen Topf gießen und bei starker Hitze um etwa ein Drittel einkochen lassen. Dann mit Salz und Pfeffer abschmecken, über die Kaninchenkeulen gießen.

Variante: Kaninchenkeulen auf französische Art
Den Backofen auf 200° vorheizen. Die Keulen in einem Bräter in wenig Öl rundherum goldbraun anbraten, herausnehmen und mit Küchenpapier abtupfen. Anschließend leicht salzen und pfeffern. Im verbliebenen Bratfett 2 feingehackte Schalotten andünsten. Das Fleisch wieder in den Bräter legen und je ⅛ l Fleischbrühe und Weißwein dazugießen. Zugedeckt im Ofen (Umluft 180°) zunächst 30 Min. schmoren lassen, dabei ab und zu mit der Sauce begießen. Dann nochmals ⅛ l Fleischbrühe, 300 g tiefgekühlte Erbsen und 2 Zweige frischen Estragon hinzufügen. Alles noch 15–20 Min. schmoren, bis das Fleisch gar ist und die Erbsen weich sind. Mit Salz, frisch gemahlenem Pfeffer und etwas Zitronensaft abschmecken. Dazu Pellkartoffeln servieren.

Fondue Chinoise

Zutaten für 4 Personen:
Für die Ingwer-Tomaten-Sauce:
1 kleine Dose geschälte Tomaten (400 g) · 30 g frischer Ingwer
1 Knoblauchzehe
1 EL Zucker · 2 EL Reiswein
2 EL Reisessig · 4 EL Sojasauce
Für den Korianderdip:
1 Handvoll Koriandergrün
3–4 rote Chilischoten
250 g entrahmte Dickmilch (0,3 % Fett)
4 EL helle Sojasauce
1 EL Reiswein
Für das Fondue:
150 g Reis- oder Glasnudeln
400 g Hähnchenbrustfilet
400 g Putenbrustfilet
1 Chinakohl (etwa 750 g)
2 dicke Möhren
2–3 l Hühnerbrühe
1 walnußgroßes Stück Ingwer

Zubereitungszeit: 45 Min.
Pro Portion: 2105 kJ/505 kcal
57 g E · 8 g F · 49 g K

Gelingt leicht · Gut vorzubereiten

➡ Für die Tomatensauce die Tomaten mit Saft durch ein feines Sieb in einen Topf streichen. Den Ingwer und den Knoblauch schälen und fein hacken. Beides zu den Tomaten geben und diese bei mittlerer Hitze unter häufigem Rühren dicklich einkochen lassen. Mit Zukker, Reiswein, Essig und Sojasauce abschmecken und abkühlen lassen.

➡ Für den Korianderdip das Koriandergrün waschen, abtrocknen und hacken. Die Chilischoten waschen, aufschlitzen, entkernen und von den Stielansätzen befreien, dann in sehr feine Ringe schneiden. Beides mit Dickmilch, Sojasauce und Reiswein verrühren.

➡ Für das Fondue die Reisnudeln mit kochendem Wasser übergießen und quellen lassen. Oder die Glasnudeln in warmem Wasser quellen lassen.

➡ Das Hähnchen- und das Putenbrustfilet kalt abwaschen und abtrocknen, eventuelle Fettreste entfernen. Das Fleisch in hauchdünne Scheiben schneiden.

➡ Den Chinakohl waschen, putzen und in 2–3 cm breite Streifen schneiden. Die Möhren schälen und in dünne, sehr schräge Scheiben schneiden.

➡ Die Reis- oder Glasnudeln abtropfen lassen. Alle Zutaten dekorativ auf Tellern oder Platten anrichten, die Saucen in Schälchen umfüllen.

➡ Die Hühnerbrühe aufkochen. So viel Brühe in den Fonduetopf umgießen, daß dieser gut zur Hälfte gefüllt ist. Zum Nachfüllen die übrige Brühe in der Küche bei schwacher Hitze heiß halten. Den Ingwer schälen, in den Fonduetopf geben, die Brühe im Fonduetopf am Tisch am Köcheln halten. Die Zutaten nach Belieben darin garen, mit den Saucen essen.

Tip!
Beim Fondue Chinoise werden die Zutaten mit kleinen Siebchen in die Brühe gehalten und darin gegart. Wer die Siebchen nicht hat, schneidet das Fleisch in Würfel und reicht Gemüse und Reis als Beilage dazu.

Quarknocken mit Kiwisauce

Zutaten für 2 Personen:
Für die Quarknocken:
125 g Magerquark
1 TL weiche Butter
1 kleines Ei · Salz · 1 EL Mehl
2 EL Semmelbrösel
2 EL Puderzucker
1 TL abgeriebene unbehandelte Zitronenschale
Für die Kiwisauce:
2 Kiwis
2 EL Orangensaft
1 TL Puderzucker
1 EL weißer Rum nach Belieben
Minzeblättchen zum Garnieren

Zubereitungszeit: 30 Min. (+ 30 Min. Ruhen)
Pro Portion: 900 kJ/210 kcal
14 g E · 4 g F · 27 g K

Preiswert

➨ Den Quark in einem Sieb gut abtropfen lassen. Mit der Butter, dem Ei, 1 Prise Salz, dem Mehl, den Semmelbröseln, dem Puderzucker und der Zitronenschale glattrühren. Zugedeckt 30 Min. ruhen lassen.
➨ Kiwis schälen und ganz kurz pürieren. Mit Orangensaft und Puderzucker verrühren, nach Belieben mit Rum abrunden.
➨ Leicht gesalzenes Wasser in einem breiten Topf aufkochen lassen. Die Hitze so weit reduzieren, bis es gerade eben siedet. Aus dem Quark mit 2 Eßlöffeln Nocken formen, im Wasser 15 Min. ziehen lassen.
➨ Die Nocken aus dem Wasser heben und abtropfen lassen, mit der Kiwisauce servieren. Mit Minzeblättchen garnieren.

Pistazien-Ricotta mit Pfirsichpüree

Zutaten für 2 Personen:
1 vollreifer gelber Pfirsich (etwa 130 g)
1/2 unbehandelte Zitrone
2 EL Puderzucker
1 Prise Zimt
60 g Ricotta
40 g Quarkzubereitung (0,2 % Fett)
3 TL geschälte Pistazienkerne
Kakaopulver zum Bestäuben

Zubereitungszeit: 20 Min.
Pro Portion: 555 kJ/135 kcal
7 g E · 4 g F · 15 g K

Schnell · Gelingt leicht

➨ Den Pfirsich überbrühen, abschrecken und häuten, dann vierteln und entsteinen. Ein Viertel in schmale Spalten schneiden und beiseite legen. Die Zitronenschale abreiben, den Zitronensaft auspressen. Das übrige Pfirsichfleisch mit 1 EL Zitronensaft und 1 EL Puderzucker fein pürieren und durch ein Sieb streichen. Mit Zimt würzen.
➨ Den Ricotta mit dem Quark, dem restlichen Puderzucker, der Zitronenschale und dem übrigen Saft mischen. Pistazien hacken, zwei Drittel davon unterheben.
➨ Zwei Dessertteller fein mit Kakao bestäuben. Die Ricottacreme locker darauf häufen. Das Pfirsichpüree darüber gießen. Mit den Pfirsichspalten und den übrigen Pistazien garnieren.

Orangengratin

Zutaten für 2 Personen:
2 unbehandelte Orangen
1 EL Orangenlikör nach Belieben
1 Ei
1 geh. EL Puderzucker (20 g)
1 Päckchen Vanillezucker
125 g Magerquark
1/2 TL weiche Butter
1 EL gehackte Pistazienkerne

Zubereitungszeit: 30 Min.
Pro Portion: 885 kJ/210 kcal
13 g E · 5 g F · 27 g K

Gut vorzubereiten

➨ Den Backofen auf 220° (Umluft 200°) vorheizen.
➨ Die Orangen heiß waschen, abtrocknen und von 1 Frucht die Schale fein abreiben. Beide Orangen schälen und die Filets herausschneiden, den Saft auffangen. Filets nach Belieben mit Likör beträufeln.
➨ Das Ei trennen. Eiweiß zu steifem Schnee schlagen. Eigelb mit Puderzucker, Vanillezucker, abgeriebener Orangenschale und -saft verrühren. Den Quark dazugeben und alles glattrühren. Den Eischnee unter die Quarkmasse heben. Zwei flache feuerfeste Förmchen dünn mit Butter ausstreichen. Den Quark in die Förmchen verteilen. Orangenfilet darauf fächerförmig anordnen.
➨ Gratin im Ofen (Mitte) zunächst 10 Min. backen. Dann die Temperatur auf 250° (Umluft 230°) hochschalten und das Gratin weitere 5 Min. überbacken, bis die Oberfläche goldbraun ist. Mit Pistazien bestreut servieren.

Bananen aus der Folie

Zutaten für 2 Personen:
1 EL Kokosflocken
1/2 TL weiche Butter
2 mittelgroße Bananen
2 TL Zitronensaft
2 TL Mandel- oder Orangenlikör (ersatzweise Apfelsaft)
1 Msp. Zimt
1 Msp. gemahlener Koriander

Zubereitungszeit: 20 Min.
Pro Portion: 420 kJ/100 kcal
1 g E · 3 g F · 17 g K

Gelingt leicht · Schnell

➨ Die Kokosflocken in einer Pfanne ohne Fett unter Rühren goldgelb rösten.
➨ Die Mitte von zwei Stükken Alufolie mit der Butter bepinseln. Bananen schälen und auf die gefetteten Flächen legen.
➨ Zitronensaft, Likör, Zimt und Koriander verrühren und die Früchte damit gleichmäßig bestreichen. Die Folie über den Bananen locker zu Päckchen verschließen, dabei oben und an den Seiten zufalten.
➨ Auf den Boden einer Pfanne mit Deckel so viel Wasser geben, daß er gerade bedeckt ist. Die Bananenpäckchen hineinlegen. Das Wasser aufkochen lassen und die Früchte zugedeckt bei schwacher Hitze 10 Min. garen.
➨ Die Päckchen aus der Pfanne nehmen, öffnen und die Bananen etwas abkühlen lassen. Auf Tellern anrichten, mit der ausgetretenen Garflüssigkeit beträufeln und mit den Kokosflocken bestreuen. Warm servieren.

Mirabellen-Becher

Zutaten für 2 Personen:
1 unbehandelte Orange
500 g schwarze Johannisbeeren
50 g Zucker
1/8 l trockener Rotwein (ersatzweise roter Fruchtsaft)
2 EL Cassis (Johannisbeerlikör) nach Belieben
600 g Mirabellen
100 g Magerquark
1 TL Vanillezucker
2 EL Mineralwasser

Zubereitungszeit: 35 Min.
Pro Portion: 1960 kJ/470 kcal
12 g E · 1 g F · 93 g K

Für Gäste · Gelingt leicht

➡ Die Orange heiß waschen, abtrocknen, die Schale dünn abreiben, den Saft auspressen. Johannisbeeren waschen, von den Rispen zupfen.

➡ Die Beeren mit der Hälfte vom Zucker, Wein und 1/8 l Wasser bei starker Hitze unter Rühren in 5 Min. etwas einkochen lassen, dann durch ein Sieb streichen.

➡ Die Hälfte der abgeriebenen Orangenschale und eventuell den Likör unter die Johannisbeersauce rühren und erkalten lassen.

➡ Mirabellen waschen und entsteinen. Übrigen Zucker mit restlicher Orangenschale und -saft in einem Topf erhitzen. Mirabellen dazugeben und darin zugedeckt bei schwacher Hitze in 10 Min. weich dünsten. Das Kompott erkalten lassen.

➡ Das Kompott in Gläser verteilen. Johannisbeersauce darüber gießen. Den Quark mit Vanillezucker und Mineralwasser verquirlen und jeweils darauf setzen.

Apfelsuppe mit Zimtcrosties

Zutaten für 2 Personen:
3 große säuerliche Äpfel (z. B. Cox Orange)
50 g + 1 EL Zucker
1/8 l naturtrüber Apfelsaft
abgeriebene Schale und Saft von 1/2 unbehandelten Zitrone
1/4 l trockener Weißwein, Cidre (Apfelwein) oder Saft
2 EL Calvados (Apfelschnaps) nach Belieben
1/2 altbackenes Vollkornbrötchen
1 TL Butter · 1 Prise Zimt

Zubereitungszeit: 20 Min. (+ 1 Std. Kühlen)
Pro Portion: 1715 kJ/410 kcal
1 g E · 2 g F · 71 g K

Gut vorzubereiten

➡ Die Äpfel vierteln, entkernen, schälen, würfeln und mit 50 g Zucker, Apfelsaft, Zitronenschale und -saft bei schwacher Hitze 3 Min. garen.

➡ Die Hälfte der Apfelwürfel herausheben, die übrigen in weiteren 7 Min. sehr weich dünsten und pürieren. Das Kompott mit dem Wein glattrühren, die Suppe nach Belieben mit Calvados würzen und die Apfelwürfel unterheben. Die Suppe 1 Std. kühl stellen.

➡ Das Brötchen würfeln, in der Butter goldbraun rösten.

➡ 1 EL Zucker und Zimt mischen, über die Brotwürfel streuen und karamelisieren lassen.

➡ Die kalte Suppe mit den warmen Crosties bestreut servieren.

Limetten-Joghurt-Nocken auf Erdbeeren

Zutaten für 2 Personen:
2 Blatt weiße Gelatine
1 Limette
2 EL Zucker · 1 Eiweiß
100 g Sahnejoghurt (10 % Fett)
200 g Erdbeeren
2 TL Puderzucker
2 Zweige Zitronenmelisse

Zubereitungszeit: 30 Min.
(+ 2 Std. Kühlen)
Pro Portion: 630 kJ/150 kcal
4 g E · 1 g F · 17 g K

Gut vorzubereiten · Raffiniert

➨ Die Gelatine in einem Schälchen 5 Min. in kaltem Wasser einweichen. Die Limette heiß waschen, die Schale dünn abreiben und den Saft auspressen.

➨ Limettenschale und -saft bis auf 1 EL mit dem Zukker in einem Topf erhitzen, aber nicht kochen lassen. Gelatine ausdrücken und unter Rühren in dem heißen Saft auflösen.

➨ Das Eiweiß schnittfest schlagen, nach und nach die heiße Limettenmischung unter den Eischnee schlagen. Den Joghurt unterheben. Die Mousse in eine kleine Schüssel füllen, glattstreichen und zugedeckt 2 Std. in den Kühlschrank stellen.

➨ Vor dem Servieren die Erdbeeren kurz abbrausen, die Kelchblätter und alle weichen Stellen entfernen. Die Früchte längs in dünne Scheibchen schneiden und überlappend auf zwei Desserttellern anrichten. Den übrigen Limettensaft und den Puderzucker verquirlen, darüber träufeln.

➨ Einen Eßlöffel in kaltes Wasser tauchen, von der Mousse Nocken abstechen und auf dem Carpaccio anrichten.

➨ Die Zitronenmelisse waschen, die Blätter von den Stengeln zupfen und auf die Erdbeeren streuen.

Tips!

Besonders festlich wirkt das Dessert, wenn man es zusätzlich mit halbierten Limettenscheiben garniert. Statt mit Limette können Sie die Mousse zur Abwechslung mit Orangensaft und -schale aromatisieren.
Und natürlich eignet sich auch eine unbehandelte Zitrone, wenn Sie keine Limette bekommen.

Variante: Joghurt-Mohn-Nocken auf Himbeerpüree

Die Mousse wie beschrieben zubereiten, dabei mit dem Joghurt zusätzlich 2 TL gemahlenen und gerösteten Mohn einarbeiten. Für das Püree 150 g Himbeeren kurz waschen und verlesen, mit 1 EL Limettensaft und 1 EL Puderzucker fein pürieren und durch ein Sieb streichen. Das Püree als Spiegel auf zwei Dessertteller gießen. Von der Mousse Nokken abstechen und auf dem Püree anrichten. Mit einigen Minzeblättchen garnieren.

Nektarinen mit Mandel-Schaumsauce

Zutaten für 2 Personen:
1 große Nektarine (etwa 200 g)
1 1/2 EL Zitronensaft
1 EL Grappa (italienischer Tresterschnaps; ersatzweise Zitronensaft)
1 Eigelb
1 EL Puderzucker
1 EL Mandelmus (Reformhaus oder Naturkostladen)
8 EL Magermilch (0,3 % Fett)
1 Zweig Minze

Zubereitungszeit: 20 Min.
(+ 30 Min. Marinieren)
Pro Portion: 675 kJ/160 kcal
5 g E · 5 g F · 20 g K

Raffiniert · Gelingt leicht

➡ Die Nektarine waschen, halbieren und den Stein entfernen. Die Hälften in schmale Spalten schneiden und in eine Schüssel legen. Mit 1 EL Zitronensaft und dem Grappa beträufeln und zugedeckt 30 Min. im Kühlschrank marinieren.
➡ Dann in einem Topf eine Handbreit Wasser aufkochen lassen. Das Eigelb mit dem übrigen Zitronensaft, Puderzucker und Mandelmus in einer hitzefesten Schlagschüssel cremig verrühren.
➡ Die Schüssel in das heiße, aber nicht kochende Wasserbad stellen und die Milch dazugießen. Dabei mit dem Schneebesen des Handrührgeräts kräftig schlagen, bis die Creme schaumig wird.
➡ Den Schaum sofort auf zwei Dessertteller gießen und die marinierten Nektarinenspalten darauf anrichten. Oder erst die Nektarinen auf die Teller geben und mit der Sauce überziehen. Mit abgezupften Minzeblättchen garnieren.

Tip!
Das Mandelmus durch 1 EL gehäutete und feingemahlene Mandeln ersetzen.

Grießkroketten mit Zwetschgenröster

Zutaten für 4–6 Personen:
Für die Grießkroketten:
1 l fettarme Milch (1,5 % Fett)
80 g Zucker
1 EL abgeriebene unbehandelte Orangenschale
etwa 100 g Hartweizengrieß
6 Scheiben Zwieback
4 EL gemahlene Haselnüsse
2 Eier · 20 g Butterschmalz
Für das Kompott:
600 g saftige Zwetschgen
50 g Zucker · ½ TL Zimt
½ TL Nelkenpulver
2 EL Rum nach Belieben

Zubereitungszeit: 1 Std.
Bei 6 Personen pro Portion:
785 kJ/300 kcal
7 g E · 8 g F · 47 g K

Spezialität aus Österreich

➡ Milch, Zucker und Orangenschale aufkochen, den Grieß einstreuen und bei schwacher Hitze unter Rühren in 5 Min. zu einem dicken Brei kochen. Falls er nicht dick genug ist, noch etwas Grieß einrühren. Den Grießbrei etwas abkühlen lassen, dann mit nassen Händen zu Rollen von 2 cm Ø formen. Die Rollen in Alufolie wickeln und für etwa 30 Min. in den Kühlschrank legen.

➡ Inzwischen für das Kompott die Zwetschgen waschen, abtrocknen, halbieren und entsteinen. Die Zwetschgen mit Zucker, Zimt, Nelkenpulver und eventuell dem Rum in einem Topf unter Rühren bei mittlerer Hitze 10 Min. dünsten, bis sie fast zerfallen, dann erkalten lassen.

➡ Die Zwiebäcke in einen Klarsichtbeutel geben und auf die Arbeitsplatte legen. Mit dem Nudelholz kräftig darüber rollen und die Zwiebäcke zerbröseln. Zwiebackbrösel mit den gemahlenen Nüssen in einem tiefen Teller mischen. Die Eier in einem anderen tiefen Teller verquirlen. Die Grießrollen in 4 cm dicke Stücke schneiden. Die Stücke zuerst im Ei, dann in der Bröselmischung wenden. Butterschmalz in einer beschichteten Pfanne erhitzen und die Kroketten darin rundherum bei mittlerer Hitze in 5 Min. goldbraun braten. Die Kroketten zuletzt noch 3 Min. zugedeckt auf der abgeschalteten Kochstelle ziehen lassen. Die heißen Kroketten mit dem Kompott servieren.

Tip!
Die Portionen sind als Nachspeise berechnet. Sollten Sie die Kroketten als süßes Hauptgericht, z. B. nach einer Gemüsesuppe, servieren, reicht die Menge nur für 2–3 Personen. Sie können zur Zwetschgensaison das Kompott auch auf Vorrat zubereiten. Kochen Sie die doppelte oder dreifache Menge Zwetschgen. Für den Vorrat das Kompott heiß in saubere Schraubverschlußgläser füllen, die Gläser schließen, erkaltet in den Kühlschrank stellen. Das Kompott hält sich kühl aufbewahrt mehrere Wochen.

Melonensorbet

Zutaten für 2 Personen:
600 g orange- oder rotfleischige Melone
2 Eiweiße · 2 EL Ahornsirup
2 TL rosa Pfefferkörner oder einige Minzeblättchen

Zubereitungszeit: 15 Min.
(+ 40 Min. – 2 Std. Gefrieren)
Pro Portion: 435 kJ/105 kcal
4 g E · 1 g F · 23 g K

Gut vorzubereiten

➡ Von der Melone 2 dünne Spalten zur Dekoration abschneiden, in Frischhaltefolie wickeln und kalt stellen.
➡ Die restliche Melone entkernen, schälen, würfeln, pürieren. Das Püree durch ein feines Sieb streichen.
➡ Die Eiweiße zu steifem Schnee schlagen, dabei den Ahornsirup einlaufen lassen. Eischnee unter das Melonenpüree mischen.
➡ Die Mischung entweder für etwa 40 Min. in eine Eismaschine geben oder in eine Metallschüssel füllen, ins Gefrierfach stellen und in mindestens 2 Std. fest werden lassen, dabei hin und wieder umrühren, damit das Sorbet cremig wird.
➡ Kurz vor dem Servieren die Pfefferkörner grob zerstoßen oder die Minzeblättchen waschen.
➡ Das fertige Sorbet kurz stehenlassen, dann in einen Spritzbeutel mit Sterntülle füllen und in gekühlte Gläser spritzen. Mit Melonenstücken und Pfefferkörnern oder Minzeblättchen garniert servieren.

Crêpes mit Traubenkompott

Zutaten für 2 Personen:
150 g weiße Weintrauben
150 g blaue Weintrauben
1/2 TL Speisestärke
1/8 l Trauben- oder Apfelsaft
1/2 Zimtstange
1 Prise gemahlene Vanille
100 ml Magermilch (0,3 % Fett)
3 EL Mehl · 1 Ei
2 TL Zucker · 2 TL Butter

Zubereitungszeit: 25 Min.
(+ 2 Std. Kühlen)
Pro Portion: 1060 kJ/255 kcal
7 g E · 6 g F · 48 g K

Preiswert · Gelingt leicht

➡ Für das Kompott die Trauben waschen und entkernen.
➡ Die Speisestärke mit dem Trauben- oder Apfelsaft in einem kleinen Topf verrühren und unter Rühren einmal aufkochen lassen. Die Zimtstange und die Vanille hineingeben, dann auch die vorbereiteten Weintrauben. Noch einmal kurz aufkochen lassen, dann vom Herd nehmen und zugedeckt 2 Std. kalt stellen.
➡ Für die Crêpes die Milch mit dem Mehl, dem Ei und dem Zucker glattrühren.
➡ In einer beschichteten Pfanne bei schwacher Hitze 1 TL Butter zerlassen und mit einem Backpinsel verteilen. Die Hälfte des Teiges hineingeben, zu einer goldgelben Crêpe backen.
➡ Wieder 1 TL Butter zerlassen, noch eine Crêpe backen.
➡ Die Zimtstange aus den Trauben entfernen, das Kompott neben die Crêpes verteilen. Rasch servieren.

Joghurteis mit Brombeersauce

Zutaten für 4 Personen:
300 g fettarmer Joghurt (1,5 % Fett)
2 TL gemahlene Vanille
2–3 EL flüssiger Honig
1 Eiweiß
300 g Brombeeren
1 Päckchen Vanillezucker

Zubereitungszeit: 15 Min. (+ 2–3 Std. Gefrieren)
Pro Portion: 545 kJ/130 kcal
4 g E · 1 g F · 29 g K

Preiswert · Gelingt leicht

➡ Den Joghurt mit der Vanille und dem Honig glattrühren. Das Eiweiß zu steifem Schnee schlagen und unterheben.
➡ Den Joghurt in eine gefrierbeständige Schüssel geben und in das Gefriergerät stellen. Zugedeckt 2–3 Std. gefrieren lassen, zwischendurch mehrmals mit einem Schneebesen kräftig durchrühren, damit sich keine zu großen Eiskristalle bilden.
➡ Inzwischen die Brombeeren waschen, abtropfen lassen und verlesen. Einige Beeren zum Garnieren beiseite legen, die restlichen pürieren. Nach Belieben zusätzlich durch ein feines Sieb streichen, um die kleinen Kernchen zu entfernen. Das Püree mit dem Vanillezucker süßen und zugedeckt kalt stellen.
➡ Zum Servieren das Joghurteis einige Minuten bei Zimmertemperatur stehenlassen, dann mit einem Pürierstab durchmixen und geschmeidig machen. Zusammen mit der Brombeersauce auf Tellern anrichten und mit den ganzen Beeren verzieren.

Marmoriertes Stachelbeer-Quark-Eis

Zutaten für 2 Personen:
150 g grüne Stachelbeeren
2 TL Zitronensaft
1 EL Vanillezucker · 1 Eiweiß
1 EL Puderzucker
50 g Magerquark
50 g Sahne
Minze zum Garnieren

Zubereitungszeit: 40 Min.
(+ 12 Std. Gefrieren)
Pro Portion: 880 kJ/210 kcal
8 g E · 6 g F · 19 g K

Preiswert · Gut vorzubereiten

➨ Die Stachelbeeren waschen und putzen. Mit 1 EL Wasser, 1 TL Zitronensaft und dem Vanillezucker bei schwacher Hitze zugedeckt 5 Min. köcheln lassen. Die Beeren fein pürieren. Die Hälfte des Pürees in einer Schüssel kalt stellen.
➨ Das Ei trennen. Eiweiß mit dem Puderzucker steif schlagen. Eigelb unterrühren. Fruchtpüree unter die halbe Creme, Quark und übrigen Zitronensaft unter die restliche Masse rühren.
➨ Sahne steif schlagen, die Hälfte unter die Quarkmasse heben und in eine kleine runde oder eckige Metallform füllen. Übrige Sahne unter die Stachelbeermasse heben, darauf glattstreichen. Beide Massen mit einem Teelöffel spiralförmig verziehen. Die Form mit Folie abdecken und über Nacht ins Gefrierfach stellen.
➨ Eis stürzen, in Scheiben schneiden und mit dem übrigen Stachelbeergelee auf Tellern anrichten. Mit Minzeblättchen garnieren.

Himbeer-Heidelbeer-Sorbet

Zutaten für 2 Personen:
125 g Heidelbeeren
250 g Kefir (1,5 % Fett)
125 g Himbeeren
60 g Puderzucker
1 kleines Eiweiß
1 Zweig Zitronenmelisse

Zubereitungszeit: 15 Min.
(+ 2 Std. Gefrieren)
Pro Portion: 1005 kJ/240 kcal
7 g E · 2 g F · 42 g K

Für Gäste · Raffiniert

➨ Die Heidelbeeren in stehendem Wasser waschen, auf Küchenpapier abtrocknen, ein paar Heidelbeeren zum Garnieren zurückbehalten, die übrigen Beeren mit 50 g Kefir im Mixer fein pürieren.
➨ Die Himbeeren durch ein Sieb streichen, das Mus mit dem übrigen Kefir und dem Puderzucker zum Heidelbeerpüree in den Mixer geben und alles kurz durchmischen. Eiweiß steif schlagen und unter die Fruchtmasse heben.
➨ Die Sorbetmasse in eine Schüssel füllen und 2 Std. im Tiefkühlfach gefrieren lassen, dabei in regelmäßigen Abständen mit dem Schneebesen aufrühren und wieder in das Tiefkühlfach zurückstellen.
➨ Das Sorbet zuletzt noch einmal durchrühren, in Cocktailgläser füllen und mit Melisseblättchen und übrigen Heidelbeeren garniert servieren.

Joghurttorte mit bunten Beeren

Zutaten für eine Springform von 26 cm Ø:
Für den Biskuit:
etwas weiche Butter für die Form
3 Eier
1 Prise Salz
90 g Zucker
90 g Mehl
Für die Joghurtcreme:
12 Blatt weiße Gelatine
1 kg Magermilch-Joghurt (0,3 % Fett)
1 Päckchen Vanillezucker
5 EL Puderzucker
Saft von 1/2 Limette
Saft von 1/2 Orange
500 g gemischte Beeren

Zubereitungszeit: 30 Min. (+ 25 Min. Backen + 3–4 Std. Gelieren)
Bei 16 Stücken pro Stück: 440 kJ/105 kcal
6 g E · 1 g F · 18 g K

Preiswert · Gut vorzubereiten

➡ Den Backofen auf 175° (Umluft 160°) vorheizen. Eine Springform nur am Boden fetten.
➡ Die Eier trennen. Die Eigelbe mit dem Salz, 60 g Zucker und 3 EL warmem Wasser dick-cremig aufschlagen. Die Eiweiße steif schlagen, dabei den restlichen Zucker einrieseln lassen. Den Eischnee auf die Eigelbcreme setzen, das Mehl darüber streuen und alles locker unterheben.
➡ Den Teig in die vorbereitete Form umfüllen und sofort im Ofen (Mitte) 25 Min. backen. Den Biskuit anschließend sofort aus der Form lösen und auf einem Kuchengitter sehr gut auskühlen lassen.
➡ Für die Joghurtcreme die Gelatine 5 Min. in reichlich kaltem Wasser einweichen.
➡ Den Joghurt mit dem Vanillezucker, dem Puderzucker, dem Limetten- und dem Orangensaft verrühren. Die Gelatine tropfnaß in einen kleinen Topf geben und bei schwacher Hitze auflösen. Unter den Joghurt rühren.
➡ Die Beeren waschen, putzen und verlesen, je nach Sorte auch etwas kleiner schneiden. Etwa 200 g davon zum Garnieren beiseite legen, die restlichen Beeren vorsichtig unter die Joghurtcreme rühren.
➡ Einen Tortenring um den Biskuitboden befestigen. Die Joghurtcreme auf den Teig geben und im Kühlschrank in 3–4 Std. gelieren lassen. Die Torte mit den restlichen Beeren verziert servieren.

Tip!
Für die Zubereitung hoher Torten mit viel Creme ist ein Tortenring nahezu unerläßlich. Zwar können Sie auch einen Springformrand um den Boden herum befestigen, er ist innen jedoch nicht ganz glatt, so daß die Torte später nicht so attraktiv aussieht. Tortenringe bekommen Sie in verschiedenen Ausführungen in jedem Haushaltswarengeschäft, die einfachsten Varianten schon für wenige Mark.

Aprikosen-Blechkuchen

Zutaten für ein Backblech:
Für den Teig:
125 g Magerquark
1 Eigelb · 3 EL Zucker
2 EL fettarme Milch (1,5 % Fett)
3 EL Öl · 250 g Mehl
2 TL Backpulver
Für den Belag:
1,5 kg Aprikosen · 3 EL Zucker
½ TL Zimt · 50 g Mandelstifte
Mehl für die Arbeitsfläche
2 EL Öl für das Blech

Zubereitungszeit: 45 Min.
(+ 40 Min. Backen)
Bei 20 Stücken pro Stück:
505 kJ/130 kcal
4 g E · 4 g F · 19 g K

Preiswert

➡ Für den Teig den Quark mit Eigelb, Zucker, Milch und Öl verrühren. Das Mehl und das Backpulver mischen und unter den Teig kneten. Wenn der Teig noch nicht zusammenhält, einige Tropfen Wasser dazugeben, er darf nicht klebrig werden.
➡ Ein Backblech dünn fetten. Den Teig auf der leicht bemehlten Arbeitsfläche dünn ausrollen, das Blech damit auslegen. Den Rand leicht hochdrücken. Den Backofen auf 200° vorheizen.
➡ Die Aprikosen waschen, halbieren und entsteinen, in dicke Spalten schneiden und auf dem Teig verteilen. Den Zucker mit dem Zimt und den Mandelstiften mischen, über die Früchte streuen.
➡ Den Kuchen im Ofen (Mitte, Umluft 180°) 40 Min. backen, bis er schön gebräunt ist.

Zucchinikuchen

Zutaten für 1 kleine Kastenform von 20 cm Länge:
200 g Zucchini · 200 g Mehl
80 g Maismehl · 1 Prise Salz
½ TL Zimt
1 Prise Nelkenpulver
10 g frische Hefe · 80 g Zucker
50 g gemahlene Walnußkerne
25 g Pinienkerne · 50 g Rosinen
75 g Puderzucker
2 EL Zitronensaft
Fett und Mehl für die Form

Zubereitungszeit: 30 Min.
(+ 40 Min. Gehen
+ 1 Std. Backen)
Bei 18 Scheiben pro Scheibe:
520 kJ/125 kcal
2 g E · 3 g F · 23 g K

Gut vorzubereiten

➡ Die Zucchini waschen, schälen und raspeln. Mit Mehl, Maismehl, Salz, Zimt und Nelken mischen. In die Mitte eine Mulde drücken, die Hefe hineinbröckeln und mit 1 TL Zucker, 5 EL lauwarmem Wasser und etwas Mehl verrühren. Zugedeckt 10 Min. gehen lassen.
➡ Walnüsse mit den Pinienkernen in einer Pfanne ohne Fett anrösten. Mit dem übrigen Zucker und den Rosinen zum Mehl geben und alles 5 Min. durchkneten. Zugedeckt 30 Min. gehen lassen.
➡ Den Backofen auf 175° vorheizen. Die Form einfetten und mit Mehl bestäuben. Teig einfüllen, im Ofen (unten, Umluft 150°) 1 Std. backen.
➡ Für den Guß den Puderzucker mit dem Zitronensaft verrühren und auf den Kuchen streichen.

Apfel-Quark-Kuchen

Zutaten für eine Springform von 24 cm Ø:
Für den Teig:
150 g Mehl · 1/2 TL Backpulver
70 g Puderzucker · Salz
1 kleines Ei
1 EL Rum nach Belieben
3 EL saure Sahne (10 % Fett)
Für den Belag:
8 kleine säuerliche Äpfel
2 EL Zitronensaft · 1 Ei
1/2 Vanilleschote · 50 g Zucker
250 g Magerquark
2 EL Speisestärke
3 EL Johannisbeergelee
Mehl für die Arbeitsfläche

Zubereitungszeit: 50 Min.
(+ 50–60 Min. Backen)
Bei 12 Stücken pro Stück:
875 kJ/210 kcal
5 g E · 5 g F · 36 g K

Preiswert · Gelingt leicht

➡ Alle Zutaten für den Teig rasch verkneten, 30 Min. kühl stellen.
➡ Inzwischen die Äpfel schälen, das Kerngehäuse ausstechen. Die Äpfel mit dem Zitronensaft beträufeln. Das Ei trennen. Das Mark der Vanilleschote ausschaben. Eigelb mit Zucker und Vanillemark schaumig rühren. Quark und Speisestärke untermischen. Eiweiß steif schlagen und unter die Quarkmasse ziehen.
➡ Den Backofen auf 180° vorheizen. Den Mürbeteig auf wenig Mehl dünn ausrollen. Die Form damit auskleiden.
➡ Die Quarkmasse einfüllen und Äpfel hineinsetzen. Gelee in die Äpfel füllen.
➡ Den Kuchen im Ofen (Mitte, Umluft 160°) in 50–60 Min. backen.

Obst-Pizza

Zutaten für 1 kleine Pizza- oder Springform von 22–24 cm Ø:
150 g Mehl · 10 g frische Hefe
3–4 EL Zucker
6 EL lauwarme Milch · 2 Eigelbe
1 EL weiche Butter
100 g Magerquark
1 EL Zitronenschalen-Zucker
2 TL Speisestärke · 1/2 Birne
1/2 Apfel · 2 Zwetschgen (etwa 50 g) · 50 g grüne Weintrauben
30 g Preiselbeeren
Mehl für die Arbeitsfläche
Fett für die Form
1 EL Pinienkerne

Zubereitungszeit: 45 Min.
(+ 30 Min. Gehen
+ 20–22 Min. Backen)
Bei 12 Stücken pro Stück:
385 kJ/90 kcal
3 g E · 2 g F · 15 g K

Raffiniert · Frisch am besten

➡ Mehl in eine Schüssel geben. In die Mitte eine Mulde drücken. Hefe hineinbröckeln. Mit 1 TL Zucker, Milch und etwas Mehl vermischen. Zugedeckt 10 Min. gehen lassen.
➡ Mit 2 EL Zucker, 1 Eigelb und Butter verkneten, zugedeckt 20 Min. gehen lassen.
➡ Das zweite Eigelb mit dem Quark, Zitronen-Zukker und Stärke verrühren. Obst waschen, putzen, kleinschneiden.
➡ Den Ofen auf 200° (Umluft 175°) vorheizen. Teig kurz kneten, auf wenig Mehl ausrollen, die gefettete Form damit auskleiden. Mit der Quarkcreme bestreichen, mit dem Obst belegen, im Ofen (Mitte) 10 Min. backen. Mit dem übrigen Zucker und den Pinienkernen bestreuen, noch 10–12 Min. backen.

Stachelbeerkuchen mit Frischkäse

Zutaten für 1 kleine Springform von 18 cm Ø:
85 g Cornflakes
125 g Zucker · 20 g Butter
150 g Stachelbeeren
150 g körniger Frischkäse (20 % Fett)
50 g Schmand (24 % Fett, ersatzweise Crème fraîche)
½ Päckchen Vanillepuddingpulver · 1 Ei, getrennt
¼ TL abgeriebene Schale und 1 EL Saft von ½ unbehandelten Zitrone
¼ TL Zimt · 1 Eiweiß
Fett für die Form

Zubereitungszeit: 30 Min. (+ 30 Min. Kühlen + 1 Std. Backen)
Bei 6 Stücken pro Stück: 965 kJ/230 kcal
7 g E · 7 g F · 36 g K

Raffiniert · Braucht etwas Zeit

➨ Die Cornflakes im Mixer oder mit der Teigrolle fein zerbröseln. Mit 75 g Zucker, 15 g weicher Butter und 1–2 EL Wasser vermischen.
➨ Die Springform einfetten. Die Mischung bis auf einen kleinen Rest auf dem Boden verteilen, am Rand hochdrücken und 30 Min. in den Kühlschrank stellen.
➨ Den Backofen auf 175° vorheizen. Die Stachelbeeren putzen, waschen und gut abtropfen lassen. Frischkäse, Schmand, übrigen Zucker, Puddingpulver und das Eigelb verrühren. Mit der Zitronenschale und dem -saft sowie dem Zimt würzen. Beide Eiweiße steif schlagen, unterheben. Die Stachelbeeren hinzufügen.
➨ Die Masse auf dem Cornflakes-Boden verteilen, mit übrigen Cornflakes bestreuen. Im Ofen (Mitte, Umluft 160°) 1 Std. backen.
➨ Den Ofen ausschalten und den Kuchen noch 10 Min. ruhen lassen, dann auf einem Kuchengitter auskühlen lassen.

Limetten-Joghurt-Torte

Zutaten für 1 kleine Springform von 24 cm Ø:
150 g Löffelbiskuits
1 Ei
10 g Butter
4 Blatt weiße Gelatine
3 Limetten · 1 Eigelb
100 g Zucker
150 g Joghurt (3,5 % Fett)
100 g Sahne
Backpapier für die Form

Zubereitungszeit: 45 Min.
(+ 2 ½ Std. Kühlen)
Bei 12 Stücken pro Stück:
520 kJ/125 kcal
3 g E · 4 g F · 19 g K

Raffiniert · Für Gäste

➨ Die Löffelbiskuits im Mixer zerbröseln oder in eine große Tüte füllen und mit der Teigrolle fein zerkleinern. Das Ei trennen. Die Butter schmelzen lassen. Die Löffelbiskuits mit dem Eiweiß und der flüssigen Butter verkneten.
➨ Den Backofen auf 200° (Umluft 175°) vorheizen. Die Springform mit Backpapier auslegen. Den Krümelboden einfüllen und festdrücken. Im Ofen (Mitte) 15 Min. backen, dann auskühlen lassen.
➨ Inzwischen für die Füllung die Gelatine 5 Min. in kaltem Wasser einweichen. Die Limetten heiß waschen und trocknen. Die Schale fein abreiben und den Saft auspressen (ergibt etwa 100 ml).
➨ Die Eigelbe mit dem Zukker in einer Schlagschüssel cremig verrühren. Limettenschale und -saft unterrühren. Die Mischung in ein warmes Wasserbad setzen und bei schwacher Hitze unter ständigem Schlagen schaumig rühren. Dann den Joghurt untermischen.
➨ Die Gelatine tropfnaß in einen kleinen Topf geben und bei schwacher Hitze auflösen, aber nicht kochen lassen. Nach und nach unter die Joghurtmasse rühren und 30 Min. kalt stellen, bis die Creme zu gelieren beginnt.
➨ Inzwischen um den Tortenboden einen Tortenring legen. Die Sahne steif schlagen und unter die Limettencreme heben. Auf den Teig streichen und 2 Std. kalt stellen. Dann den Tortenring vorsichtig entfernen und die Torte servieren.

Tips!
Die zarte Limettentorte schmeckt zum Nachmittagskaffee oder als Dessert für 8 Personen.
Vor dem Servieren die Torte mit dünnen Limettenscheiben und gehackten Pistazien verzieren.
Oder die Torte mit einer Baiserhaube schmücken: 1 Eiweiß steif schlagen, dann 50 g Zucker langsam dazurieseln lassen und noch 1 Min. weiterschlagen. Die Baisermasse wellenförmig auf dem Kuchen verteilen und unter dem Grill auf der 2. Schiene von unten in 4–5 Min. goldbraun überbacken. Vorsicht, die Baisermasse wird sehr schnell dunkel!

Windbeutelchen mit Mokkaquark

Zutaten für etwa 40 Stück:
Für den Brandteig:
40 g Butter
Salz
1 EL Vanillezucker
125 g Mehl
3 Eier
Backpapier für das Blech
Für die Füllung:
400 g Magerquark
2–3 TL Instant-Kaffeepulver
2 TL Kaffeelikör nach Belieben
2 EL brauner Zucker
Puderzucker zum Bestäuben

Zubereitungszeit: 45 Min. (+ 20 Min. Backen)
Pro Stück: 140 kJ/35 kcal
2 g E · 1 g F · 3 g K

Gelingt leicht

➨ Den Backofen auf 220° (Umluft 200°) vorheizen. Ein Blech mit Backpapier auslegen.

➨ In einem Topf 1/8 l Wasser mit der Butter, 1 Prise Salz und dem Vanillezucker aufkochen lassen. Das Mehl auf einmal hineinschütten und unterrühren, bis sich ein Teigkloß gebildet hat.

➨ Den Teig dann vom Herd nehmen, etwas abkühlen lassen und ein Ei nach dem anderen mit den Schneebesen des Handrührgerätes unter den Teig mengen. Das nächste Ei immer erst dazugeben, wenn im Teig keine Eispuren mehr zu sehen sind.

➨ Den Teig in einen Spritzbeutel mit Sterntülle füllen und walnußgroße Tupfen auf das Blech spritzen. Die Windbeutelchen im Ofen (Mitte) in 20 Min. goldbraun backen. Dabei eine feuerfeste Schale mit Wasser auf den Boden des Backofens stellen.

➨ Die warmen Windbeutelchen mit einer Küchenschere aufschneiden, damit der Dampf entweichen kann.

➨ Für die Füllung den Quark mit dem Kaffeepulver, nach Belieben dem Likör sowie dem Zucker schaumig schlagen und mit einem Spritzbeutel in die Windbeutelchen füllen. Die Windbeutel mit Puderzucker bestäuben. Sie schmecken ganz frisch am besten.

Tips!
Füllen Sie die Windbeutelchen einmal mit frischen Früchten der Saison und würzen Sie den Quark dann mit Vanillezucker. Windbeutelchen schmecken ganz frisch gebacken am besten. Einmal gefüllt weichen sie schnell durch.
Allerdings lassen sich die ungefüllten Windbeutelchen sehr gut einfrieren. Dann einfach bei Zimmertemperatur auftauen lassen und vor dem Füllen im gut heißen Ofen noch einmal kurz aufbacken. Abgekühlt füllen.

Mini-Birnenstrudel

Zutaten für 4 Personen:
Für den Teig:
125 g Mehl · 1 Prise Salz
1 EL Sonnenblumenöl
1 EL zerlassene Butter
Mehl für die Arbeitsfläche
Backpapier für das Blech
Puderzucker zum Bestäuben
Für die Füllung:
2 EL geschälte, gemahlene Mandeln
400 g Birnen · 2 EL Rosinen
2 EL Zucker
1 Prise Zimt
Für die Sauce:
150 g fettarmer Joghurt (1,5 % Fett)
2 EL Kaffeesahne (10 % Fett)
1 EL Puderzucker
½ TL abgeriebene unbehandelte Zitronenschale
½ Vanilleschote

Zubereitungszeit: 45 Min.
(+ 30 Min. Ruhen
+ 45–50 Min. Backen)
Pro Portion: 1165 kJ/280 kcal
6 g E · 6 g F · 49 g K

Preiswert · Für Gäste

➡ Für den Teig Mehl, Salz und Öl in eine Schüssel geben. Nach und nach 80–90 ml lauwarmes Wasser hinzufügen, so daß ein weicher, geschmeidiger Teig entsteht.
➡ Den Teig auf eine leicht bemehlte Arbeitsfläche geben und mit den Händen 10 Min. kräftig durchkneten. Der Strudelteig soll jetzt elastisch sein und seidig glänzen.
➡ Den Teig zur Kugel formen, mit einer angewärmten Porzellanschüssel bedecken und 30 Min. ruhen lassen.
➡ Den Backofen auf 180° vorheizen. Den Strudelteig auf einem bemehlten Tuch so dünn wie möglich ausrollen. Mit den Handrücken unter den Teig fahren und von der Mitte aus langsam nach außen ausdehnen. Geduldig weitermachen, bis der Teig hauchdünn ist. Er muß zum Schluß durchsichtig, glatt und ohne Löcher sein. Die dicken Teigränder abschneiden.
➡ Die Teigplatte mit der Hälfte der zerlassenen Butter bestreichen.
➡ Für die Füllung die Mandeln auf den Teig streuen. Die Birnen schälen, vierteln, vom Kerngehäuse befreien, in Scheiben schneiden und auf dem Teig verteilen, dabei einen etwa 4 cm breiten Rand lassen. Die Rosinen daraufgeben. Mit Zucker und Zimt bestreuen.
➡ Den Teig an den Seiten über die Füllung schlagen. Den Strudel vorsichtig mit Hilfe des angehobenen Tuches aufrollen und mit der Nahtstelle nach unten auf ein mit Backpapier ausgelegtes Backblech legen.
➡ Birnenstrudel mit der übrigen zerlassenen Butter bestreichen. Im Ofen (Mitte, Umluft 160°) 45–50 Min. backen.
➡ Für die Sauce Joghurt, Kaffeesahne, Puderzucker und Zitronenschale verrühren. Die Vanilleschote längs aufschneiden, das Mark herauskratzen und unter die Sauce mischen.
➡ Den fertigen Strudel mit Puderzucker bestäuben. Noch warm mit der Joghurt-Vanille-Sauce servieren.

Datteltörtchen

Zutaten für 8 Törtchen:
100 g Datteln
2 kleine Eier
1 Prise Salz · 60 g Puderzucker
2 TL Rum nach Belieben
½ TL abgeriebene unbehandelte Zitronenschale
2 TL Zitronensaft · 70 g Mehl
12 Papier-Backförmchen (5 cm Ø)
nach Belieben Puderzucker zum Bestäuben

Zubereitungszeit: 20 Min.
(+ 20–25 Min. Backen)
Pro Stück: 305 kJ/70 kcal
1 g E · 2 g F · 13 g K

Gelingt leicht · Preiswert

➡ Den Backofen auf 175° (Umluft 160°) vorheizen. Die Datteln halbieren, entsteinen und das Fruchtfleisch in möglichst kleine Würfel schneiden.
➡ Die Eier trennen. Eiweiße mit Salz zu steifem Schnee schlagen. Eigelbe mit Puderzucker und nach Belieben dem Rum dickschaumig schlagen. Zitronenschale und -saft hinzufügen. Die Datteln und das Mehl unterrühren. Den Eischnee auf die Eigelbcreme geben und unterheben. Je 2 Papier-Backförmchen ineinandersetzen und auf ein Backblech stellen.
➡ Die Biskuitmasse in die Förmchen verteilen und im Ofen (Mitte) 20–25 Min. backen.
➡ Die Datteltörtchen auf einem Kuchengitter auskühlen lassen. Vor dem Servieren nach Belieben mit einem Hauch Puderzucker bestäuben.

Möhrentörtchen

Zutaten für 8 Stück:
1 Möhre (etwa 130 g)
2 Eier · 80 g Zucker
1 Prise Nelkenpulver
1 Prise Zimt
2 EL gehackte Mandeln
1 TL Backpulver
100 g Mehl
16 Papier-Backförmchen (5 cm Ø)
2 EL Puderzucker zum Bestäuben

Zubereitungszeit: 20 Min.
(+ 20 Min. Backen)
Pro Stück: 495 kJ/120 kcal
3 g E · 3 g F · 20 g K

Gelingt leicht · Preiswert

➡ Den Backofen auf 175° (Umluft 160°) vorheizen. Jeweils 2 Förmchen ineinandersetzen und auf ein Backblech stellen.
➡ Die Möhre schälen, waschen und fein raspeln. Die Eier trennen.
➡ Die Eiweiße zu steifem Schnee schlagen. Die Eigelbe mit dem Zucker und 2 EL warmem Wasser hellcremig schlagen. Die Möhrenraspel unterrühren.
➡ Nelkenpulver und Zimt mit den Mandeln, dem Backpulver und dem Mehl mischen, abwechselnd mit dem Eischnee unter den Teig mengen. Den Teig sofort in die Förmchen umfüllen, im Ofen (Mitte) 20 Min. backen.
➡ Die Törtchen auskühlen lassen und mit Puderzucker bestäubt servieren.

Aprikosen-Muffins

Zutaten für 6 Stück:
6 getrocknete Aprikosen
1 EL Ahornsirup
1 Eigelb · 60 g Zucker
1 Päckchen Vanillezucker
1 Prise Salz
2 EL Sonnenblumenöl
50 g Buttermilch
1 EL Aprikosen- oder Mandellikör nach Belieben
100 g Mehl · ½ TL Backpulver
1 Muffin-Form oder 12 Papier-Backförmchen (5 cm Ø), Öl für die Muffin-Form

Zubereitungszeit: 25 Min.
(+ 20 Min. Quellen
+ 20–30 Min. Backen)
Pro Stück: 805 kJ/190 kcal
3 g E · 4 g F · 35 g K

Spezialität aus Amerika

➨ Die Aprikosen mit kochendem Wasser übergießen und 20 Min. quellen lassen. Abgießen, fein würfeln (2 TL zum Garnieren beiseite stellen) und mit dem Sirup vermischen.
➨ Den Backofen auf 175° (Umluft 160°) vorheizen. 6 Vertiefungen der Form einfetten oder jeweils 2 Backförmchen ineinandersetzen.
➨ Eigelb mit 50 g Zucker, Vanillezucker, Salz, Öl, Buttermilch und nach Belieben dem Likör verrühren. Mehl und Backpulver vermischen, schnell unterrühren. Aprikosen unterziehen.
➨ Den Teig in die Vertiefungen der Form oder in die Backförmchen füllen und auf ein Backblech setzen. Im Ofen (Mitte) zunächst 15 Min. backen.
➨ Die Muffins mit den restlichen 2 TL Aprikosenwürfeln belegen und mit dem übrigen Zucker bestreuen. Dann in 5–10 Min. fertigbacken.
➨ Muffins kurz abkühlen lassen, aus den Vertiefungen der Form lösen oder das Papier entfernen.

Rezeptregister nach besonderen Merkmalen

Für Berufstätige

Broccoli-Tortilla 115
Fenchel mit Tomaten-Oliven-Sauce 114
Garnelen-Frikadellen mit süßsaurem Zucchinigemüse (Variante) 166
Gebackene Polenta-Dreiecke (Variante) 147
Glasnudeln mit Möhrengemüse 146
Hähnchenbrust auf Fenchelsalat 189
Kabeljau-Quark-Buletten mit Gemüse 166
Kartoffelsalat mit Ei und Kapern 117
Kartoffelwaffeln mit Zucchini-Tzatziki 116
Leichter Kartoffelsalat 117
Mangoldbällchen auf Linsensalat 113
Marinierte Hähnchenbrust (Variante) 187
Mariniertes Rinderfilet mit Champignons 187
Nudelsalat mit Kohlrabi 145
Nudelsalat mit Lachs und Tomate 145
Polenta-Buletten mit marinierten Zucchini 147
Provenzalische Tomaten 113
Puten-Zucchini-Topf 189
Putenfrikadellen mit mariniertem Gemüse 188
Safrangemüse 114
Schlanker Heringssalat 165
Thunfischsalat 165

Für Gäste

Apfel-Sellerie-Cremesuppe 94
Aprikosen-Tomaten-Suppe 93
Baked Potatoes mit Roastbeeffüllung 141
Brasilianischer Gemüsetopf 142
Buntes Gemüserisotto (Variante) 162
Carpacciobrote 79
Chinesische Salaträllchen mit Dip 91
Endivien-Spaghetti mit Shiitake-Pilzen 160
Entenbrust mit Rotweinzwiebeln 201
Feigen mit Orangensauce 213
Fondue Chinoise 207
Forellenfilets mit Apfel-Meerrettich-Dip 59
Gebratene Knoblauch-Auberginen mit Dal 138
Gedämpfte Seezunge mit Senf-Wein-Creme 184
Gefüllte Gurken mit Garnelen-Reis 139
Gefüllte Seezungenröllchen 183
Gemüsekuchen vom Blech 163
Gemüseplatte mit Steinpilz-Creme 137
Gemüseterrine mit Spargelcreme 87
Geriebener Rettich mit Forellenkaviar 56
Gratinierter Spargel mit Erbsensauce 136
Griechische Kaninchenkeulen mit Wein 206
Grüne Spargeltarte 163
Hähnchenbrust im Wirsingmantel 204
Himbeer-Heidelbeer-Sorbet 221
Honig-Entenbrust mit Grapefruit 192
Japanischer Rindfleischtopf 193
Kalbsbraten in Orangensauce 202
Kalbsleber mit Balsamicosauce 195
Kaninchensaté mit Erdnuß-Joghurt 204
Karibischer Ananas-Fleischsalat 75
Kleine Pizzen mit Sardellen 81
Kohlrabiquiche 157
Kokos-Wirsing 119
Kräuterlachs mit Spargel 184
Lachsforelle im Salzmantel 180
Limetten-Joghurt-Torte 227
Mini-Birnenstrudel 229
Mirabellen-Becher 215
Pilzsülzchen mit roher Tomatensauce 89
Pochierte Forelle mit Gemüsesauce 179
Pochiertes Zanderfiet mit Dill-Kartoffel-Sauce 182
Putenbrust mit Tomaten-Kapern-Sauce (Variante) 203
Putenmedaillons mit Kirschsauce 205
Roastbeef mit Preiselbeersauce 202
Scharfe Rindfleischnudeln mit Mangold 161
Scharfe Schafkäserolle mit Oliven 62
Scharfes Schweinefilet mit Broccoli 191
Seeteufelspießchen 181
Spaghetti mit Steinpilzsauce und Filet 160
Spanische Fischpfanne mit Fenchel 185
Spanisches Kartoffelragout 140
Spargelsalat mit Krabben 74
Spinatflans mit Sprossensalat 86
Spitzkohlröllchen mit Chilisahne 139
Tafelspitz mit Rucola-Senfsauce 203
Tagliatelle mit Austernpilzen 151
Venezianisches Kartoffelrisotto 143
Vietnamesische Garnelensuppe 97
Wirsing-Risotto mit Entenbrust 162

Preiswert

Apfel-Quark-Kuchen 225
Apfel-Selleriecreme-Suppe 94
Apfelsorbet mit Calvados 63
Aprikosen-Blechkuchen 224
Apulische Zwiebelpizza 158
Bäckerofen mit Putenfleisch 126
Bandnudeln mit Rucola und Schinken 148
Birnen-Apfel-Quark 35
Bohnen auf toskanische Art 120
Brezensuppe 98
Broccoli-Kartoffel-Auflauf 133
Brotaufstrich mit Curry-Apfel 40
Brötchen mit Schinkencreme 43
Bunter Gemüsetopf mit Grießnocken 106
Buntes Gemüse mit Couscousfüllung 130
Cornflakes-Fisch mit Erbsengemüse 176
Cremesuppe von roten Linsen 99
Crêpes mit Traubenkompott 219
Dattelförtchen 230
Eierquark auf Bauernbrot 42
Entenbrust mit Rotweinzwiebeln 201
Erdnuß-Fisch in Grapefruitsauce 169
Espresso-Cappuccino-Becher 211
Fenchelpizza 158
Fenchelrisotto 154
Fischgulasch mit Gemüse 170
Fischspieße 167
Fischsuppe mit Reis 100
Fischtopf mit Fenchel 111
Frischkornmüsli mit Heidelbeeren 38
Frühlings-Kartoffelsalat 72
Gebratenes Kasseler mit Apfelchutney 196
Gefüllte Champignons 82
Gefüllte Gurke mit Paprikasauce 127
Gemüse mit Thunfischdip 54
Gemüsekuchen vom Blech 163
Gemüserisotto 154
Gemüsesuppe mit Käse 98
Gewürzkartoffeln mit Joghurtsauce 134
Graupen-Paprika-Eintopf 104
Grill-Ratatouille mit Sesamfladen 131
Hackfleisch-Quark-Buletten 200
Heilbuttkoteletts mit Kräutermöhren 175
Herbstlicher Nudelsalat 73
Hühnereintopf 109
Italienische Kartoffelpfanne 125
Joghurt-Hähnchen 198
Joghurteis mit Brombeersauce 220
Joghurttorte mit bunten Beeren 223
Kabeljau-Quark-Buletten mit Gemüse 166
Kabeljaukoteletts mit Tomaten 174
Kartoffel-Buttermilch-Suppe mit Grünkern 102
Kartoffel-Möhren-Puffer mit Joghurt 123
Kartoffel-Rucola-Salat 72
Kartoffel-Sauerkraut-Gratin mit Schmand 132
Kartoffeln aus dem Ofen 133
Kartoffelsuppe mit geschmolzenen Tomaten 102
Kartoffelwaffeln mit Zucchini-Tzatziki 116
Kartoffelzapfen 135
Kichererbseneintopf 105
Knabbergebäck aus Hefeteig 55
Kohlrabiquiche 157
Kohlrüben-Curry 128
Kräuter-Quark-Klößchen mit Tomatensugo 156
Kürbiskern-Gnocchi mit Paprikaragout 155
Leichter Kartoffelsalat 117
Linsensuppe mit Kürbis 99
Marmoriertes Stachelbeer-Quark-Eis 221
Matjes-Tatar auf Kartoffeln 85
Mini-Birnenstrudel 229
Mini-Windbeutel mit Kartoffelcreme 61
Möhren-Käse-Aufstrich 42
Möhren-Kohlrabi-Tarte mit Sesam-Joghurt 159
Möhrentörtchen 230
Nudelpfanne mit Lamm und Zucchini 150
Nudelsalat mit Kohlrabi 145
Pellkartoffeln mit gelbem Paprikaquark 125
Penne mit Broccoli 149
Petersilien-Forellen aus dem Bratschlauch 178
Petersilienspätzle mit Safransauce 152
Pochierte Forelle mit Gemüsesauce 179
Puten-Sauerbraten mit Semmelknödeln 199
Puten-Zucchini-Topf 189
Putenstreifen mit Wirsinggemüse 198
Quarknocken mit Kiwisauce 209
Rigatoni mit glasierten Auberginen 153
Rindergulasch mit Äpfeln und Möhren 197
Rosenkohlsalat mit Trauben 71
Rotbarsch auf Sahnewirsing 171
Rotbarsch-Auflauf mit Curry-Joghurt 177
Rotbarschfilet im Wirsingmantel 177
Rote Zwiebelsuppe 95
Rote-Bete-Eintopf mit Kasseler 107
Rotweinbirnen mit Aprikosensauce 212
Sauerkrautsalat 65
Scharfe Tomatensuppe mit Lavendel 93
Schellfisch mit Senfgurkensauce 174
Schlanker Heringssalat 165
Schmorgurkentopf mit Pute 110
Schollenfilets auf Schmorgurken 176
Schwarzwurzelpfanne mit Hähnchenfilet 129
Schweinemedaillons mit Zwiebelgemüse 197
Spaghetti mit Curry-Gemüse 153
Spaghetti mit Kürbis-Tomaten-Sugo 149
Spanische Fisch-Kartoffel-Pfanne 172
Spanisches Kartoffelragout 140
Spitzkohlröllchen mit Chilisahne 139

Stampfkartoffeln mit Gurke 135
Tomaten-Sülzchen 88
Venezianisches Kartoffelrisotto 143
Warme Kartoffelbrötchen mit Tomaten 52
Weiße Bohnencreme mit marinierten Trauben 79
Zarte Honigmöhren mit Mohn 128
Zitronenhähnchen mit Knoblauch 201
Zucchini-Muffins mit Basilikum-Schmand 60

Schnell

Artischocken mit Tomaten-Tapenade 83
Asiatisches Erbsengemüse 118
Bananen aus der Folie 214
Bananen-Sesam-Crostini 37
Bandnudeln mit Rucola und Schinken 148
Birnen-Apfel-Quark 35
Bohnen auf toskanische Art 120
Brezensuppe 98
Bündner Spargelnudeln 151
Buttermilch-Shake 44
Carpacciobrote 79
Chinasalat mit Sprossen 71
Cornflakes-Fisch mit Erbsengemüse 176
Curry-Spinat-Pfanne mit Linsen 119
Eier im Glas 39
Eisbergsalat mit Kefirdressing 65
Erdnuß-Fisch in Grapefruitsauce 169
Fischgulasch mit Gemüse 170
Fischspieße 167
Forellen im Gemüsebett 170
Forellenfilets mit Apfel-Meerrettich-Dip 59
Frischkäse-Obatzter 41
Gefüllte Feigen mit Quark 63
Gefüllte Tomaten mit Kräuter-Quark 57
Gegrillte Kräuter-Rotbarben 171
Gemüse-Spiegelei 40
Gemüsesticks mit Zitronen-Senf-Dip 78
Geriebener Rettich mit Forellenkaviar 56
Grüne Bandnudeln mit Putenragout 150
Gourmet-Müsli 38
Himbeer-Kefir-Shake 44
Honig-Entenbrust mit Grapefruit 192
Indisches Joghurt-Gemüse 121
Italienische Kartoffelpfanne 125
Japanischer Rindfleischtopf 193
Kabeljau-Gemüse-Wok 167
Kalbsleber mit Balsamicosauce 195
Kalbssteaks mit Zitronen-Tomaten-Sauce 191
Kaninchen-Wok 193
Kartoffel-Möhren-Puffer mit Joghurt 123
Kartoffelpfanne mit Pfifferlingen 122
Knusperfrühstück 35
Kokos-Wirsing 119
Koriander-Lammkoteletts mit Mangold 194
Lammschnitzel mit Paprikaquark 194
Möhren-Käse-Aufstrich 42
Möhrenrohkost mit Grapefruit 69
Muschelragout mit Zucchinireis 172
Nudelpfanne mit Lamm und Zucchini 150
Nudelsalat mit Kohlrabi 145
Nudelsalat mit Lachs und Tomate 145
Pellkartoffeln mit gelbem Paprikaquark 125
Penne mit Broccoli 149
Pistazien-Ricotta mit Pfirsichpüree 209
Puten-Zucchini-Topf 189
Putengeschnetzeltes mit Limettenrahm 192
Putenmedaillons mit Kirschsauce 205
Putenstreifen mit Wirsinggemüse 198
Rettich-Apfel-Rohkost 69
Rotbarsch auf Sahnewirsing 171
Rucola-Kartoffel-Püree 124
Sauerkraut-Gemüse mit Ananas 120
Sauerkrautsalat 65
Scharfes Fischcurry mit Kokosmilch 168
Scharfes Schweinefilet mit Broccoli 191
Schellfisch auf Lauch-Ananas-Gemüse 169
Schlanker Heringssalat 165
Schweinemedaillons mit Zwiebelgemüse 197
Sharonfrucht-Konfitüre mit Minze 34
Spaghetti mit Curry-Gemüse 153
Spaghetti mit Kürbis-Tomaten-Sugo 149
Spaghetti mit Steinpilzsauce und Filet 160
Spanische Fisch-Kartoffel-Pfanne 172
Spargelsalat mit Krabben 74
Süß-saures Schweinefilet 190
Tagliatelle mit Austernpilzen 151
Tatar-Ecken mit Kürbis 58
Thailändisches Gemüse 118
Thunfischsalat 165
Thymian-Kartoffeln mit Knoblauchquark 122
Tintenfischragout in scharfer Tomatensauce 173
Tomaten mit Thunfischfüllung 83
Tomaten-Buttermilch mit Basilikum 47
Vietnamesische Garnelensuppe 97
Vollkornbrot mit Ricotta-Kräuter-Creme 41
Zarte Honigmöhren mit Mohn 128
Zucchini-Toast mit Ziegenkäse 53

Vegetarisch

Apfel-Sellerie-Cremesuppe 94
Aprikosen-Tomaten-Suppe 93
Apulische Zwiebelpizza 158
Artischocken mit Tomaten-Tapenade 83
Brasilianischer Gemüsetopf 142
Broccoli-Erdnußsuppe 95
Broccoli-Kartoffel-Auflauf 133
Broccoli-Tortilla 115
Buntes Gemüse mit Couscousfüllung 130
Cremesuppe von roten Linsen 99
Curry-Spinat-Pfanne mit Linsen 119
Fenchel mit Tomaten-Oliven-Sauce 114
Fenchelpizza 158
Gebratene Knoblauch-Auberginen mit Dal 138
Gefüllte Champignons 82
Gefüllte Gurke mit Paprikasauce 127
Gemüsekuchen vom Blech 163
Gemüseplatte mit Steinpilz-Creme 137
Gemüserisotto 154
Gemüsesalat mit Frühlingskräutern 70
Gemüsestickes mit Zitronen-Senf-Dip 78
Gemüsesuppe mit Käse 98
Gewürzkartoffeln mit Joghurtsauce 134
Glasnudeln mit Möhrengemüse 146
Gratinierter Spargel mit Erbsensauce 136
Graupen-Paprika-Eintopf 104
Grill-Ratatouille mit Sesamfladen 131
Gurken-Kräuter-Suppe mit Kartoffel-Croûtons 94
Indisches Joghurt-Gemüse 121
Kartoffel-Buttermilch-Suppe mit Grünkern 102
Kartoffel-Möhren-Puffer mit Joghurt 123
Kartoffel-Rucola-Salat 72
Kartoffel-Sauerkraut-Gratin mit Schmand 132
Kartoffeln aus dem Ofen 133
Kartoffelsuppe mit geschmolzenen Tomaten 102
Kartoffelwaffeln mit Zucchini-Tzatziki 116
Kichererbseneintopf 105
Kohlrabi-Rucola-Mousse mit Radieschen 84
Kohlrabiquiche 157
Kohlrüben-Curry 128
Kokos-Wirsing 119
Kräuter-Quark-Klößchen mit Tomatensugo 156
Kürbiskern-Gnocchi mit Paprikaragout 155
Linsensuppe mit Kürbis 99
Mangoldbällchen auf Linsensalat 113
Melone mit pikantem Erdbeersalat 77
Melonen-Gurken-Salat 67
Minestrone mit Liebstöckel 96
Möhren-Kohlrabi-Tarte mit Sesam-Joghurt 159
Möhrencremesuppe mit Kürbiskernen 101
Möhrenrohkost mit Grapefruit 69
Nudelsalat mit Kohlrabi 145
Penne mit Broccoli 149
Pilzsülzchen mit roher Tomatensauce 89
Polenta-Buletten mit marinierten Zucchini 147
Provenzalische Tomaten 113
Radicchio-Birnen-Salat mit Roquefort 66
Rettich-Apfel-Rohkost 69
Rigatoni mit glasierten Auberginen 153
Rosenkohlsalat mit Trauben 71
Rucola-Kartoffel-Püree 124
Sauerkraut-Gemüse mit Ananas 120
Scharfe Tomatensuppe mit Lavendel 93
Spaghetti mit Curry-Gemüse 153
Spaghetti mit Kürbis-Tomaten-Sugo 149
Spinatflans mit Sprossensalat 86
Spitzkohlröllchen mit Chilisahne 139
Thailändisches Gemüse 118
Thymian-Kartoffeln mit Knoblauchquark 122
Tomaten-Sülzchen 88
Tomatensalat mit Rucola-Pesto 68
Zarte Honigmöhren mit Mohn 128

Register nach Zutaten

A

Ananas

Exotisches Schlemmeromelett 37
Karibischer Ananas-Fleisch-Salat 75
Reispapierplätzchen 90
Sauerkraut-Gemüse mit Ananas 120
Schellfisch auf Lauch-Ananas-Gemüse 169
Süß-saures Schweinefilet 190
Vietnamesische Garnelensuppe 97

Äpfel

Apfel-Quark-Kuchen 225
Apfel-Sellerie-Cremesuppe 94
Apfelsorbet mit Calvados 63
Apfelsuppe mit Zimtcrosties 215
Birnen-Apfel-Quark 35
Brotaufstrich mit Curry-Apfel 40
Exotisches Schlemmeromelett 37
Forellenfilets mit Apfel-Meerrettich-Dip 59
Gebratenes Kasseler mit Apfelchutney 196
Herbstlicher Nudelsalat 73
Kalbsleber mit Balsamicosauce 195
Kartoffel-Rucola-Salat 72
Kartoffel-Sauerkraut-Gratin mit Schmand 132
Obst-Pizza 225
Pikanter Salat mit Früchten 67
Rettich-Apfel-Rohkost 69
Rindergulasch mit Äpfeln und Möhren 197
Rotbarsch-Auflauf mit Curry-

Joghurt 177
Rucolasalat mit Äpfeln und Joghurtdressing 66
Russischer Fischsalat 75
Sauerkrautsalat 65
Schlanker Heringssalat 165
Schweinemedaillons mit Zwiebelgemüse 197
Toast mit Matjes 50
Sauerkraut-Apfel-Topf mit Lamm 108
Aprikosen
Aprikosen-Blechkuchen 224
Aprikosen-Muffins 231
Aprikosen-Tomaten-Suppe 93
Arabischer Linseneintopf 105
Rotweinbirnen mit Aprikosensauce 212
Auberginen
Gebratene Knoblauch-Auberginen mit Dal 138
Grill-Ratatouille mit Sesamfladen 131
Nudelpfanne mit Lamm und Zucchini 150
Penne mit Broccoli 149
Rigatoni mit glasierten Auberginen 153
Thailändisches Gemüse 118

B
Bananen
Bananen aus der Folie 214
Bananen-Sesam-Crostini 37
Exotisches Schlemmeromelett 37
Birnen
Birnen-Apfel-Quark 35
Mini-Birnenstrudel 229
Radicchio-Birnen-Salat mit Roquefort 66
Rotweinbirnen mit Aprikosensauce 212
Bohnen
Bohnen auf toskanische Art 120
Gemüseplatte mit Steinpilz-Creme 137
Indischer Reistopf 111
Minestrone mit Liebstöckel 96
Weiße Bohnencreme mit marinierten Trauben 79
Broccoli
Broccoli-Erdnußsuppe 95
Broccoli-Kartoffel-Auflauf 133
Broccoli-Tortilla 115
Bunter Gemüsetopf mit Grießnocken 106
Fischspieße 167
Gemüsekuchen vom Blech 163
Penne mit Broccoli 149
Scharfes Schweinefilet mit Broccoli 191

E
Eier
Broccoli-Tortilla 115
Carpacciobrote 79
Eier im Glas 39
Eierquark auf Bauernbrot 42
Exotisches Schlemmeromelett 37
Gefüllte Paprikaschoten 57
Gemischte Pilz-Tortilla (Variante) 115
Gemüse-Eierkuchen (Variante) 40
Gemüse-Spiegelei 40
Kartoffelsalat mit Ei und Kapern 117
Kräuter-Eierstich (Variante) 86
Ente
Entenbrust mit Rotweinzwiebeln 201
Honig-Entenbrust mit Grapefruit 192
Wirsing-Risotto mit Entenbrust 162
Erbsen
Asiatisches Erbsengemüse 118
Chinesische Hühnersuppe mit Glasnudeln 97
Cornflakes-Fisch mit Erbsengemüse 176
Gemüse-Spiegelei 40
Gratinierter Spargel mit Erbsensauce 136
Grüne Bandnudeln mit Putenragout 150
Hühnertopf mit Nudeln und Erbsen 110
Indischer Reistopf 111
Kaninchenkeulen auf französische Art (Variante) 206
Erdbeeren
Gourmet-Müsli 38
Knusperfrühstück 35
Limetten-Joghurt-Nocken auf Erdbeeren 216
Melone mit pikantem Erdbeersalat 77

F
Feigen
Feigen mit Orangensauce 213
Gefüllte Feigen mit Quark 63
Kokos-Feigen (Variante) 213
Fenchel
Fenchel mit Tomaten-Oliven-Sauce 114
Fenchelrisotto 154
Fischtopf mit Fenchel 111
Gemüseplatte mit Steinpilz-Creme 137
Hähnchenbrust auf Fenchelsalat 189
Pochiertes Zanderfiet mit Fenchelsauce (Variante) 182
Safrangemüse 114
Spanische Fischpfanne mit Fenchel 185
Frühlingszwiebeln
Curry-Spinat-Pfanne mit Linsen 119
Entenbrust mit Rotweinzwiebeln 201
Gratinierte Gemüsebrote 49
Kichererbseneintopf 105
Kräuter-Quark-Klößchen mit Tomatensugo 156
Linsensuppe mit Kürbis 99
Scharfes Fischcurry mit Kokosmilch 168
Scharfes Schweinefilet mit Broccoli 191

G
Garnelen
Asiatisches Erbsengemüse 118
Gefüllte Baguettebrötchen (Variante) 51
Gefüllte Gurken mit Garnelen-Reis 139
Reispapierplätzchen 90
Spinatcreme mit Garnelen 100
Sushi-Reiswürfel 56
Vietnamesische Garnelensuppe 97
Glasnudeln
Chinesische Hühnersuppe mit Glasnudeln 97
Glasnudeln mit Möhrengemüse 146
Grapefruit
Erdnuß-Fisch in Grapefruitsauce 169
Honig-Entenbrust mit Grapefruit 192
Möhrenrohkost mit Grapefruit 69
Gurke
Eier im Glas 39
Gefüllte Gurke mit Paprikasauce 127
Gefüllte Gurken mit Garnelen-Reis 139
Gurken-Kräuter-Suppe mit Kartoffel-Croûtons 94
Kiwi-Gurken-Mix mit Estragon 47
Kräuter-Frischkornmüsli mit Gemüse 39
Kräuter-Joghurt-Mousse mit Tomatensalat (Variante) 84
Melonen-Gurken-Salat 67
Roastbeef-Papaya-Toast 49
Schellfisch mit Senfgurkensauce 174
Schmorgurkentopf mit Pute 110
Schollenfilets auf Schmorgurken 176
Stampfkartoffeln mit Gurke 135
Sushi-Reiswürfel 56
Thunfischsalat 165

H
Hähnchen
Chinesische Hühnersuppe mit Glasnudeln 97
Chinesische Salatröllchen mit Dip 91
Fondue Chinoise 207
Gemüseterrine mit Spargelcreme 87
Hähnchen-Tomaten-Spießchen 82
Hähnchenbrust auf Fenchelsalat 189
Hähnchenbrust im Wirsingmantel 204
Herbstlicher Nudelsalat 73
Hühnereintopf 109
Hühnertopf mit Nudeln und Erbsen 110
Indischer Reistopf 111
Joghurt-Hähnchen 198
Marinierte Hähnchenbrust (Variante) 187
Schwarzwurzelpfanne mit Hähnchenfilet 129
Zitronenhähnchen mit Knoblauch 201
Heidelbeeren
Frischkornmüsli mit Heidelbeeren 38
Himbeer-Heidelbeer-Sorbet 221
Himbeeren
Himbeer-Heidelbeer-Sorbet 221
Himbeer-Kefir-Shake 44
Himbeer-Shake (Variante) 44
Joghurt-Mohn-Nocken auf Himbeerpüree (Variante) 216
Kalt gerührte Himbeerkonfitüre 34

J
Joghurt
Fischgulasch mit Gemüse 170
Früchte in Sektgelee 210
Gemüsesticks mit Zitronen-Senf-Dip 78
Gewürzkartoffeln mit Joghurtsauce 134
Indisches Joghurt-Gemüse 121
Joghurt-Hähnchen 198
Joghurt-Mohn-Nocken auf Himbeerpüree (Variante) 216
Joghurteis mit Brombeersauce 220
Joghurttorte mit bunten Beeren 223
Kaninchensaté mit Erdnuß-Joghurt 204
Kartoffel-Möhren-Puffer mit Joghurt 123
Kohlrabiquiche 157
Kräuter-Joghurt-Mousse mit Tomatensalat (Variante) 84
Lachsforelle im Salzmantel 180
Limetten-Joghurt-Nocken auf Erdbeeren 216
Limetten-Joghurt-Torte 227
Mini-Birnenstrudel 229
Mini-Windbeutel mit Kartoffelcreme 61
Möhren-Kohlrabi-Tarte mit Sesam-Joghurt 159
Pilzsalat mit Thunfisch 74
Radicchio-Birnen-Salat mit Roquefort 66
Rucolasalat mit Äpfeln und Joghurtdressing 66
Schlanker Heringssalat 165

K
Kalbfleisch
Kalbsleber mit Balsamicosauce 195
Kalbssteaks mit Zitronen-Tomaten-Sauce 191
Kaninchen
Griechische Kaninchenkeulen mit Wein 206
Kaninchen-Wok 193
Kaninchenkeulen auf französische Art (Variante) 206
Kaninchensaté mit Erdnuß-Joghurt 204
Kartoffeln
Apfel-Selleriecreme-Suppe 94
Bäckerofen mit Putenfleisch 126
Baked Potatoes mit Roastbeeffüllung 141
Broccoli-Kartoffel-Auflauf 133
Fischtopf mit Fenchel 111
Frühlings-Kartoffelsalat 72
Gemüsesuppe mit Käse 98
Gewürzkartoffeln mit

Joghurtsauce 134
Gurken-Kräuter-Suppe mit Kartoffel-Croûtons 94
Hackfleisch-Quark-Buletten 200
Italienische Kartoffelpfanne 125
Italienische Steinpilzkartoffeln (Variante) 143
Kalte Kartoffel-Lauch-Suppe (Variante) 103
Kalte Kartoffelsuppe mit Lachs 103
Kartoffel-Buttermilch-Suppe mit Grünkern 102
Kartoffel-Möhren-Puffer mit Joghurt 123
Kartoffel-Rucola-Salat 72
Kartoffel-Sauerkraut-Gratin mit Schmand 132
Kartoffel-Sauerkraut-Puffer (Variante) 123
Kartoffeln aus dem Ofen 133
Kartoffelpfanne mit Pfifferlingen 122
Kartoffelsalat mit Ei und Kapern 117
Kartoffelsuppe mit geschmolzenen Tomaten 102
Kartoffelwaffeln mit Zucchini-Tzatziki 116
Kartoffelzapfen 135
Kichererbseneintopf 105
Kohlrabiquiche 157
Kürbiskern-Gnocchi mit Paprikaragout 155
Leichter Kartoffelsalat 117
Lorbeer-Kartoffeln (Variante) 140
Matjes-Tatar auf Kartoffeln 85
Mexikanisches Kartoffelpüree (Variante) 124
Mini-Windbeutel mit Kartoffelcreme 61
Pellkartoffeln mit gelbem Paprikaquark 125
Pochiertes Zanderfiet mit Dill-Kartoffel-Sauce 182
Putenmedaillons mit Kirsch-sauce 205
Rotbarsch-Auflauf mit Curry-Joghurt 177
Rote-Bete-Eintopf mit Kasseler 107
Rucola-Kartoffel-Püree 124
Sauerkraut-Apfel-Topf mit Lamm 108
Scharf gewürzte Pommes frites (Variante) 134
Schellfisch mit Senfgurken-sauce 174
Spanische Fisch-Kartoffel-Pfanne 172
Spanisches Kartoffelragout 140
Spinatcreme mit Garnelen 100
Stampfkartoffeln mit Gurke 135
Steinpilz-Kartoffel-Püree (Variante) 124
Thymian-Kartoffeln mit Knoblauchquark 122
Venezianisches Kartoffel-risotto 143
Warme Kartoffelbrötchen mit Tomaten 52
Wirsing-Lamm-Eintopf 108
Zitronenhähnchen mit Knoblauch 201

Käse
Broccoli-Kartoffel-Auflauf 133
Fenchelpizza 158
Frischkäse-Obatzter 41
Gefüllte Champignons 82
Gefüllte Kornspitz-Stangen 51
Gefüllte Paprikaschoten 57
Gefüllte Seezungenröllchen 183
Gemüsesuppe mit Käse 98
Gratinierte Gemüsebrote 49
Hähnchen-Tomaten-Spießchen 82
Knusper-Chips 54
Möhren-Käse-Aufstrich 42
Pikanter Salat mit Früchten 67
Radicchio-Birnen-Salat mit Roquefort 66
Rote Zwiebelsuppe 95
Scharfe Schafkäserolle mit Oliven 62
Zucchini-Toast mit Ziegenkäse 53

Kirschen
Putenmedaillons mit Kirsch-sauce 205
Sauerkirsch-Kaltschale 210

Kiwi
Kiwi-Gurken-Mix mit Estragon 47
Quarknocken mit Kiwisauce 209

Kohlrabi
Gemüseplatte mit Steinpilz-Creme 137
Gemüseterrine mit Spargel-creme 87
Kalte Kartoffelsuppe mit Lachs 103
Kaninchen-Wok 193
Kohlrabi-Rucola-Mousse mit Radieschen 84
Kohlrabiquiche 157
Minestrone mit Liebstöckel 96
Möhren-Kohlrabi-Tarte mit Sesam-Joghurt 159
Nudelsalat mit Kohlrabi 145
Putenfrikadellen mit mariniertem Gemüse 188
Safrangemüse 114

Kürbis
Linsensuppe mit Kürbis 99
Spaghetti mit Kürbis-Tomaten-Sugo 149
Tatar-Ecken mit Kürbis 58

L

Lachs
Kalte Kartoffelsuppe mit Lachs 103
Kräuterlachs mit Spargel 184
Nudelsalat mit Lachs und Tomate 145

Lamm
Koriander-Lammkoteletts mit Mangold 194
Lammschnitzel mit Paprika-quark 194
Nudelpfanne mit Lamm und Zucchini 150
Sauerkraut-Apfel-Topf mit Lamm 108
Wirsing-Lamm-Eintopf 108

Lauch
Bunter Gemüsetopf mit Grießnocken 106
Chinasalat mit Sprossen 71
Forellen im Gemüsebett 170
Gefüllte Kornspitz-Stangen 51
Indisches Joghurt-Gemüse 121
Japanischer Rindfleischtopf 193
Kalte Kartoffel-Lauch-Suppe (Variante) 103
Kartoffelpfanne mit Pfifferlingen 122
Rotbarsch-Auflauf mit Curry-Joghurt 177
Schellfisch auf Lauch-Ananas-Gemüse 169
Schweinemedaillons mit Zwiebelgemüse 197
Süß-saures Schweinefilet 190

Linsen
Arabischer Linseneintopf 105
Cremesuppe von roten Linsen 99
Curry-Spinat-Pfanne mit Linsen 119
Gebratene Knoblauch-Auberginen mit Dal 138
Kohlrüben-Curry 128
Linsensuppe mit Kürbis 99
Mangoldbällchen auf Linsensalat 113

M

Mango
Exotischer Fruchtdrink 46
Exotisches Schlemmeromelett 37
Gebratenes Kasseler mit Apfelchutney 196

Mangold
Forellenfilet auf Mangoldsalat 80
Koriander-Lammkoteletts mit Mangold 194
Mangoldbällchen auf Linsen-salat 113
Scharfe Rindfleischnudeln mit Mangold 161

Melone
Melone mit pikantem Erdbeer-salat 77
Melonen-Gurken-Salat 67
Melonendrink (Variante) 46
Melonensorbet 219
Sauerkirsch-Kaltschale 210

Möhren
Bäckerofen mit Putenfleisch 126
Bunter Gemüsetopf mit Grießnocken 106
Chinasalat mit Sprossen 71
Chinesische Hühnersuppe mit Glasnudeln 97
Chinesische Salatröllchen mit Dip 91
Fondue Chinoise 207
Forellen im Gemüsebett 170
Gedämpfte Seezunge mit Senf-Wein-Creme 184
Gefüllte Seezungenröllchen 183
Gemüse mit Thunfischdip 54
Gemüseplatte mit Steinpilz-Creme 137
Gemüsesalat mit Frühlingskräutern 70
Gemüsesticks mit Zitronen-Senf-Dip 78
Gemüsesuppe mit Käse 98
Gemüseterrine mit Spargel-creme 87
Glasnudeln mit Möhren-gemüse 146
Glasnudelsalat mit Tatar 76
Heilbuttkoteletts mit Kräutermöhren 175
Indischer Reistopf 111
Indisches Joghurt-Gemüse 121
Kabeljau-Gemüse-Wok 167
Kaninchen-Wok 193
Kartoffel-Möhren-Puffer mit Joghurt 123
Kohlrüben-Curry 128
Kokos-Wirsing 119
Minestrone mit Liebstöckel 96
Möhren-Kohlrabi-Tarte mit Sesam-Joghurt 159
Möhrencremesuppe mit Kürbiskernen 101
Möhrenrohkost mit Grapefruit 69
Möhrentörtchen 230
Möhren-Wirsing-Topf mit Kasseler (Variante) 107
Pikanter Salat mit Früchten 67
Pochierte Forelle mit Gemüsesauce 179
Putenfrikadellen mit mariniertem Gemüse 188
Rindergulasch mit Äpfeln und Möhren 197
Rucolasalat mit Äpfeln und Joghurtdressing 66
Safrangemüse 114
Spaghetti mit Curry-Gemüse 153
Spinatflans mit Sprossensalat 86
Wirsing-Lamm-Eintopf 108
Wirsing-Risotto mit Enten-brust 162
Zarte Honigmöhren mit Mohn 128

N

Nudeln
Bandnudeln mit Rucola und Schinken 148
Bündner Spargelnudeln 151
Chinesische Hühnersuppe mit Glasnudeln 97
Endivien-Spaghetti mit Shiitake-Pilzen 160
Glasnudeln mit Möhren-gemüse 146
Glasnudelsalat mit Tatar 76
Grüne Bandnudeln mit Putenragout 150
Herbstlicher Nudelsalat 73
Hühnertopf mit Nudeln und Erbsen 110
Nudelpfanne mit Lamm und Zucchini 150
Nudelsalat mit Kohlrabi 145
Nudelsalat mit Lachs und Tomate 145
Penne mit Broccoli 149
Petersilienspätzle mit Safran-sauce 152
Rigatoni mit glasierten Auberginen 153
Scharfe Rindfleischnudeln mit Mangold 161
Spaghetti mit Curry-Gemüse 153
Spaghetti mit Kürbis-Tomaten-Sugo 149
Spaghetti mit Steinpilzsauce und Filet 160

O

Oliven
Artischocken mit Tomaten-Tapenade 83
Italienische Kartoffelpfanne 125
Scharfe Schafkäserolle mit Oliven 62
Orangen
Feigen mit Orangensauce 213
Gefüllte Seezungenröllchen 183
Kalbsbraten in Orangensauce 202
Kiwi-Gurken-Mix mit Estragon 47
Orangengratin 214

P

Papaya
Brasilianischer Gemüsetopf 142
Exotischer Fruchtdrink 46
Roastbeef-Papaya-Toast 49
Paprikaschoten
Bunter Gemüsetopf mit Grießnocken 106
Buntes Gemüse mit Couscousfüllung 130
Curry-Spinat-Pfanne mit Linsen 119
Eisbergsalat mit Kefirdressing 65
Gefüllte Gurke mit Paprikasauce 127
Gefüllte Paprikaschoten 57
Gemüsekuchen vom Blech 163
Gemüserisotto 154
Gemüsesticks mit Zitronen-Senf-Dip 78
Gemüseterrine mit Spargelcreme 87
Graupen-Paprika-Eintopf 104
Grill-Ratatouille mit Sesamfladen 131
Indischer Reistopf 111
Kräuter-Frischkornmüsli mit Gemüse 39
Kürbiskern-Gnocchi mit Paprikaragout 155
Lammschnitzel mit Paprikaquark 194
Melonen-Gurken-Salat 67
Pellkartoffeln mit gelbem Paprikaquark 125
Sauerkraut-Gemüse mit Ananas 120
Seeteufelspießchen 181
Spaghetti mit Kürbis-Tomaten-Sugo 149
Spanische Fisch-Kartoffel-Pfanne 172
Süß-saurer Weißkohltopf mit Tongu-Pilzen 104
Thailändisches Gemüse 118
Toast mit Pute und Pfirsich 53
Pfirsiche
Pfirsich-Vanille-Milch 45
Pistazien-Ricotta mit Pfirsichpüree 209
Toast mit Pute und Pfirsich 53
Pilze
Gefüllte Champignons 82
Gemischte Pilz-Tortilla (Variante) 115
Gemüseplatte mit Steinpilz-Creme 137
Hähnchenbrust im Wirsingmantel 204
Italienische Steinpilzkartoffeln (Variante) 143
Japanischer Rindfleischtopf 193
Kaninchen-Wok 193
Mariniertes Rinderfilet mit Champignons 187
Pilzsalat mit Thunfisch 74
Pilzsülzchen mit roher Tomatensauce 89
Putengeschnetzeltes mit Limettenrahm 192
Scharfe Rindfleischnudeln mit Mangold 161
Spaghetti mit Steinpilzsauce und Filet 160
Steinpilz-Kartoffel-Püree (Variante) 124
Tagliatelle mit Austernpilzen 151
Tatar auf Champignons 58
Thailändisches Gemüse 118
Pute
Bäckerofen mit Putenfleisch 126
Chinasalat mit Sprossen 71
Fondue Chinoise 207
Grüne Bandnudeln mit Putenragout 150
Kartoffelpfanne mit Pfifferlingen 122
Pikanter Salat mit Früchten 67
Puten-Sauerbraten mit Semmelknödeln 199
Puten-Zucchini-Topf 189
Putenbrust mit Tomaten-Kapern-Sauce (Variante) 203
Putenfrikadellen mit mariniertem Gemüse 188
Putengeschnetzeltes mit Limettenrahm 192
Putenmedaillons mit Kirschsauce 205
Putenstreifen mit Wirsinggemüse 198
Schmorgurkentopf mit Pute 110
Toast mit Pute und Pfirsich 53
Weiße Bohnencreme mit marinierten Trauben 79

Q

Quark
Apfel-Quark-Kuchen 225
Aprikosen-Blechkuchen 224
Baked Potatoes mit Roastbeeffüllung 141
Bananen-Sesam-Crostini 37
Birnen-Apfel-Quark 35
Brötchen mit Schinkencreme 43
Eierquark auf Bauernbrot 42
Gefüllte Feigen mit Quark 63
Gefüllte Tomaten mit Kräuter-Quark 57
Hackfleisch-Quark-Buletten 200
Knusperfrühstück 35
Kräuter-Quark-Klößchen mit Tomatensugo 156
Lammschnitzel mit Paprikaquark 194
Marmoriertes Stachelbeer-Quark-Eis 221
Mirabellen-Becher 215
Orangengratin 214
Pellkartoffeln mit gelbem Paprikaquark 125
Roastbeef-Papaya-Toast 49
Thymian-Kartoffeln mit Knoblauchquark 122
Tomaten mit Thunfischfüllung 83
Windbeutelchen mit Mokkaquark 228

R

Reis
Buntes Gemüserisotto (Variante) 162
Fenchelrisotto 154
Fischspieße 167
Fischsuppe mit Reis 100
Gefüllte Gurken mit Garnelen-Reis 139
Gemüserisotto 154
Hühnereintopf 109
Indischer Reistopf 111
Muschelragout mit Zucchinireis 172
Reispapierplätzchen 90
Spitzkohlröllchen mit Chilisahne 139
Sushi-Reiswürfel 56
Venezianisches Kartoffelrisotto 143
Wirsing-Risotto mit Entenbrust 162
Rettich
Geriebener Rettich mit Forellenkaviar 56
Pikanter Salat mit Früchten 67
Rettich-Apfel-Rohkost 69
Ricotta
Feigen mit Orangensauce 213
Pistazien-Ricotta mit Pfirsichpüree 209
Vollkornbrot mit Ricotta-Kräuter-Creme 41
Rindfleisch
Carpacciobrote 79
Hackfleisch-Quark-Buletten 200
Japanischer Rindfleischtopf 193
Mariniertes Rinderfilet mit Champignons 187
Rindergulasch mit Äpfeln und Möhren 197
Roastbeef mit Preiselbeersauce 202
Scharfe Rindfleischnudeln mit Mangold 161
Spaghetti mit Steinpilzsauce und Filet 160
Tafelspitz mit Rucola-Senfsauce 203
Rote Bete
Rote Zwiebelsuppe 95
Rote-Bete-Eintopf mit Kasseler 107
Russischer Fischsalat 75
Toast mit Matjes 50
Rucola
Bandnudeln mit Rucola und Schinken 148
Kartoffel-Rucola-Salat 72
Kohlrabi-Rucola-Mousse mit Radieschen 84
Rucola-Kartoffel-Püree 124
Rucolasalat mit Äpfeln und Joghurtdressing 66
Tafelspitz mit Rucola-Senfsauce 203
Tomatensalat mit Rucola-Pesto 68

S

Sauerkraut
Kartoffel-Sauerkraut-Gratin mit Schmand 132
Kartoffel-Sauerkraut-Puffer (Variante) 123
Sauerkraut-Apfel-Topf mit Lamm 108
Sauerkraut-Gemüse mit Ananas 120
Sauerkrautsalat 65
Schwarzwurzeln
Gemüsesuppe mit Käse 98
Schwarzwurzelpfanne mit Hähnchenfilet 129
Schweinefleisch
Gebratenes Kasseler mit Apfelchutney 196
Karibischer Ananas-Fleisch-Salat 75
Rote-Bete-Eintopf mit Kasseler 107
Scharfes Schweinefilet mit Broccoli 191
Schweinemedaillons mit Zwiebelgemüse 197
Süß-saures Schweinefilet 190
Sellerie
Apfel-Selleriecreme-Suppe 94
Arabischer Linseneintopf 105
Brotaufstrich mit Curry-Apfel 40
Chinesische Salatröllchen mit Dip 91
Forellen im Gemüsebett 170
Gemüse mit Thunfischdip 54
Gemüsestickes mit Zitronen-Senf-Dip 78
Herbstlicher Nudelsalat 73
Honig-Entenbrust mit Grapefruit 192
Indisches Joghurt-Gemüse 121
Melonen-Gurken-Salat 67
Spitzkohlröllchen mit Chilisahne 139
Tomaten-Sülzchen 88
Shiitake-Pilze
Japanischer Rindfleischtopf 193
Kaninchen-Wok 193
Sojasprossen
Chinasalat mit Sprossen 71
Chinesische Salatröllchen mit Dip 91
Gemüse-Spiegelei 40
Honig-Entenbrust mit Grapefruit 192
Kabeljau-Gemüse-Wok 167
Vietnamesische Garnelensuppe 97
Spargel
Bündner Spargelnudeln 151
Gemüsesalat mit Frühlingskräutern 70
Gemüseterrine mit Spargelcreme 87
Gratinierter Spargel mit Erbsensauce 136
Grüne Spargeltarte 163
Kräuterlachs mit Spargel 184
Minestrone mit Liebstöckel 96
Spargelsalat mit Krabben 74
Spinat
Curry-Spinat-Pfanne mit Linsen 119

Gefüllte Baguettebrötchen (Variante) 51
Gefüllte Champignons 82
Gefüllte Seezungenröllchen 183
Gemüseplatte mit Steinpilz-Creme 137
Mariniertes Rinderfilet mit Champignons 187
Spinatcreme mit Garnelen 100
Spinatflans mit Sprossensalat 86
Stachelbeeren
Marmoriertes Stachelbeer-Quark-Eis 221
Stachelbeerkuchen mit Frischkäse 226

T
Tomaten
Aprikosen-Tomaten-Suppe 93
Artischocken mit Tomaten-Tapenade 83
Bohnen auf toskanische Art 120
Broccoli-Kartoffel-Auflauf 133
Broccoli-Tortilla 115
Brötchen mit Schinkencreme 43
Buntes Gemüse mit Couscousfüllung 130
Cornflakes-Fisch mit Erbsengemüse 176
Fenchel mit Tomaten-Oliven-Sauce 114
Fenchelrisotto 154
Fischspieße 167
Fondue Chinoise 207
Forellenfilet auf Mangoldsalat 80
Gebratene Knoblauch-Auberginen mit Dal 138
Gefüllte Kornspitz-Stangen 51
Gefüllte Tomaten mit Kräuter-Quark 57
Gemüseplatte mit Steinpilz-Creme 137
Gemüserisotto 154
Gewürzkartoffeln mit Joghurtsauce 134
Gratinierte Gemüsebrote 49
Gratinierter Spargel mit Erbsensauce 136
Griechische Kaninchenkeulen mit Wein 206
Hähnchen-Tomaten-Spießchen 82
Italienische Kartoffelpfanne 125
Kabeljau-Quark-Buletten mit Gemüse 166
Kabeljaukoteletts mit Tomaten 174
Kalbssteaks mit Zitronen-Tomaten-Sauce 191
Karibischer Ananas-Fleisch-Salat 75
Kartoffeln aus dem Ofen 133
Kartoffelsuppe mit geschmolzenen Tomaten 102
Kartoffelwaffeln mit Zucchini-Tzatziki 116
Kichererbseneintopf 105
Koriander-Lammkoteletts mit Mangold 194
Kräuter-Joghurt-Mousse mit Tomatensalat (Variante) 84
Kräuter-Quark-Klößchen mit Tomatensugo 156
Minestrone mit Liebstöckel 96
Nudelsalat mit Lachs und Tomate 145
Petersilien-Forellen aus dem Bratschlauch 178
Pilzsülzchen mit roher Tomatensauce 89
Provenzalische Tomaten 113
Putenbrust mit Tomaten-Kapern-Sauce (Variante) 203
Rigatoni mit glasierten Auberginen 153
Roggen-Knäckebrot mit Zucchinimus 50
Scharfe Tomatensuppe mit Lavendel 93
Schellfisch auf Lauch-Ananas-Gemüse 169
Spaghetti mit Kürbis-Tomaten-Sugo 149
Tintenfischragout in scharfer Tomatensauce 173
Tomaten mit Thunfischfüllung 83
Tomaten-Buttermilch mit Basilikum 47
Tomaten-Sülzchen 88
Tomatensalat mit Rucola-Pesto 68
Vollkornbrot mit Ricotta-Kräuter-Creme 41
Warme Kartoffelbrötchen mit Tomaten 52

W
Weintrauben
Crêpes mit Traubenkompott 219
Herbstlicher Nudelsalat 73
Kalbsbraten in Orangensauce 202
Obst-Pizza 225
Pikanter Salat mit Früchten 67
Rosenkohlsalat mit Trauben 71
Weiße Bohnencreme mit marinierten Trauben 79
Wirsing
Hähnchenbrust im Wirsing-mantel 204
Kokos-Wirsing 119
Putenstreifen mit Wirsing-gemüse 198
Rotbarsch auf Sahnewirsing 171
Rotbarschfilet im Wirsing-mantel 177
Wirsing-Lamm-Eintopf 108
Wirsing-Risotto mit Enten-brust 162

Z
Zucchini
Brasilianischer Gemüsetopf 142
Buntes Gemüse mit Couscousfüllung 130
Fenchelpizza 158
Gedämpfte Seezunge mit Senf-Wein-Creme 184
Gefüllte Champignons 82
Gemüse mit Thunfischdip 54
Gemüse-Spiegelei 40
Gemüserisotto 154
Grill-Ratatouille mit Sesam-fladen 131
Kabeljau-Quark-Buletten mit Gemüse 166
Kartoffeln aus dem Ofen 133
Kartoffelwaffeln mit Zucchini-Tzatziki 116
Kichererbseneintopf 105
Leichter Kartoffelsalat 117
Melonen-Gurken-Salat 67
Minestrone mit Liebstöckel 96
Muschelragout mit Zucchini-reis 172
Nudelpfanne mit Lamm und Zucchini 150
Polenta-Buletten mit marinierten Zucchini 147
Puten-Zucchini-Topf 189
Putenfrikadellen mit mariniertem Gemüse 188
Roggen-Knäckebrot mit Zucchinimus 50
Spaghetti mit Curry-Gemüse 153
Tintenfischragout in scharfer Tomatensauce 173
Tomaten-Sülzchen 88
Tomatensalat mit Rucola-Pesto 68
Zucchini-Muffins mit Basilikum-Schmand 60
Zucchini-Toast mit Ziegenkäse 53
Zucchinikuchen 224
Garnelen-Frikadellen mit süß-saurem Zucchinigemüse (Variante) 166
Zwetschgen
Grießkroketten mit Zwetschgenröster 218
Obst-Pizza 225
Zwiebeln
Apulische Zwiebelpizza 158
Gebratenes Kasseler mit Apfelchutney 196
Rote Zwiebelsuppe 95
Schweinemedaillons mit Zwiebelgemüse 197

Rezeptregister alphabetisch

A
Apfel-Quark-Kuchen 225
Apfel-Sellerie-Cremesuppe 94
Apfelsorbet mit Calvados 63
Apfelsuppe mit Zimtcrosties 215
Aprikosen-Blechkuchen 224
Aprikosen-Muffins 231
Aprikosen-Tomaten-Suppe 93
Apulische Zwiebelpizza 158
Arabischer Linseneintopf 105
Artischocken mit Tomaten-Tapenade 83
Asiatisches Erbsengemüse 118

B
Bäckerofen mit Putenfleisch 126
Baked Potatoes mit Roastbeeffüllung 141
Bananen aus der Folie 214
Bananen-Sesam-Crostini 37
Bandnudeln mit Rucola und Schinken 148
Beschwipstes Espresso-Cappuccino-Gelee (Variante) 211
Birnen-Apfel-Quark 35
Bohnen auf toskanische Art 120
Brasilianischer Gemüsetopf 142
Brezensuppe 98
Broccoli-Erdnußsuppe 95
Broccoli-Kartoffel-Auflauf 133
Broccoli-Tortilla 115
Brotaufstrich mit Curry-Apfel 40
Brötchen mit Schinkencreme 43
Bündner Spargelnudeln 151
Bunter Gemüsetopf mit Grießnocken 106
Buntes Gemüse mit Couscousfüllung 130
Buntes Gemüserisotto (Variante) 162
Buttermilch-Shake 44

C/D
Carpacciobrote 79
Chinasalat mit Sprossen 71
Chinesische Hühnersuppe mit Glasnudeln 97
Chinesische Salatröllchen mit Dip 91
Cornflakes-Fisch mit Erbsengemüse 176
Cremesuppe von roten Linsen 99
Crêpes mit Traubenkompott 219
Curry-Spinat-Pfanne mit Linsen 119
Datteltörtchen 230

E
Eier im Glas 39
Eierquark auf Bauernbrot 42
Eisbergsalat mit Kefirdressing 65
Endivien-Spaghetti mit Shiitake-Pilzen 160
Entenbrust mit Rotwein-zwiebeln 201
Erdnuß-Fisch in Grapefruit-sauce 169
Espresso-Cappuccino-Becher 211
Exotischer Fruchtdrink 46
Exotisches Schlemmeromelett 37

F
Feigen mit Orangensauce 213
Fenchel mit Tomaten-Oliven-Sauce 114
Fenchelpizza 158
Fenchelrisotto 154
Fischgulasch mit Gemüse 170
Fischspieße 167
Fischsuppe mit Reis 100
Fischtopf mit Fenchel 111
Fondue Chinoise 207
Forellen im Gemüsebett 170
Forellenfilet auf Mangoldsalat 80
Forellenfilets mit Apfel-Meerrettich-Dip 59
Frischkäse-Obatzter 41
Frischkäse-Pancakes mit Sanddornsirup 36
Frischkornmüsli mit Heidel-beeren 38
Frischkost mit grüner Sauce (Variante) 78
Früchte in Sektgelee 210
Frühlings-Kartoffelsalat 72

G
Garnelen-Frikadellen mit süß-saurem Zucchinigemüse (Variante) 166
Gebackene Polenta-Dreiecke (Variante) 147
Gebratene Knoblauch-Auberginen mit Dal 138
Gebratenes Kasseler mit Apfelchutney 196

Gedämpfte Seezunge mit Senf-Wein-Creme 184
Gefüllte Baguettebrötchen (Variante) 51
Gefüllte Champignons 82
Gefüllte Feigen mit Quark 63
Gefüllte Gurke mit Paprikasauce 127
Gefüllte Gurken mit Garnelen-Reis 139
Gefüllte Kornspitz-Stangen 51
Gefüllte Paprikaschoten 57
Gefüllte Seezungenröllchen 183
Gefüllte Tomaten mit Kräuter-Quark 57
Gegrillte Kräuter-Rotbarben 171
Gemischte Pilz-Tortilla (Variante) 115
Gemüse mit Tatarfüllung (Variante) 130
Gemüse mit Thunfischdip 54
Gemüse-Eierkuchen (Variante) 40
Gemüse-Spiegelei 40
Gemüsekuchen vom Blech 163
Gemüseplatte mit Steinpilz-Creme 137
Gemüserisotto 154
Gemüsesalat mit Frühlingskräutern 70
Gemüsesticks mit Zitronen-Senf-Dip 78
Gemüsesuppe mit Käse 98
Gemüseterrine mit Spargelcreme 87
Geriebener Rettich mit Forellenkaviar 56
Gewürzkartoffeln mit Joghurtsauce 134
Glasnudeln mit Möhrengemüse 146
Glasnudelsalat mit Tatar 76
Gourmet-Müsli 38
Gratinierte Gemüsebrote 49
Gratinierter Spargel mit Erbsensauce 136
Graupen-Paprika-Eintopf 104
Griechische Kaninchenkeulen mit Wein 206
Grießkroketten mit Zwetschgenröster 218
Grill-Ratatouille mit Sesamfladen 131
Grüne Bandnudeln mit Putenragout 150
Grüne Spargeltarte 163
Gurken-Kräuter-Suppe mit Kartoffel-Croûtons 94

H
Hackfleisch-Quark-Buletten 200
Hähnchen-Tomaten-Spießchen 82
Hähnchenbrust auf Fenchelsalat 189
Hähnchenbrust im Wirsingmantel 204
Heilbuttkoteletts mit Kräutermöhren 175
Herbstlicher Nudelsalat 73
Himbeer-Heidelbeer-Sorbet 221
Himbeer-Kefir-Shake 44
Himbeer-Shake (Variante) 44
Honig-Entenbrust mit Grapefruit 192
Hühnereintopf 109
Hühnertopf mit Nudeln und Erbsen 110

I/J
Indischer Reistopf 111
Indisches Joghurt-Gemüse 121
Italienische Kartoffelpfanne 125
Italienische Steinpilzkartoffeln (Variante) 143
Japanischer Rindfleischtopf 193
Joghurt-Hähnchen 198
Joghurt-Mohn-Nocken auf Himbeerpüree (Variante) 216
Joghurteis mit Brombeersauce 220
Joghurttorte mit bunten Beeren 223

K
Kabeljau-Gemüse-Wok 167
Kabeljau-Quark-Buletten mit Gemüse 166
Kabeljaukoteletts mit Tomaten 174
Kalbsbraten in Orangensauce 202
Kalbsleber mit Balsamicosauce 195
Kalbssteaks mit Zitronen-Tomaten-Sauce 191
Kalt gerührte Himbeerkonfitüre 34
Kalte Kartoffel-Lauch-Suppe (Variante) 103
Kalte Kartoffelsuppe mit Lachs 103
Kaninchen-Wok 193
Kaninchenkeulen auf französische Art (Variante) 206
Kaninchensaté mit Erdnuß-Joghurt 204
Karibischer Ananas-Fleisch-Salat 75
Kartoffel-Buttermilch-Suppe mit Grünkern 102
Kartoffel-Möhren-Puffer mit Joghurt 123
Kartoffel-Rucola-Salat 72
Kartoffel-Sauerkraut-Gratin mit Schmand 132
Kartoffel-Sauerkraut-Puffer (Variante) 123
Kartoffeln aus dem Ofen 133
Kartoffelpfanne mit Pfifferlingen 122
Kartoffelsalat mit Ei und Kapern 117
Kartoffelsuppe mit geschmolzenen Tomaten 102
Kartoffelwaffeln mit Zucchini-Tzatziki 116
Kartoffelzapfen 135
Kichererbseneintopf 105
Kiwi-Gurken-Mix mit Estragon 47
Kleine Pizzen mit Sardellen 81
Knabbergebäck aus Hefeteig 55
Knusper-Chips 54
Knusperfrühstück 35
Kohlrabi-Rucola-Mousse mit Radieschen 84
Kohlrabiquiche 157
Kohlrüben-Curry 128
Kokos-Feigen (Variante) 213
Kokos-Wirsing 119
Koriander-Lammkoteletts mit Mangold 194
Kräuter-Eierstich (Variante) 86
Kräuter-Frischkornmüsli mit Gemüse 39
Kräuter-Joghurt-Mousse mit Tomatensalat (Variante) 84
Kräuter-Quark-Klößchen mit Tomatensugo 156
Kräuterlachs mit Spargel 184
Kürbiskern-Gnocchi mit Paprikaragout 155

L
Lachsforelle im Salzmantel 180
Lammschnitzel mit Paprikaquark 194
Leichter Kartoffelsalat 117
Limetten-Joghurt-Nocken auf Erdbeeren 216
Limetten-Joghurt-Torte 227
Linsensuppe mit Kürbis 99
Lorbeer-Kartoffeln (Variante) 140

M
Mangoldbällchen auf Linsensalat 113
Marinierte Hähnchenbrust (Variante) 187
Mariniertes Rinderfilet mit Champignons 187
Marmoriertes Stachelbeer-Quark-Eis 221
Matjes-Tatar auf Kartoffeln 85
Melone mit pikantem Erdbeersalat 77
Melonen-Gurken-Salat 67
Melonendrink (Variante) 46
Melonensorbet 219
Mexikanisches Kartoffelpüree (Variante) 124
Minestrone mit Liebstöckel 96
Mini-Birnenstrudel 229
Mini-Windbeutel mit Kartoffelcreme 61
Mirabellen-Becher 215
Möhren-Käse-Aufstrich 42
Möhren-Kohlrabi-Tarte mit Sesam-Joghurt 159
Möhren-Wirsing-Topf mit Kasseler (Variante) 107
Möhrencremesuppe mit Kürbiskernen 101
Möhrenrohkost mit Grapefruit 69
Möhrentörtchen 230
Muschelragout mit Zucchinireis 172

N/O
Nektarinen mit Mandel-Schaumsauce 217
Nudelpfanne mit Lamm und Zucchini 150
Nudelsalat mit Kohlrabi 145
Nudelsalat mit Lachs und Tomate 145
Obst-Pizza 225
Orangengratin 214

P
Pellkartoffeln mit gelbem Paprikaquark 125
Penne mit Broccoli 149
Petersilien-Forellen aus dem Bratschlauch 178
Petersilienspätzle mit Safransauce 152
Pfirsich-Vanille-Milch 45
Pikanter Salat mit Früchten 67
Pilzsalat mit Thunfisch 74
Pilzsülzchen mit roher Tomatensauce 89
Pistazien-Ricotta mit Pfirsichpüree 209
Pizza mit Ratatouille-Gemüse (Variante) 131
Pochierte Forelle mit Gemüsesauce 179
Pochiertes Zanderfiet mit Dill-Kartoffel-Sauce 182
Pochiertes Zanderfiet mit Fenchelsauce (Variante) 182
Polenta-Buletten mit marinierten Zucchini 147
Provenzalische Tomaten 113
Puten-Sauerbraten mit Semmelknödeln 199
Puten-Zucchini-Topf 189
Putenbrust mit Tomaten-Kapern-Sauce (Variante) 203
Putenfrikadellen mit mariniertem Gemüse 188
Putengeschnetzeltes mit Limettenrahm 192
Putenmedaillons mit Kirschsauce 205
Putenstreifen mit Wirsinggemüse 198

Q/R
Quarknocken mit Kiwisauce 209
Radicchio-Birnen-Salat mit Roquefort 66
Reispapierplätzchen 90
Rettich-Apfel-Rohkost 69
Rigatoni mit glasierten Auberginen 153
Rindergulasch mit Äpfeln und Möhren 197
Roastbeef mit Preiselbeersauce 202
Roastbeef-Papaya-Toast 49
Roastbeefstreifen in Kerbelgelee 89
Roggen-Knäckebrot mit Zucchinimus 50
Rosenkohlsalat mit Trauben 71
Rosinenbrötchen 33
Rotbarsch auf Sahnewirsing 171
Rotbarsch-Auflauf mit Curry-Joghurt 177
Rotbarschfilet im Wirsingmantel 177
Rote Zwiebelsuppe 95
Rote-Bete-Eintopf mit Kasseler 107
Rotweinbirnen mit Aprikosensauce 212
Rucola-Kartoffel-Püree 124
Rucolasalat mit Äpfeln und Joghurtdressing 66
Russischer Fischsalat 75

S
Safrangemüse 114
Sanddorn-Buttermilch-Drink 45
Sauerkirsch-Kaltschale 210
Sauerkraut-Apfel-Topf mit Lamm 108
Sauerkraut-Gemüse mit Ananas 120
Sauerkrautsalat 65
Scharf gewürzte Pommes frites (Variante) 134
Scharfe Rindfleischnudeln mit Mangold 161
Scharfe Schafkäserolle mit Oliven 62
Scharfe Tomatensuppe mit Lavendel 93
Scharfes Fischcurry mit Kokosmilch 168
Scharfes Schweinefilet mit Broccoli 191
Schellfisch auf Lauch-Ananas-Gemüse 169
Schellfisch mit Senfgurken-sauce 174
Schlanker Heringssalat 165
Schmorgurkentopf mit Pute 110
Schollenfilets auf Schmor-gurken 176
Schwarzwurzelpfanne mit Hähnchenfilet 129
Schweinemedaillons mit Zwiebelgemüse 197
Seeteufelspießchen 181
Sesambrötchen (Variante) 33
Sharonfrucht-Konfitüre mit Minze 34
Spaghetti mit Curry-Gemüse 153
Spaghetti mit Kürbis-Tomaten-Sugo 149
Spaghetti mit Steinpilzsauce und Filet 160
Spanische Fisch-Kartoffel-Pfanne 172
Spanische Fischpfanne mit Fenchel 185
Spanisches Kartoffelragout 140
Spargelsalat mit Krabben 74
Spinatcreme mit Garnelen 100
Spinatflans mit Sprossensalat 86
Spitzkohlröllchen mit Chilisahne 139
Stachelbeerkuchen mit Frischkäse 226
Stampfkartoffeln mit Gurke 135
Steinpilz-Kartoffel-Püree (Variante) 124
Sushi-Reiswürfel 56
Süß-saurer Weißkohltopf mit Tongu-Pilzen 104
Süß-saures Schweinefilet 190

T
Tafelspitz mit Rucola-Senf-sauce 203
Tagliatelle mit Austernpilzen 151
Tatar auf Champignons 58
Tatar-Ecken mit Kürbis 58
Thailändisches Gemüse 118
Thunfischsalat 165
Thymian-Kartoffeln mit Knoblauchquark 122
Tintenfischragout in scharfer Tomatensauce 173
Toast mit Matjes 50
Toast mit Pute und Pfirsich 53
Tomaten mit Thunfischfüllung 83
Tomaten-Buttermilch mit Basilikum 47
Tomaten-Sülzchen 88
Tomatensalat mit Rucola-Pesto 68

V
Venezianisches Kartoffel-risotto 143
Vietnamesische Garnelen-suppe 97
Vollkornbrot mit Ricotta-Kräuter-Creme 41

W
Warme Kartoffelbrötchen mit Tomaten 52
Warmer Gemüsesalat mit Morcheln (Variante) 70
Weiße Bohnencreme mit marinierten Trauben 79
Windbeutelchen mit Mokka-quark 228
Wirsing-Lamm-Eintopf 108
Wirsing-Risotto mit Enten-brust 162

Z
Zarte Honigmöhren mit Mohn 128
Zitronenhähnchen mit Knoblauch 201
Zucchini-Muffins mit Basilikum-Schmand 60
Zucchini-Toast mit Ziegen-käse 53
Zucchinikuchen 224

Sachregister

A
Abnehmen – aber mit Vernunft (VHS) 12
Abnehmen ohne Verzicht? 8
Aminosäuren, essentielle 19
Anders essen – aber wie? 17
Atkins-Diät 12
Auberginen fettfrei braten 22
Auf die Fettsäuren kommt es an 19
Aufschnitt 23

B
Bauch, Fatburner 26
Bauch, Muskeltoner 26
Beine, Fatburner 28
Beine, Muskeltoner 28
Belohnen Sie sich 17
Biking 29
Bioaktive Substanzen 19
Body-Mass-Index 15, 16
Braten 20
Braten im Wok 20
Bratkartoffeln, knusprige 22
Brigitte-Diät 12

D
Dämpfen 20
Das Erfolgskonzept 17
Das Verhältnis muß stimmen 18
Den Genen ausgeliefert? 14
Diät gegen Cellulite? 8
Diät, woran man eine gesunde erkennt 8
Die 1/3-Regel 19
Dressings 23
Dünsten 20

E
Eischnee statt Sahne 22
Eskimodiät 12
Essen Sie sich satt 17
Essentielle Aminosäuren 19

F
F-Plan-Diät 12
FdH (Friß die Hälfte) 12
Fertigprodukte, nicht verwenden 22
Fett, Vorteile und Nachteile 15
Fettarm essen und berufstätig sein 10
Fettarm essen und trotzdem für alle kochen 10
Fettarm essen, schmeckt das? 10
Fettarme Diäten 12
Fette 23
Fettpolster an Hüften und Oberschenkeln loswerden 8
Fettreduziert 11
Fettsäuren, auf sie kommt es an 19
Fischdiät 12
Fleisch 23
Fleisch mit Aroma 22

G
Geflügel 23
Geflügel mit krosser Haut 22
Gewichtsabnahme, wieviel Kilo sind reell 8
Grillen 20
Gruppen-Programme 12

H
Heilfasten 12
Hilft Sport beim Abnehmen? 8
Hollywood-Star-Diät 12

I/J
Immun-Diät 12
Inline-Skating 29
Japan-Diät 13
Jo-Jo-Effekt vermeiden 9
Jogging 29

K
Kalorienarm 11
Kalorienzählen ist out 18
Kalorienzählen, geht's auch anders? 9
Kantine, dort essen und trotzdem abnehmen 9
Käse 23
Kleine Ausrutscher sind harmlos 17
Klettern 29
Knabbereien 23
Kohlenhydrate neu entdecken 19
Kohlenhydrate, komplexe 19
Komplexe Kohlenhydrate 19

L
Langlaufen 29
Leicht statt schwer 22
Light-Produkte 9
Lust auf Kuchen? Kein Problem! 22

M
Markert-Diät 13
Milch statt Sahne 22
Milch und Milcherzeugnisse 23
Mineralstoffe, Vitamine und 19
Mit wenig Fett zur tollen Figur 15
Mittelmeer-Diät 13
Mono-Diäten 13

N/O
Nutripoint-Diät 13
Obst zum Dessert 22

P
Po, Fatburner 27
Po, Muskeltoner 27
Priktin-Diät 13
Pudel-Plan 13

R/S
Radfahren 29
Rezepte abspecken 22
Schalttage 13
Schlanke Saucen 22
Schlankheitspillen 11
Schlankmacher 13
Schlanksein um jeden Preis? 15
Schmoren 20
Schnell und dauerhaft abnehmen 8
Schnelle Zunahme 9
Ski alpin 29
Suppen, cremige 22
Süßes 23

T
Täglich wiegen? 9
Tennis 29
Trennkost 13

U/V/W
Überfordern Sie sich nicht 17
Verbote sind verboten 17
Vier-Jahreszeiten-Kur 13
Vitamine und Mineralstoffe 19
Walking 29
Was tun gegen Heißhunger auf Süßes? 8
Weight Watchers 12
Wellness für Body & Brain 17
Wohlfühlgewicht 15
Wurst 23
Würzbutter mal anders 22

Z
Ziehen Sie die Fettbremse 18
Zu dick – selbst schuld? 14

Angelika Ilies
Die gebürtige Hamburgerin mit Wohnsitz in der Nähe von Frankfurt begann ihren Start in die Karriere direkt nach dem Ökotrophologie-Studium – mit einem Umweg über London, wo sie in einem renommierten Verlag Redaktionsalltag erlebte. Zurück im eigenen Land verstärkte sie das Kochressort der größten deutschen Foodzeitschrift. Seit 1989 arbeitet sie erfolgreich als freie Autorin und Food-Journalistin.

Martina Kittler
Nach dem Ökotrophologie- und Sportstudium machte sie ihre Leidenschaft Kochen zum Beruf. Fast acht Jahre lang arbeitete sie in der Redaktion der größten deutschen Kochzeitschrift. Seit 1991 schreibt sie freiberuflich Bücher und Artikel für Zeitschriften. Ihre Schwerpunkte: moderne und gesunde Ernährung sowie unkomplizierte Rezepte.

Brigitta Stuber
Die Foodjournalistin hat nach einem Redaktionsvolontariat ihr Hobby, das Kochen, zum Beruf gemacht. Aktuelle Trends greift sie bei ihrer Arbeit mit Begeisterung auf, wobei ihr gesunde Ernährung und lustvolles Essen gleichermaßen wichtig sind. In ihren Koch- und Backbüchern ist diese Vielseitigkeit bemerkenswert.

Marlisa Szwillus
Die Liebe zum Essen wurde ihr in die Wiege gelegt, denn ihre Eltern legen großen Wert auf gutes Essen und beste Qualität der Lebensmittel. So wuchs die Freude am Kochen und Genießen. Aus dem Hobby wurde Berufung: Studium der Ökotrophologie, dann Redaktion im Kochressort einer großen Frauenzeitschrift. Im Anschluß daran leitete sie mehrere Jahre lang das Kochressort der größten deutschen Food- und Haushaltszeitschrift. Seit 1993 ist sie als freie Food-Journalistin und Kochbuchautorin tätig. Für das vorliegende Buch hat sie nicht nur Rezepte entwickelt, sondern auch die Einführung zu Low Fat erarbeitet.

Michael Brauner, Food Fotografie
Nach Abschluß der Fotoschule in Berlin arbeitete er als Fotoassistent bei namhaften Fotografen in Frankreich und Deutschland und machte sich dann 1984 selbständig. Sein individueller, atmosphärereicher Stil wird überall geschätzt: in der Werbung ebenso wie in vielen bekannten Verlagen. In seinem Studio in Karlsruhe setzt er die Rezepte zahlreicher GU-Titel stimmungsvoll ins Bild.

Vielen Dank!
Ein ganz großes Dankeschön sprechen wir der Spring AG Switzerland aus, die uns fürs fettarme Garen den Wok (S. 6, 21), die fürs Low-fat-Braten prima geeignete Pfanne aus der Serie Vulcano (S. 7, 21) und den Topf aus der Serie Domo (S. 21) zur Verfügung gestellt hat.

Redaktion: Dr. Stephanie v. Werz-Kovacs
Lektorat: Cornelia Schinharl
Theorie: Marlisa Szwillus
Versuchsküche: Traute Hatterscheid, Marianne Obermayr, Sabine Träxler
Korrektorat: Anke Höhne
Fotografie: Michael Brauner

Bildnachweis:
Titelfoto Photostudio Walter Küchler
Image Bank S. 15
Laif Brauhaus Küppers S. 18 unten, 29 oben li.
Mauritius S. 29 oben li., Mitte re.
Tony Stone S. 9, S. 10, 11, 29 Mitte re., unten li. u. re.
Syndication Freundin S. 26, 27, 28
Alexander Walter S. 14 oben, 17
alle weiteren: Michael Brauner

Typografie und Layout: Kraxenberger Kommunikationshaus, München
Satz und Gestaltung: BuchHaus Robert Gigler GmbH, München
Repro: Repro Schmidt, Dornbirn
Produktion: Jürgen Bischoff
Druck: Appl, Wemding
Bindung: Großbuchbinderei Monheim

ISBN 3-7742-1083-7

Auflage	9.	8.	7.	6.
Jahr	06	05	04	03

GRÄFE UND UNZER
Ein Unternehmen der
GANSKE VERLAGSGRUPPE

Alle Aufnahmen entstanden auf Agfachrome 100 RS.

Die Temperaturstufen bei Gasherden variieren von Hersteller zu Hersteller. Welche Stufe Ihres Herdes der jeweils angegebenen Temperatur entspricht, entnehmen Sie bitte der Gebrauchsanweisung.

Abkürzungen:

TL	=	Teelöffel
EL	=	Eßlöffel
Msp.	=	Messerspitze
kJ	=	Kilojoule
kcal	=	Kilokalorie
E	=	Eiweiß
F	=	Fett
K	=	Kohlenhydrate

Ihr Gräfe und Unzer Verlag
Redaktion Kochen
Postfach 86 03 25
81630 München
Fax: 089/41981-113
e-mail: leserservice@graefe-und-unzer.de